科学技术学术著作丛书

公共信息资源开放实践和政策分析

主　编　马续补　秦春秀

副主编　相雅凡　刘　玮

　　　　赵捧未　刘怀亮

西安电子科技大学出版社

内 容 简 介

本书从全球角度系统地介绍了公共信息资源开放的背景、基础理论、政策发展动态、实践典范以及开放效果等内容，并对如何稳步提升我国公共信息资源开放进程给出了建议。全书以探索全球公共信息资源开放的时代背景开篇，并对学术界相关研究进行了分析，归纳整理了相关理论与研究方法。在此基础上，用三篇回答了公共信息资源开放研究中的三个重要问题：我国公共信息资源开放政策的发展历程如何？全球公共信息资源开放有什么典型实践经验？我国公共信息资源开放的成效如何？本书围绕这些问题，逐一进行了详细的研究与阐述，其目的是使读者对公共信息资源开放有较为系统的认识。最后的总结与展望篇提出从全局部署、政策体系构建、平台建设等方面共同推进我国公共信息资源开放的整体水平，积极推动数据要素释放经济价值，促进产业发展，增加公众的满意度和幸福感。

图书在版编目(CIP)数据

公共信息资源开放实践和政策分析 / 马续补，秦春秀主编. --西安：西安电子科技大学出版社，2023.4
ISBN 978-7-5606-6799-7

Ⅰ. ①公⋯　Ⅱ. ①马⋯ ②秦⋯　Ⅲ. ①公共管理—信息管理　Ⅳ. ①D035

中国国家版本馆 CIP 数据核字(2023)第 058081 号

策　　划　刘玉芳
责任编辑　刘玉芳
出版发行　西安电子科技大学出版社(西安市太白南路 2 号)
电　　话　(029)88202421　88201467　　邮　编　710071
网　　址　www.xduph.com　　电子邮箱　xdupfxb001@163.com
经　　销　新华书店
印刷单位　陕西天意印务有限责任公司
版　　次　2023 年 4 月第 1 版　　2023 年 4 月第 1 次印刷
开　　本　787 毫米×1092 毫米　1/16　印 张　13
字　　数　304 千字
印　　数　1～1000 册
定　　价　45.00 元
ISBN 978－7－5606－6799－7 / D
XDUP 7101001-1
如有印装问题可调换

前　言

随着信息技术的快速革新，信息资源价值逐渐显现，公共信息资源开放已成为当今社会各界关注的焦点以及大数据时代的全球趋势。在国际上，公共信息资源开放共享一般称为政府数据开放或公共部门信息开放，其含义是政府向公众开放其所拥有的数据和信息资源。无论是发展中国家还是发达国家，公共信息资源都是政府实施社会管理或提供公共服务的一种重要工具。正如习近平总书记指出的，信息资源日益成为重要的生产要素和社会财富，要着力推进重点领域公共信息资源开放，释放经济价值和社会效益。公共信息资源开放不仅能增强政府治理能力，提升政府工作的透明度，还能通过数据增值开发促进产业发展，更有助于保障公众的知情权，增加公众的满意度和幸福感。

近年来，公共信息资源开放政策与公共信息资源开放工作同步进行，各国政府陆续发布了一系列战略规划和政策文件，推动了公共信息资源开放的发展。公共信息资源开放经历了萌芽期、蔓延期，目前进入了横纵拓展的发展期。当前全球公共信息资源开放迅速发展，但各区域发展不均匀，其中中国政府采取多项举措积极推进信息资源公开，使得中国在该方面的发展势头迅猛。但我国在开放规范、开放范围、开放深度和开放效果等方面仍与发达国家存在一定差距。在此发展态势下，着力推进重点领域公共信息资源开放，加强公共信息资源利用价值的充分开发，已成为促使整个国家或地方蓬勃发展的关键。故目前迫切需要系统地分析我国各地、各级政府的公共信息资源开放的建设情况，对比全球政府数据开放趋势，总结提炼现有的建设问题和经验教训，为今后公共信息资源开放工作提供参考。

研究公共信息资源开放具有重要的理论和现实意义。本书对公共信息资源开放政策、开放实践、开放效果展开了系统探讨与分析，并给出了针对性的政策建议。在现实层面上，研究公共信息资源开放无疑会增强我们对公共信息资源的认识，有助于政府了解国内外现行公共信息资源开放的发展状况，掌握我国公共信息资源开放工作取得的效果、值得推广的经验及存在的问题，为进一步制定稳步推进我国公共信息资源开放的政策措施提供借鉴。在理论层面上，系统梳理学术界和政界对公共信息资源开放的研究动态和实践历程，提炼其发展特点和演化规律，总结典型的研究方法并展望研究趋势，能为学术界进一步深挖公共信息资源开放提供参考与借鉴。

本书分为五篇，共十三章。第一篇是背景及理论基础篇，由第一章至第三章组成，主要界定了公共信息资源开放的概念、范围，梳理了政策文本量化分析、协同分析、政策扩散和主题变迁的典型模型与方法，分析了公共信息资源开放的相关研究内容并借助图表将其可视化显示，揭示了当前的热点问题并展望了未来趋势。第二篇是政策分析篇，由第四章至第七章组成，以公共信息资源开放政策量化分析为基础，从政策变迁、政策扩散和政策协同三个方面入手，对公共信息资源开放政策的特点和规律进行系统完整的剖析。第三篇是实践典范篇，由第八章至第九章组成，着重讨论国外政府数据开放和我国公共信息资源开放实践典范，总结既往经验，分析公共信息资源开放面对的挑战。第四篇为开放效果评估篇，由第十章至第十二章组成，在对比分析国内外典型政府数据开放评估体系的基础上，构建指标体系，对我国公共信息资源开放现状进行评价，并针对我国省级层面的突发公共卫生事件数据开放效果进行了分析评价。最后一篇为总结与展望篇，包括第十三章，在对我国公共信息资源开放政策和开放效果进行系统分析的基础上，从平台和政策两个方面总结了当前我国公共信息资源开放存在的问题与挑战，并提出了相应的政策建议，以期为我国公共信息资源开放提供参考。

本书结构主要由马续补提出与设计，并经研究团队全体成员多次讨论后确定。这一过程深化了大家对研究问题的理解和思考，激发了大家对研究任务的热情和对解决该问题带来的前景的向往。所以，本书是集体智慧的结晶，是大家的共同劳动果实。研究团队中马续补、秦春秀、刘玮、相雅凡、刘怀亮，张潇宇、赵咪、孙妍、孙瑶、陈芸、马吉莉莎、吕肖娟、李洋等参与了本书不同章节的撰写，赵捧未提出了撰写意见，马续补、秦春秀负责对全书进行统稿。

本书的出版得到了国家社会科学基金(22BTQ053)、西安电子科技大学出版经费(QTZX22008)、中央高校基本科研业务费(JB210602)、陕西省教育厅重点科学研究计划项目(20JZ057)的资助。在此对西安电子科技大学科学研究院、西安电子科技大学经济与管理学院表示衷心的感谢。在本书的编写过程中，我们参考和借鉴了大量的中外文文献，在此对本书参考文献的作者表示诚挚的谢意。由于篇幅所限，我们未能一一列出所有参考文献，因此，我们对未能列出的参考文献的作者表示深深的歉意。正是这些作者前期的工作为本书的完成奠定了基础，并为我们提供了强大的写作动力和丰富的创新素材。由于时间较短，任务较重，本书难免存在不足，敬请广大读者不吝赐教、指正，以便本书在修订时加以补充、更正和完善。

马续补

2023 年 1 月

目　录

第一篇　背景及理论基础篇

第二篇　政策分析篇

第三篇　实　践　典　范　篇

第四篇 开放效果评估篇

第五篇 总结与展望篇

第一篇

背景及理论基础篇

第一章

公共信息资源开放的时代背景

随着信息化时代的不断推进和信息资源价值的日益显现，公共信息资源开放已成为各国信息化发展的必然选择。习近平总书记指出，信息资源日益成为重要的生产要素和社会财富。公共信息资源是国家数字经济时代的重要战略资源，蕴含着巨大的经济、社会和研究价值，推进其开放不仅能促进国家数字经济发展，还能提高国家的治理能力。

1.1　公共信息资源开放概念的界定

公共信息资源是信息资源的一种类型，是得到公共资金支持的政府活动或科学研究中产生的可以自由利用的信息资源[1]，通常指政府行政部门和公共企事业单位为行使其公共事务管理职能，维护社会公众利益和社会整体公平，所产生或管理的与社会公共事务相关的信息资源。政府信息资源是公共信息资源的构成主体[2]。

公共信息资源开放是由政府信息公开、政府信息共享、政府数据开放发展演变而来的。其中，政府信息公开指行政机关和法律、法规、规章所授权委托的公共组织，在行使公共权力的过程中，通过合法有效的形式和程序，向社会公众依据申请公开政府信息[3]，公众或组织可复制、下载、查询公开的政府信息并合法合理使用该信息。政府信息共享是指各行政层级之间、政府各部门之间因政府信息公开或者因履行公共管理职能和办事的需要而提供、获取和利用政府信息资源的行为。实现政府信息共享是充分开发利用政府信息资源、提高政府信息资源利用水平的有效途径[4]。政府数据开放是指政府把一些公共数据免费提供给用户自由使用和加工，并且没有著作权、专利权以及其他机制的限制。政府数据开放侧重的是"数据"特别是对原始数据进行完全开放的获取时，不仅政府的行为与态度受到公共监督，政府所做的决策的合理性与决策依据也受到监督，从而对政府的透明性要求更高[5]。

公共信息资源开放在国际上一般被称为政府数据开放或公共部门信息开放，在我国之所以被称为公共信息资源开放共享，是因为公共信息资源不仅掌握在政府部门手中，还掌握在公共企事业单位手中。目前，对于公共信息资源开放尚没有一个统一的定义，国内外从概念上进行了一些初探，对概念的梳理如表 1-1 所示。结合这些概念，对公共信息资源开放给出如下定义：政府行政部门和公共企事业单位通过对公共信息资源的收集、加工和处理，释放公共信息资源的经济价值和社会效益，方便公众在线检索、获取和利用。

表 1-1　公共信息资源开放的相关概念的梳理

概　念	来　源
政府数据开放指以开放的原始格式，使所有人都能访问、随时可用并允许以再利用的方式发布数据	Machado 等(2011)[6]
公共信息资源开放共享是不同主体将现有的、封闭的公共信息资源以一定形式开放给社会公众使用的过程	姜涵(2014)[7]
公共信息资源是指政务部门和公共企事业单位所产生或管理的，具有原始性、可机器读取、可供社会再利用等特征的数据集。公共信息资源开放就是要把分散、封闭、沉睡在各级政务部门和公共企事业单位中的信息资源向社会开放	石友康(2016)[8]
公共部门信息资源增值利用是指公共部门信息资源在履行公共服务的基本功能外，通过授权或许可由公共部门以外的力量进行深度开发，产生增值效应，提供给社会使用	陈传夫等(2010)[9]

　　公共信息资源开放虽然与政府信息公开、政府信息共享、政府数据开放有一定联系，但它们存在着本质的区别，如表 1-2 所示。政府信息公开和政府信息共享着重于保障公民或政府各部门的"知情权"，政府数据开放和公共信息资源开放则更关注于保障公民的"使用权"。因此，政府信息公开强调的是政府向社会公众及时、准确地公开信息，其目的是实现透明政府，促进依法行政。政府信息共享强调不同的部门和个人都能够从信息的共享中得到他们所需要的信息，并享受双向过程带来的好处。政府数据开放强调赋予社会利用政府数据的权利，更侧重于其经济与社会价值。公共信息资源开放则更强调政府和公共企事业单位向社会公众开放的主动性，甚至是免费和无条件地向社会公众开放。它们依据职责利用公共资源和公共权力所生产、创造、收集和保留的数据，是原始的、可机读的、具有多种格式的，可以满足不同类型用户的需求，其目的已经超越实现透明政府，更强调实现公共信息资源的开发再利用。尽管这四者都是向社会公众开放的，但更严格地来说，公共信息资源开放是向具有数据加工处理和分析挖掘能力的社会组织和个人开放的。

表 1-2　公共信息资源开放与政府信息公开、政府信息共享、政府数据开放的不同点

区别	政府信息公开	政府信息共享	政府数据开放	公共信息资源开放
基本目的	保障公民的知情权	保障政府各部门的知情权	保障社会对政府数据的使用权	保障公民对信息资源的使用权，促进公共信息资源的开发再利用
主要目标	建设透明、高效、廉洁的政府	最大限度发挥政府信息的作用，促进政府高效工作	让公众利用数据挖掘其本身具有的价值，从而达到创造财富、推动社会进步的目的	促进信息经济发展，创新社会治理和公共服务模式，丰富公共服务产品供给
开放内容	政府加工或者解读过的信息	政府加工或者解读过的信息	未经加工的原始数据	未经加工的原始数据
信息要求	及时、准确，保证公民能看懂，防止社会公众误读	不同的部门和个人都能够从信息共享中得到所需要的信息，并享受双向过程带来的好处	可机读并具有多种格式以满足不同类型用户的需求	机器可读、原始、完整、可实时更新，有一定程度的准确性，有多种数据格式，以满足使用者的需求
开放对象	公民、法人和其他组织	政府各部门、各行政层级	任何个人、企业和社会组织	具有数据加工处理和分析挖掘能力的公民、法人和其他组织

1.2　公共信息资源的范围

按照世界各国公认的标准，公共信息资源通常包括为公共利益或者主要为内部使用但不排除为公共利益而收集、存储、加工、处理与生产的政府信息资源，以及公益性社会公共组织为社会公共利益而收集、存储、加工、处理的信息资源[10]。美国《田纳西州公共信息法案》中指出，公共信息是在法律或法令以及与官方事务相联系下所收集、组织和保管的信息，包括：① 政府部门产生的信息；② 为政府部门生产的信息以及政府部门拥有的或有权获取的信息。保罗·乌勒在给联合国教科文组织起草的《发展和促进公共领域信息的政策指导草案》中，把公共领域的信息定义为"不受知识产权和其他法定制度限制使用，以及公众能够有效利用而无须授权也不受制约的各种数据来源、类型及信息"[11]。

我国的公共信息资源既包括政府信息资源，也包括公共事业单位及其他从事社会公益事业的组织或单位所控制或掌握的信息资源。具体而言，根据我国《国家电子政务"十二五"规划》中的信息资源划分，可将开放的公共信息资源范围限定为如下九类：

(1) 法律、行政法规、地方性法规、部门规章、地方政府规章、规范性文件等立法信息；

(2) 人口、法人、地理、土地、国土资源、征地拆迁、自然资源、能源、金融、税收、行政事业性收费、统计等基础信息；

(3) 工业、农业、财政、投资(城投)、公共债务、贸易、海关、房地产、国民经济、社会发展、城乡建设、重大建设项目等宏观调控信息；

(4) 户籍、身份、人力资源、民族、宗教、计划生育、行政许可、工商登记、食品药品监管、环境保护、公共安全、安全生产监管、产品质量监管、社会信用、城镇综合管理等社会管理信息；

(5) 文化、教育、科技、医疗卫生、食品药品、气象、社会保障、劳动就业、扶贫、社会救助、抗灾抢险、权利登记、政府采购、突发公共事件等公共服务信息；

(6) 侦查、起诉、审理、监狱等司法信息；

(7) 银行、证券、保险、铁路、民航、广播电视、通信(电信网、互联网)、电力、石油、天然气、石化、公路、医疗卫生、教育、水利、民用核设施、钢铁、有色金属、化工、装备制造等重要行业信息；

(8) 城市供水供气供热供电、城市供水排水和污水处理、城市道路和公共交通、城市环境卫生和垃圾处理、城市园林绿化等市政公共信息；

(9) 公共信息资源主管机关决定应予开放的其他公共信息资源[12]。

2018 年 1 月，中央网信办、发展改革委、工业和信息化部联合印发的《公共信息资源开放试点工作方案》提出要不断扩大开放范围、丰富开放类型等，指出重点开放信用服务、医疗卫生、社保就业、公共安全、城建住房、交通运输、教育文化、科技创新、资源能源、生态环境、工业农业、商贸流通、财税金融、安全生产、市场监管、社会救助、法律服务、生活服务、气象服务、地理空间、机构团体等领域的公共信息资源[13]。

1.3　公共信息资源开放的发展趋势

近年来，各国政府陆续发布一系列战略规划和政策文件，推动公共信息资源开放，使得公共信息资源开放成为全球热潮。当前全球公共信息资源开放迅速发展，但各区域发展不均匀，其中中国政府采取多项举措积极推进信息资源公开，使得中国在该方面发展势头迅猛。

1.3.1　公共信息资源开放的趋势

2009年，美国政府签署的《透明与开放政府》(Transparency and Open Government)开启了全球公共信息资源开放的先河。随后，世界主要国家相继开展开放工作。2011年9月20日，巴西、印度尼西亚、墨西哥、挪威、菲律宾、南非、英国、美国等8个国家联合签署《开放数据声明》(Open Data Declaration)，成立全球首个开放国际合作组织——开放政府合作伙伴组织。2013年6月，八国集团在北爱尔兰峰会上共同签署了《开放数据宪章》(Open Data Charter)，承诺在2013年年底制定开放数据行动方案，逐步向公众开放可机读、标准的政府数据。截至目前，全球已有70多个国家加入开放政府合作伙伴组织，总共提交了超过千余项关于开放政府的承诺。2020年调查数据显示，已建立政府数据开放门户网站的国家数量从2014年的46个增加到2020年的153个[14]。同时，截至2021年10月底，我国省市级数据开放平台已达193个[15]。公共信息资源日益成为重要的生产要素和社会财富，公共信息资源开放和再利用逐渐成为各国在大数据时代背景下的必然选择和现实需要。

1.3.2　公共信息资源开放的发展历程

随着互联网的深入发展，大数据时代到来，全球各国及地区均卷入政府数据开放运动的浪潮之中。政府数据开放经历了萌芽期、蔓延期，目前正处于数据开放基础设施建设、数据开放形式及途径、数据开放范围和开放主体不断完善和增加，数据要素市场建设加快推进的横纵拓展的发展期。随着数据开放范围的扩大、主体数量的增加，政府数据开放带来的收益也在不断增加。

1. 萌芽期

2009年1月，美国政府签署了《透明与开放政府》和《信息自由法案》；同年5月，作为美国开放政府计划的最重要行动，data.gov网站正式上线，公众可以自由检索并获取联邦政府数据，联邦政府各机构有义务向data.gov提供信息。2009年6月，英国政府正式启动了"让公共数据公开"的倡导计划。2009年12月，美国政府实施了《开放政府指令》，规定了透明(Transparency)、参与(Participation)、协同(Collaboration)三大政府数据开放原则，并提出要在政府网站上发布更多数据，通过网站开放数据，使公众了解政府信息，促进公共对话，提高政府信息质量，创造并制度化政府公开文化，构建促进政府公开的政策框架。《开放政府指令》的实施，意味着美国政府数据开放的序幕正式拉开，同时政府数据开放运动在世界范围内迅速蔓延，逐步深入全球各个国家和地区。

2. 蔓延期

(1) 战略规划陆续建立。全球各国政府在 2009 年以后陆续制定了许多战略规划来指导政府数据的有序开放，促进了政府数据开放朝规范化、制度化的方向发展。2010 年 11 月，欧盟委员会首次提出"开放数据战略"。2011 年，巴西、印尼、墨西哥、挪威、南非、菲律宾、英国和美国签署了《开放数据声明》，宣告诞生"开放政府合作伙伴"(Open Government Partnership，OGP)，并声明"政府代表人民收集并保存了各种各样的信息，人民有权力获取关于政府活动的各种信息。"目前，全球已经有超过 70 个国家加入这一组织。2012 年 4 月，加拿大政府发布开放数据三年行动计划，包括收集数据、建立数据标准、建立平台标准、开放新的门户网站。2012 年，中国印发《"十二五"国家政务信息化工程建设规划》，提出重点构建国家电子政务网络、深化国家基础信息资源开发利用、完善国家网络与信息安全基础设施、推进国家重要信息系统建设四项主要任务。这些战略规划逐步建立了政府数据开放的原则，约束了政府数据开放的行为，规定了政府数据开放的内容及标准，在很大程度上推动了政府数据开放的进程，成为深化政府数据开放过程的有力保障。

(2) 法规制度不断丰富。全球各国政府在数据开放发展的过程中建设并不断完善与政府数据开放相关的法律法规。2007 年，中国正式出台了《中华人民共和国政府公开信息条例》，在法律上确立了公民的行政知情权。2010 年 5 月，澳大利亚联邦议会通过了《信息自由改革法修正案 2010》，使得修改后的法案在政府信息披露和发布方面更加积极主动，为促进政府数据开放和建立透明政府奠定了法律基础。美国政府为应对数据开放的挑战，于 2012 年制定和颁布了《消费者数据隐私保护法案》，用来加强个人隐私权的保护以及个人信息在互联网环境中被使用的保护。2012 年 3 月，纽约市《开放数据法案》实施；同年 3 月，公布了《开放数据政策和技术标准手册》，详细规定了纽约市数据开放方案。数据开放阶段不可避免地会涉及隐私安全保障问题，各国通过制定、修正法律法规，不仅保障了信息主体的隐私，也促进了政府数据开放朝着良性方向发展[16]。

(3) 基础设施逐步建设。自 2009 年美国政府数据开放网站 data.gov 开放以来，各国政府加紧步伐，采取了一系列措施对政府数据开放平台及其他基础设施进行建设。2010 年 1 月，英国政府数据开放网站 data.gov.uk 正式上线。2011 年 3 月，加拿大政府数据公开门户网站建立。2012 年，欧盟建成开放数据门户网站；同年，英国政府推动建立"开放数据研究所"[17]，研究如何挖掘和利用公开数据的商业潜力，为英国公共部门、学术机构等方面的创新发展提供"孵化环境"，为国家可持续发展政策提供帮助。2012 年，印度政府信息技术局效仿美国政府的做法，建立 data.gov.in 网站，作为其中央政府的数据开放平台。2012 年，中国上海市推出了中国大陆地区第一个政府开放数据平台。全球多个国家或地区政府及组织通过对政府数据开放的相关基础设施进行建设，使得政府数据开放得以快速发展起来，政府数据开放主体增加、开放范围扩大、开放深度加强。

3. 发展期

(1) 数据开放基础设施建设高速发展。前期的基础设施初步建设完成后，即进入系统升级及维护期。通过对政府数据开放网站的不断更新维护以及技术的不断升级，政府数据开放始终保持活力。加拿大政府门户网站在 2014 年底进行改版升级，设立综合开放门户和专业性数据开放门户，网站栏目不断完善优化，数据资源按时更新。2015 年后加拿大政府基于开放政府框架进行了一系列改革,在 2016 年制定的《开放政府合作伙伴的第三次两年计划(2016—2018)》中,强调改版数据开放门户网站。截至 2021 年 10 月,中国已有 193 个地方政府陆续推出政府数据开放平台,从 2017 年的 20 个到 2021 年下半年的 193 个,全国地级及以上政府数据开放平台数量增长显著。针对政府官网、数据开放门户网站和政务服务网站等多渠道信息公开的现状,中国正在规范和整合不同的开放门户网站,以确保数据的一致性、协同性和关联性。

(2) 数据开放范围持续拓展。以美国为起点的政府数据开放迅速发展,并快速向其他国家扩散。欧洲各国率先加入政府数据开放行列,随后包含中国、日本等在内的亚洲各国,以及巴西、墨西哥等美洲各国也踏上征程,带动并影响着全球各个国家和地区。当前政府数据开放的范围不断扩大,截至 2021 年 12 月底,美国政府数据开放网站 data.gov 已收集了 335 221 个数据集,涉及地方政府、气候、环境、农业、教育、能源、金融、法律、住房、商业、贸易、就业、财政税收等领域,全方位地将政府数据逐步向社会开放。加拿大财政委员会、统计局、国防部等 63 个机构 19 类数据集涵盖经济、人口、地理、文化、信息通信、农业等各项主题,主要来源是政府的审计与评估、战略规划、财务资料等,数据格式包括 CSV、DOC、DOCX、HDF 等,更新频率除了一部分数据集为月度、季度、年度、两年一更新外,更多的是有计划或需要时更新。截至 2018 年 9 月,日本政府开放数据网站 data.gov.jp 已有 21 674 个数据集,涵盖 22 个中央政府组织,主要包含 17 类数据。据统计,至 2021 年 10 月,中国 193 个地方政府数据开放平台中,山东开放的数据集最多,已开放 140 819 个数据集,内含 49.6 亿条数据;其次是浙江、广东和四川,开放的有效数据集均超过 20 000 个,涵盖财政、金融、城乡建设、科技、教育等领域的 22 个类别。

(3) 数据开放主体的数量稳步增加。从目前全球参与开放数据运动的国家来看,既包括美国、法国、奥地利、西班牙等发达国家,也包括中国、印度、巴西、阿根廷、加纳、肯尼亚等发展中国家。国际组织欧盟、经济合作与发展组织、联合国、世界银行也加入了开放数据运动,建立了数据开放门户网站。2017 年发布的全球政府数据开放晴雨表第四版中,数据开放晴雨表覆盖了 115 个国家和地区,比上一版增加了 25%,比第一版增加了 33%,美国、英国、法国、加拿大、新西兰等发达国家的开放指数一直位于世界前列。当前,全球超过 150 个国家或地区搭建了政府数据开放门户,中国已有 24 个省级行政区(不含港澳台地区)、169 个地级市上线了政府数据开放平台[18]。

(4) 数据开放形式及途径不断创新。随着政府数据开放的不断发展,各国政府在开放的形式、途径方面不断创新,呈现出各自的特色,使政府数据开放更具广度和深度。美国、英国、澳大利亚的数据门户不仅具有提交数据集、数据应用请求以及在线评论服务等功能,而且数据门户的信息可以与 YouTube、Facebook、Twitter 等多个社区网站链接并共享信息。中国省级及地方政府不仅将政府数据开放的主要渠道放在门户网站上,而且将网站与社交软件如微信、QQ、微博等对接[19],进一步将政府数据开放扩散到社会公众的社交生活中。在中国贵州、上海等省级政府数据开放平台上,用户可以方便地交互并提交数据应用产品。

(5) 数据要素市场建设进入快车道。近年来,数据日益成为国家基础性战略资源,信息资源共享激活数据要素价值、推动数据服务、促进数据要素市场的构建。2020 年 4 月,中共中央、国务院发布的《关于构建更加完善的要素市场化配置体制机制的意见》对推进要素市场化配置改革进行总体部署,明确提出完善和培育数据要素市场的三个方面:一是要推进政府数据开放共享；二是要培育数字经济新产业、新业态和新模式，提升社会数据资源价值；三是要加强数据资源整合和安全保护。国家工业信息安全发展研究中心发布的《中国数据要素市场发展报告(2020—2021)》指出，我国 2020 年数据要素市场规模达到了 545 亿元，"十三五"期间以数据采集、数据存储、数据加工、数据流通等环节为核心的数据要素市场发展迅速。2022 年 1 月，国务院印发的《"十四五"数字经济发展规划》明确提出"十四五"期间初步建立数据要素市场体系等发展目标。数据要素市场体系进入加快推进建设的过程[20]。

1.3.3 公共信息资源开放的发展现状

经历了十余年的快速发展，全球公共信息资源开放已进入快车道，在全社会形成数据共享的氛围。从总体上看，目前国内外公共信息资源开放热度持续走高，开放数据集快速增长，覆盖范围逐步扩大。同时，区域发展水平参差不齐，其中中国发展速度逐渐提升、开放质量稳步提高。

(1) 开放数据集逐年增长。政府数据开放既是政府治理活动的重要责任，也是民众的基本诉求。随着大数据时代的到来，数据资源在经济和社会发展中占据着越来越重要的地位，全球公众对开放政府数据的呼声愈来愈高，推动着各国政府机构的政府数据开放进程，开放数据集总量不断增加，覆盖的领域逐步扩大。

实施政府数据开放的主体逐年增加。通过对政府数据开放晴雨表的调查结果[21]分析(见图 1-1)可知，参与政府数据开放评估的国家和地区数量不断增加。2013 年覆盖了 77 个国家和地区，2015 年达到 86 个，2016 年增加到 92 个，2017 年达到 115 个。随后，由于全球遭到新型冠状病毒肺炎疫情冲击，相关调查工作进度放缓。2019 年，加拿大国际发展研究中心开始进行全球政府数据开放研究，从治理、能力、可用性和使用等四个核心模块，公共采购、公共财政、政府诚信等七个专题模块展开调查，并于 2021 年发表了全球数据晴雨表(Global Data Barometer，GDB)[22]。第一版的 GDB 涵盖 109 个国家(总共提供了 60 000 多个数据点)，使用新的指标开展实验，虽然覆盖国家范围缩小，但报告表明全球整体开放数据的进程是向前发展的，并且较以往能够得到更为充足的体制支持和技术架构支撑。

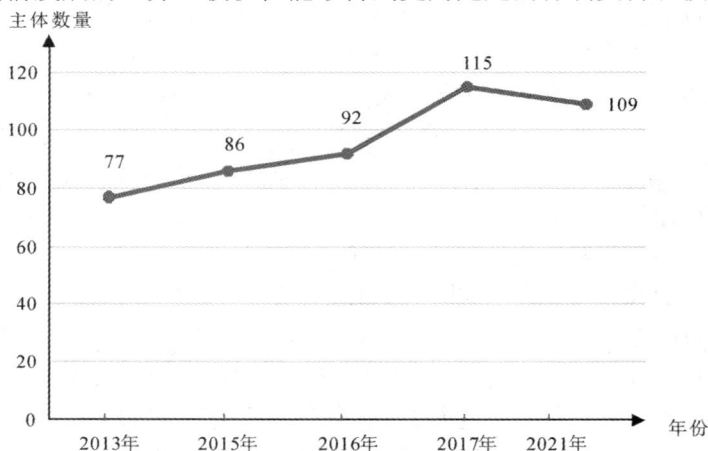

图 1-1 政府数据开放主体数量

全球政府开放的数据集数量稳步增加，截至 2018 年 9 月，数据集总量排名前 10 的国家如图 1-2 所示。印度开放 213 698 个数据集。加拿大政府数据开放网站 open.canada.ca 开放了来自财政委员会、统计局、国防部等 63 个机构的 19 类数据集，数据集总量达 81 003 个。日本开放数据网站 data.gov.jp 开放 21 674 个数据集，涵盖 22 个政府组织，包含 17 类数据集。排名第一的是在 2018 年开放 302 944 个数据集的美国 data.gov 网站。

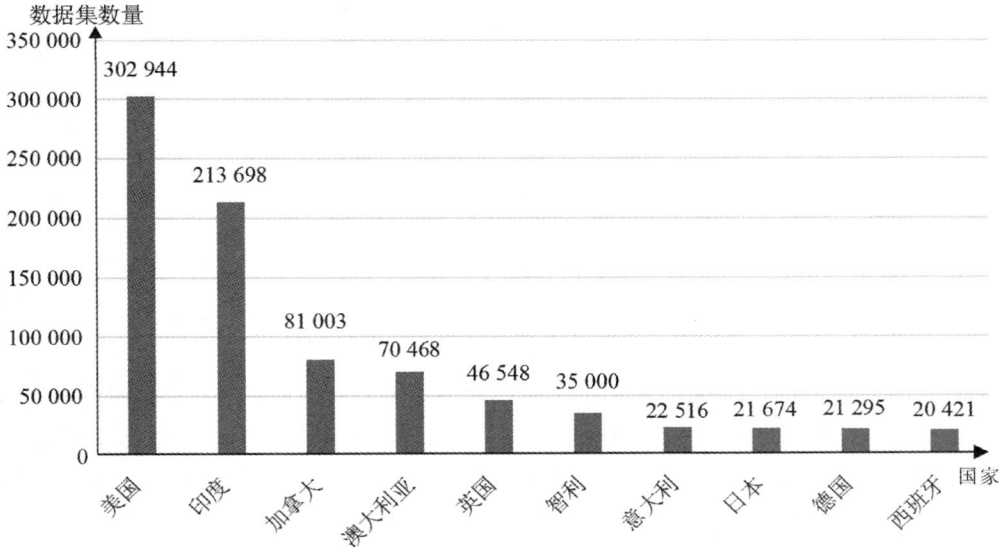

图 1-2　数据集总量排名前 10 的国家

图 1-2 中，美国、英国和澳大利亚三国数据集增加数量尤为明显，这三个国家 2016—2022 年的数据集总量变化如图 1-3 所示，美国数据开发平台的数据集总量增速最快，2018 年的数据集数量相比 2017 年增加了 56%。至 2022 年，美国、英国和澳大利亚三国数据集数量已经增至 317 396、52 232、106 592 个。

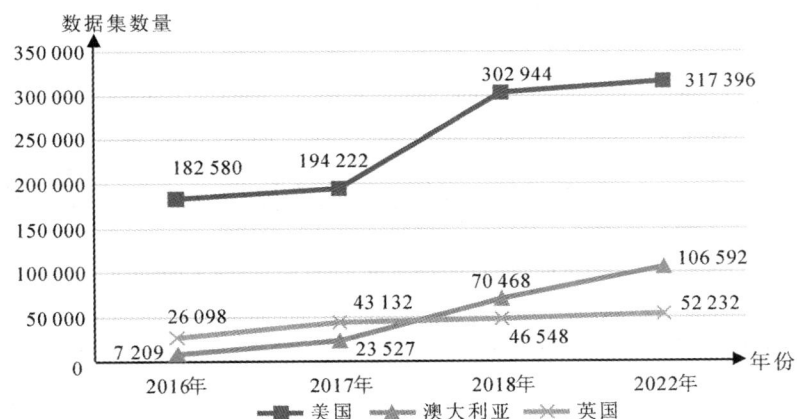

图 1-3　2016—2022 年数据集增量明显的国家

晴雨表调查了地图、土地、统计分析、预算、开支、公司、立法、交通、贸易、健康、教育、犯罪、环境、选举、合同 15 个领域的政府开放数据，其中机器可读取的开放数据比例在不断增加(如图 1-4 所示)，从 2013 年的占比 37%增长到 2018 年的 75%。

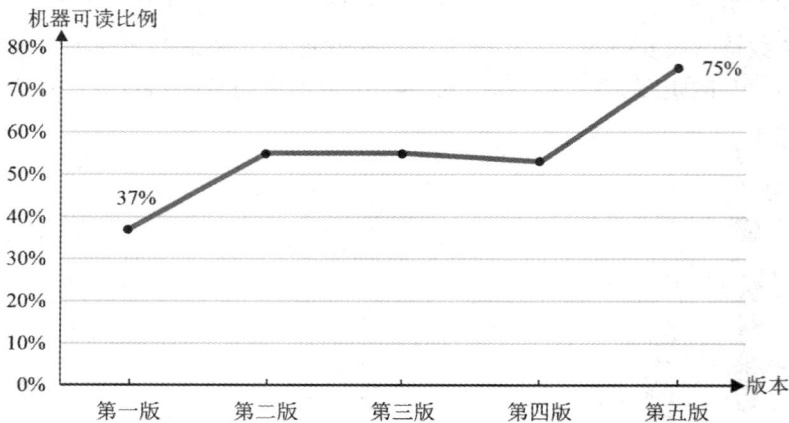

图 1-4 开放数据晴雨表机器可读比例

(2) 区域发展不均，中国发展迅猛。2013 年至 2018 年，万维网基金会建立以准备度、执行度、影响力为基础的全球衡量标准，针对各国政府发布和使用开放数据的情况进行调查评价，并发布了 5 份调查报告，比较系统、直观地反映了世界范围内政府数据开放的变化规律。2019 年，加拿大国际发展研究中心开始进行全球政府数据开放研究，并于 2021 年发表了全球数据晴雨表，在开放数据晴雨表的基础上更加细致。

① 世界各区域的发展态势。2013 年到 2021 年世界各区域的政府开放数据指数对比分析如图 1-5 所示。尽管开放数据晴雨表和全球数据晴雨表在评估维度和评估对象上略有出

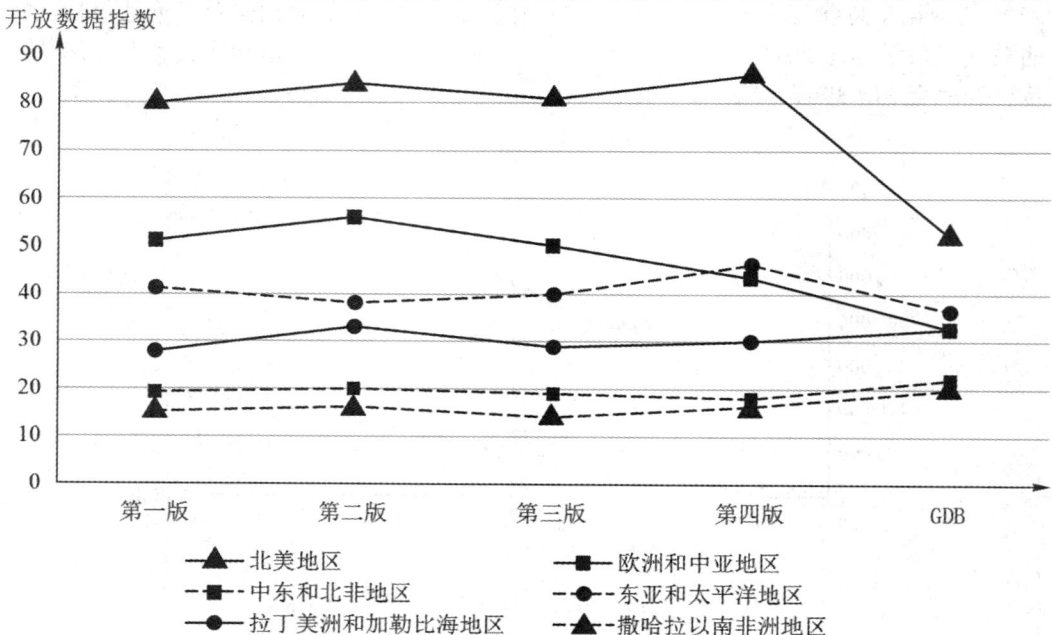

图 1-5 开放数据晴雨表中全球开放数据指数分布

入，但不难看出，北美地区处于第一梯队，保持领先位置；欧洲和中亚地区、东亚和太平洋地区处于第二梯队，政府开放数据发展水平较高；拉丁美洲和加勒比海地区、中东和北非地区、撒哈拉以南非洲地区处于第三梯队，政府开放数据发展水平偏低。

② G20 国家发展态势。G20 国家 2013 年到 2022 年的开放数据指数对比分析如表 1-3 所示。美国作为数据开放的先驱，近年来数据开放程度评分逐年曲折下降，但开放数据集的整体数量仍位列前茅。沙特阿拉伯作为 G20 国家中数据开放程度评分最低的国家，近年来数据开放程度持续增长。阿根廷、印度尼西亚、意大利、南非等国尽管数据开放程度评分不稳定，但总体均表现出增长的趋势。中国整体数据开放增速明显，由 2017 年的数据开放指数 20 突增为 2018 年的 31，并于 2021 年增至 40。

表 1-3　开放数据晴雨表中 G20 国家开放数据指数分布

国家	第一版	第二版	第三版	第四版	第五版	GDB	趋势
中国	11.8	28.12	21.13	20	31	40	
美国	93.38	92.66	81.89	82	64	68	
日本	49.17	53.58	63.5	75	68	—	
德国	65.01	67.63	65.45	70	58	58	
法国	63.92	80.21	81.65	85	72	66	
英国	100	100	100	100	76	65	
意大利	45.3	50.58	53.79	56	50	57	
加拿大	65.87	74.52	80.35	90	76	61	
俄罗斯	44.79	48.25	31.49	49	51	42	
澳大利亚	67.68	68.33	67.99	81	75	55	
南非	19.2	30.7	26.77	34	35	30	
阿根廷	35	35.71	23.78	38	48	50	
巴西	36.83	52.13	61.16	59	50	58	
印度	33.38	33.15	33.98	43	48	47	
印度尼西亚	18.66	36.18	31.81	38	37	40	
墨西哥	40.3	50.09	61.76	73	69	51	
沙特阿拉伯	7.09	15.77	17.72	19	25	29	
土耳其	27.58	31.24	27.06	37	31	/	
韩国	54.21	57.65	71.19	81	72	64	

③ "一带一路"沿线国家发展态势。"一带一路"沿线 65 个国家(或地区)2013 年至 2022 年的开放数据指数对比分析如图 1-6 所示，这 65 个国家(或地区)的平均得分在 22～26 分之间，最高得分仅为 67 分，整体处于较低水平，但十年来存在小幅增长。

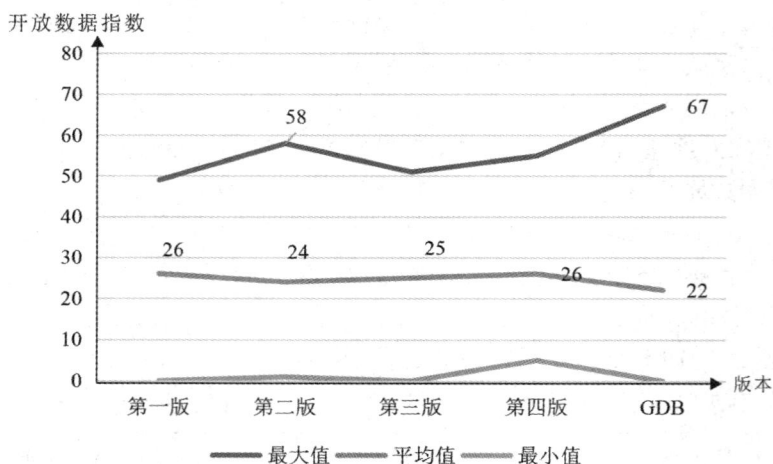

图 1-6 开放数据晴雨表中"一带一路"沿线国家(或地区)开放数据指数分布

中国作为"一带一路"倡议的发起者和领导者,政府数据开放虽起步较晚,但发展迅速。中国数据开放试点省市与"一带一路"沿线国家(或地区)数据集数量对比如图 1-7 所示。中国于 2008 年 5 月起正式实施《中华人民共和国政府信息公开条例》,拉开政府数据开放的帷幕。2018 年 1 月发布《公共信息资源开放试点工作方案》,确定北京市、上海市、浙江省、福建省、贵州省为试点地区,开展公共信息资源开放试点工作。截至 2022 年 7 月,上海、北京、贵州、浙江的开放数据集数量远高于菲律宾政府和新加坡政府的开放数据集数量。

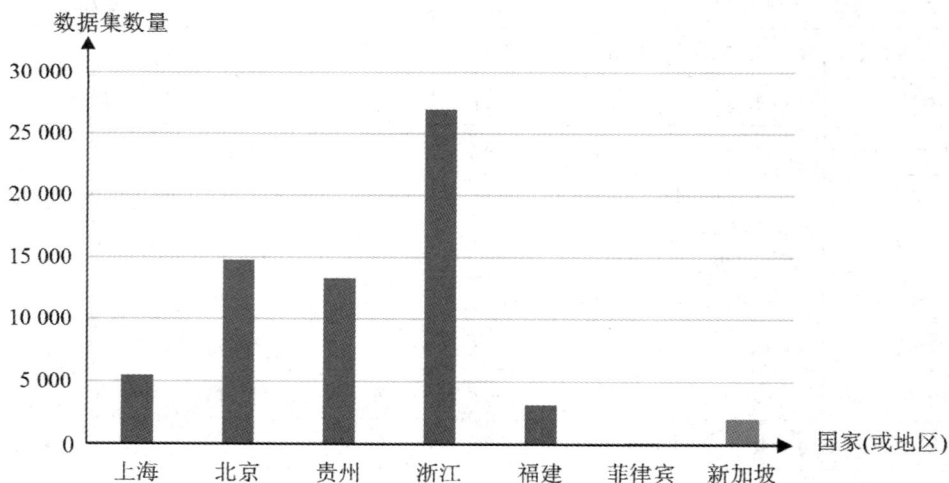

图 1-7 中国数据开放试点省市与"一带一路"沿线国家(或地区)数据集数量对比

(3) 民之所向数据,中国表现抢眼。公众真正需要的数据主要包括预算、支出、政府项目合同、公司注册等内容,而 2017 年版开放数据晴雨表的统计结果显示(见表 1-4),这些数据仍处于高度不透明状态,其中 12 个国家开放了预算数据,只有 1 个国家开放了土地所有权数据。2021 年发布的全球数据晴雨表显示只有 10.63%的数据集符合开放定义,相比于 2017 年版开放数据晴雨表记录的 7%的完全开放数据集有适度进展,但仍然处于低水平。

表 1-4　2017 年版开放数据晴雨表统计结果

数据集	发 布 国 家
预算	澳大利亚、巴西、格鲁吉亚、德国、牙买加、墨西哥、荷兰、挪威、巴拉圭、瑞典、英国、乌拉圭
开支	加拿大、希腊、英国、乌拉圭
合同	澳大利亚、菲律宾、法国
土地所有权	加拿大
公司注册	澳大利亚、保加利亚、加拿大、拉脱维亚、哈萨克斯坦、挪威
立法	新西兰、英国、西班牙
选举结果	澳大利亚、奥地利、加拿大、法国、丹麦、爱尔兰、韩国、秘鲁、斯洛伐克、西班牙、瑞典、土耳其、英国

相对于其他国家而言，中国关于公众真正需要的数据集开放度较高。中共十八届三中全会颁布的《中共中央关于全面深化改革若干重大问题的决定》指出，要改进预算管理制度，实施全面规范、公开透明的预算制度。同年，国务院召开的第一次廉政工作会议上要求建立公开、透明、规范、完整的预算体制，深化细化预算决算公开和"三公"经费公开。中国政府的多项举措都表现出其对民之所向数据公开的重视度，积极推进公民需求的数据集公开。32 个省级政府网站(包括新疆生产建设兵团)都提供了信息公开目录，提供预算决算和"三公"经费公开。

1.4　公共信息资源开放的实践意义

在全球各国都高度重视公共信息资源开放的背景下，加快公共信息资源开放对于提升政府治理能力、释放数据的经济价值、提高公共服务水平具有巨大的实践意义。

1. 提升政府治理能力

公共信息资源开放是政府提升社会治理能力的驱动力，是政府治理的"幕僚高参"。首先，公共信息资源是政府治理用数据说话的最翔实、最可靠的事实和依据。公共信息资源开放驱动政府由"权力治理"向"数据治理"转型，形成"用数据说话、用数据决策"的政府治理新理念[23]。其次，借助人工智能和大数据分析技术，从海量的政府开放数据中抓住主要矛盾，精确指出治理方向和对象，驱动政府由"粗犷治理"向"精准治理"转型，推动政府治理模式的变革，从而实现政府服务的智能化、个性化和精准化。再次，公共信息资源开放是实现数据决策、智慧决策的重要手段。改变以往凭经验和"拍脑袋"的权威决策方式，使政府决策更加符合实际、贴合民意，更为公平、科学，从而驱动政府由"经验决策"向"指挥决策"转型，推动政府治理手段的变革。最后，公共信息资源开放有助于政府引入大数据检测系统，实时监控，快速分析相关信息，让政府从"谋而后动"转向"随动而谋"、从"事后解决"转向"事前预测与前瞻决策"，从而驱动政府由"静态管理"向"动态治理"转型[24]，推动政府治理内容的变革。

2. 释放数据的经济价值

公共信息资源开放有利于释放数据的经济价值，使其成为一种创造价值的新的生产要素，为数字经济发展注入强劲的发展动力，激发相关产业发展活力。首先，公共信息资源开放助推数字经济与实体经济融合发展，推动传统产业加速向数字化、网络化、智能化发展。其次，公共信息资源开放促进大数据与云计算、物联网、人工智能等新技术结合，催生数字经济新产业、新业态、新模式。再次，公共信息资源开放将衍生出一类以信息内容为主导的新产业。例如，政府将交通信息、统计信息等政府信息资源开放给企业进行再利用，将减少企业搜寻信息的成本[25]。

3. 提高公共服务水平

教育、就业、社保、医药卫生、住房、交通等领域数据的开放，有助于推进"互联网+教育""互联网＋医疗"等领域的发展。政府部门及社会力量借助人工智能技术和大数据技术等一系列新型技术，以公共信息资源开放为基础，构建公众与政府间的新型智能互动关系，深入探索以公众个性化需求为目标的智能化服务项目，有效提升公共服务的均等化、普惠化与便捷化水平，不断满足人民对于美好生活的追求，从而进一步提升公共服务水平[26]。

本 章 小 结

通俗地说，公共信息资源是指政务部门和公共企事业单位所产生或管理的，具有原始性、可机器读取、可供社会化再利用等特征的数据集。公共信息资源开放，就是要把分散、封闭、沉睡在各级政务部门和公共企事业单位中的信息资源向社会开放。其开放范围不仅包含公共部门所产生的信息，也囊括其在管理过程中所掌握的信息资源，涉及信用服务、医疗卫生、社保就业、公共安全、城建住房等多个领域。

在经历了萌芽期、蔓延期和发展期后，公共信息资源开放已成为流行趋势，全球开放运动正如火如荼地开展。国际上明确表示加入开放运动的国家和组织数量逐年递增，其开放的数据集量也呈指数增长，数据质量和容量同步提高。越来越多的国家和地区开始意识到公共信息资源开放对于提升政府治理能力、提高公共服务水平的巨大作用，认识到释放数据的经济价值具有的重要意义，努力提高公共信息资源开放水平与实力。

第二章

公共信息资源开放研究的可视化计量分析

我国公共信息资源开放经历了政府上网、政府信息公开、政府信息共享和公共信息资源开放四个时期。相应地，信息公开、政府数据开放、公共信息资源开放等也成为学术界关注的话题。本章通过文献计量与信息可视化分析技术，识别公共信息资源开放研究领域的研究主体、知识基础、研究热点与演化路径，对于帮助研究人员全面了解我国公共信息资源开放领域的研究现状、把握研究热点和定位研究方向具有重要意义。

2.1 数据来源、研究工具与方法

中文社会科学引文索引(CSSCI)的文献题录是我国唯一包含引文信息的中文期刊数据库，可以为文献共被引分析提供数据来源。本章选择 CSSCI 数据库作为数据源，检索条件设定为 TI =(信息公开 or 数据公开 or 信息开放 or 信息资源开放 or 数据开放 or 开放数据 or 信息共享 or 数据共享 or 信息资源共享 or 公共数据 or 公共信息)OR 关键词 =(信息公开 or 数据公开 or 信息开放 or 信息资源开放 or 数据开放 or 开放数据 or 信息共享 or 数据共享 or 信息资源共享 or 公共数据 or 公共信息)，时间跨度为 1998—2022 年。检索结果为 5683 条数据，经过人工剔除低相关数据，将 2939 条相关度较高的数据用于本次分析。数据检索与处理时间为 2022 年 8 月 20 日。

CiteSpace 是美国德雷赛尔大学教授陈超美利用 Java 编程语言开发的一款着眼于分析科学分析中蕴含的潜在知识，在科学计量学、数据可视化背景下逐渐发展起来的引文可视化分析软件，它有助于分析某一科学领域的研究前沿与趋势，揭示科学的动态发展规律。

VOSviewer 是在荷兰莱顿大学(Leiden University)的科学技术研究中心(Center for Science and Technology Studies，CWTS)的资助下开发完成的科学图谱工具，支持大规模数据处理(很多免费的图谱软件只支持中小规模的数据处理)。与其他可视化软件相比，其主要特点为图形化展现的方式较为丰富，显示清晰，使得文献计量学的分析结果易于解释。

本章以 1998—2017 年间 CSSCI 数据库中收录的公共信息资源开放领域的文献为研究对象，以 CiteSpace、VOSviewer 知识图谱文献计量分析软件为工具，在对国内公共信息资源开放领域论文进行计量分析的基础上分析国内公共信息资源开放领域学术研究成果的核心知识基础、作者合作关系、研究热点及前沿领域等。

CSSCI 收录的国内公共信息资源开放领域研究论文数的各年份分布情况如图 2-1 所示。从总体上看,发文量呈先上升后下降的变化态势:2008 年之前处于增长阶段,尤其是 2003—2008 年增长最为迅速,平均增长速度为 50.30%,这可能与 2007 年通过的《中华人民共和国政府信息公开条例》有一定的关系。在 2008 年之后发文量略有下降,从 2014 年开始连续保持在年均水平 165 篇左右。

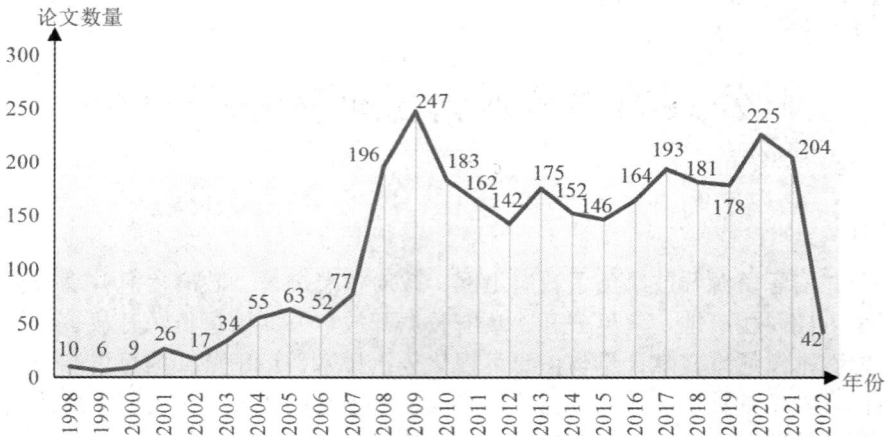

图 2-1　国内公共信息资源开放领域研究论文数的各年份分布情况

2.2　合作关系分析

2.2.1　作者分析

利用 CiteSpace 对作者进行共现分析,可以得到该领域的高产作者(选取发文量在 10 篇以上的作者),如表 2-1 所示。

表 2-1　公共信息资源开放领域高产作者统计表

序　号	作　者	论文数量	序　号	作　者	论文数量
1	马海群	46	6	陈美	15
2	段尧清	18	7	黄如花	15
3	高波	17	8	肖卫兵	15
4	周毅	16	9	盛小平	15
5	朱晓峰	16	10	夏义堃	12

高产作者马海群、段尧清、黄如花、盛小平和夏义堃分别是黑龙江大学信息管理学院、华中师范大学信息管理学院、武汉大学信息管理学院、上海大学文化遗产与信息管理学院、武汉大学信息管理学院的学者,属于图书情报与档案管理学科研究政府信息资源管理方面的学者。

2.2.2　合作关系分析

对作者之间的合作关系进行分析,如图 2-2 所示。在图 2-2 中,共有 307 个节点和 173

条连线，较大的研究团队有 1 个，即孙成永、王启明、池天河、周旭等 8 人团队。其中孙成永来自中国 21 世纪议程管理中心，池天河、周旭等 6 人来自中国科学院地理科学与资源研究所，王启明来自中国科学院半导体研究所，可见中国科学院地理科学与资源研究所以及中国科学院半导体研究所在该领域取得了一定数量的研究成果，池天河学者为中介性较好的节点。

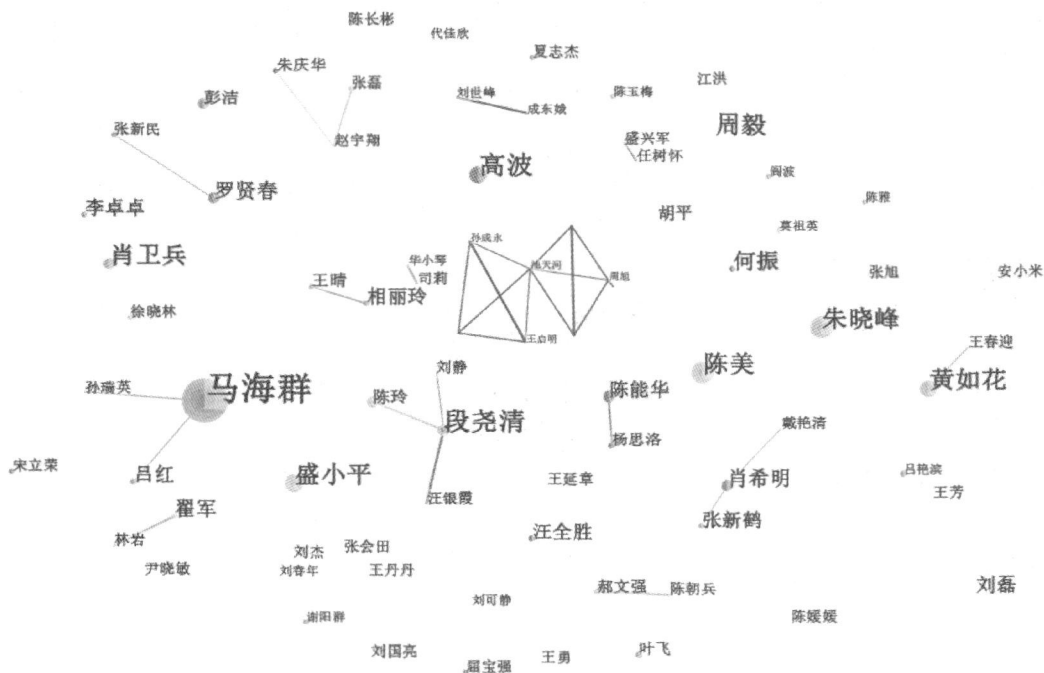

图 2-2 公共信息资源开放领域的作者共现分析图谱(部分)

此外，段尧清、陈玲、刘静、汪银霞团队比较大，汪银霞来自信阳师范学院图书馆，其余 3 人来自华中师范大学信息管理学院。还有 3 个由 3 人组成的小团队：朱庆华、赵宇翔、张磊，肖希明、张新鹤、戴艳清，马海群、孙瑞英、吕红。张新民、罗贤春，黄如花、王春迎，盛兴军、任树怀，王晴、相丽玲，司莉、华小琴等也组成了 9 个 2 人团体。从图中还可以看出，排名前五的高产作者中高波、周毅、朱晓峰几乎没有与他人合作。

2.2.3 机构分析

用 CiteSpace 对机构进行分析，可以看到在该领域各机构的研究情况。从表 2-2 中可以看到，来自武汉大学信息管理学院的文献远多于其他机构，其次是黑龙江大学信息管理学院。从图 2-3 中可以看到不同机构之间的合作关系。其中一些机构之间的合作关系较强，形成了一个最大的合作团体，该团体以武汉大学信息管理学院、黑龙江大学信息管理学院、南京大学信息管理学院、吉林大学管理学院、北京大学信息管理系、中国科学技术信息研究所和湘潭大学公共管理学院为主要研究机构。此外，上海大学图书情报档案系与中国科学院文献情报中心也有合作。

表 2-2　公共信息资源开放领域高产机构统计表

序号	机　构	论文数量	序号	机　构	论文数量
1	武汉大学信息管理学院	112	6	湘潭大学公共管理学院	28
2	黑龙江大学信息管理学院	44	7	吉林大学管理学院	27
3	黑龙江大学信息资源管理研究中心	43	8	中国科学技术信息研究所	25
4	南京大学信息管理学院	35	9	华南师范大学经济与管理学院	22
5	武汉大学信息资源研究中心	32			

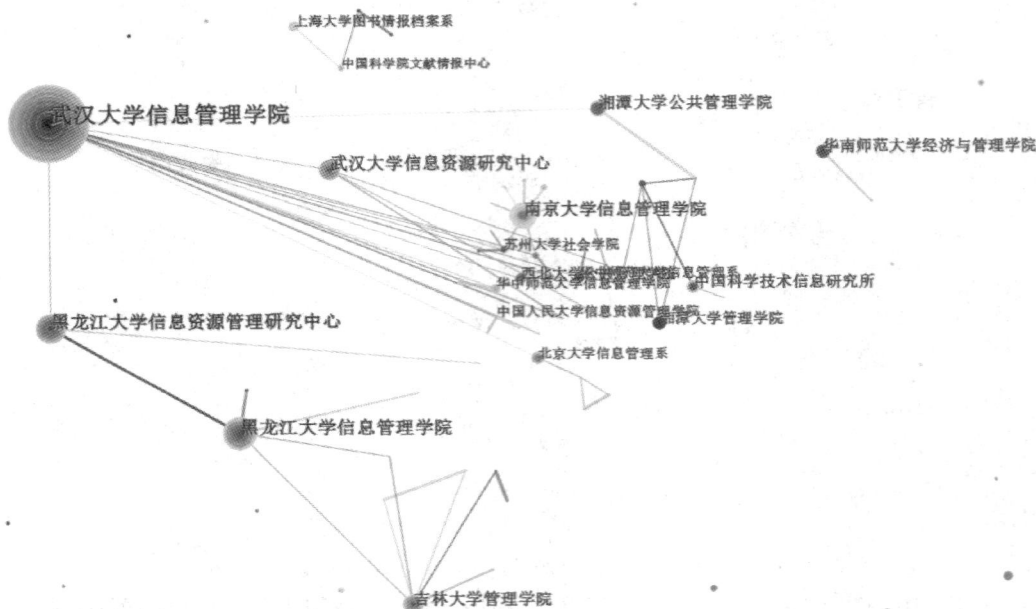

图 2-3　公共信息资源开放领域的机构分析图谱

2.3　研究热点分析

关键词是作者对论文内容或研究方法的精练化概括，通过对高频关键词共现图谱的分析，可以得到该领域的研究热点及研究热点的演化路径。在 VOSviewer 中，选择"Co-occurrence"下的节点类型"Author keywords"，并设置选择出现次数最少为50次的关键词进行分析，得出的"Density Visualization(密度可视化)"图形如图 2-4 所示。在密度可视化图中，颜色越亮，表明其密度越大，字的大小也与密度大小成正比。从图中可以看到，信息公开的密度最大，即其出现的次数最多，信息共享、开放数据、数据共享、政府数据开放、信息共享空间、电子政务、信息资源共享紧随其后。

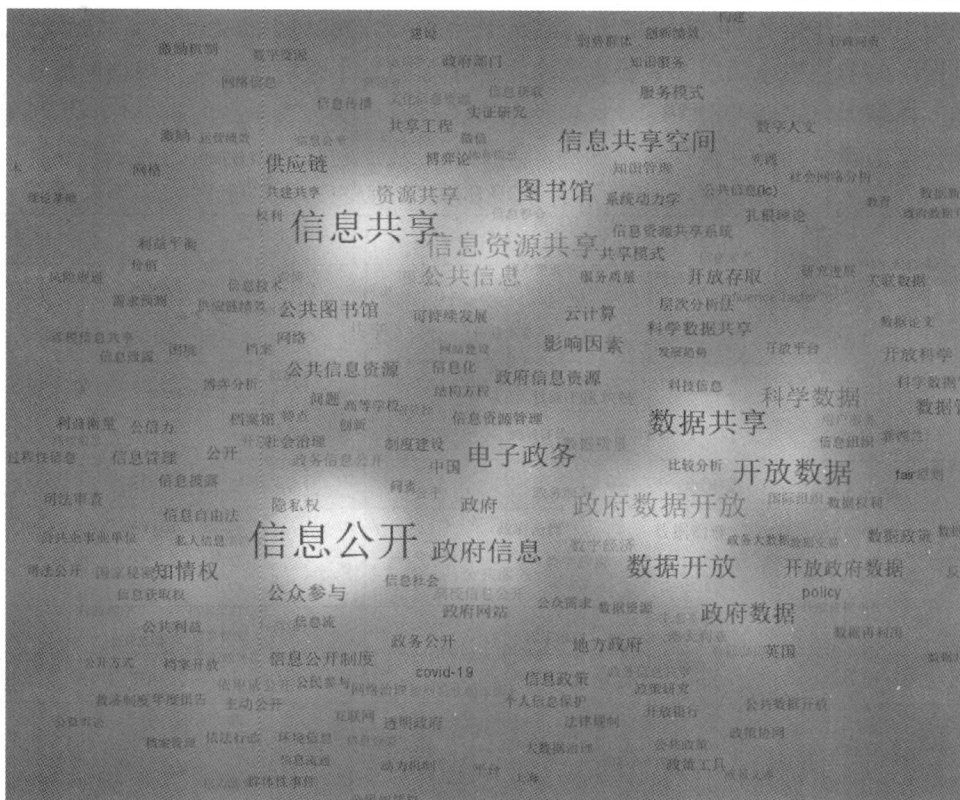

图 2-4 关键词的密度可视化图形

在 CiteSpace 软件中,选择网络节点类型"keywords",同时选择"Title""Abstracts""Identifier"和"Descriptors"四个"Term Source",将数量选择设置为每年的 TOP 5%高频关键词,绘制共词聚类网络图谱,如图 2-5 所示。

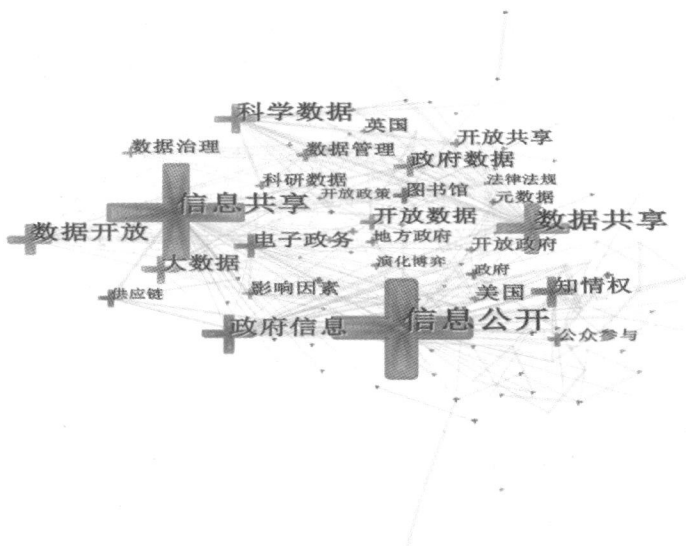

图 2-5 国内公共信息资源开放领域绘制的共词聚类网络图谱

图谱中共有 152 个节点、411 条连线。其中出现频次≥20 的关键词及其频次如表 2-3 所示。图中的节点表示术语和关键词，节点和字体的大小表示术语或关键词的出现频次。节点和字体越大，表明节点关键词被使用越多，极有可能代表学科的研究热点。节点之间的连线表示节点之间的共现关系，连线的粗细表示节点之间共现频次的高低。

表 2-3　出现频次≥20 的关键词及其频次统计

计数	中心性	年份	关键词	计数	中心性	年份	关键词
558	0.94	2004	信息公开	52	0.10	2008	图书馆
455	0.36	2001	信息共享	48	0.04	2006	电子政务
208	0.30	2008	数据共享	44	0.00	2007	供应链
126	0.09	2014	数据开放	42	0.04	2013	开放数据
113	0.13	2004	政府信息	33	0.03	2008	公众参与
88	0.07	2011	科学数据	29	0.00	2013	数据管理
78	0.09	2014	大数据	26	0.04	2009	影响因素
77	0.03	2016	政府数据	24	0.00	2020	数据治理
74	0.08	2004	知情权	20	0.01	2008	政府

关键词是对文献主题内容的高度概括或集中描述[27]。词频分析是一种基于内容的重要的定性分析方法，而高频词分析有助于考察某一科学领域的研究热点。从表中可以看出，该领域的研究热点主要表现为以下几个方面。

1. 政务透明与公众知情权保护

政府数据开放的重要目标之一即是通过开放数据，确保公众知情权，提升政府透明度，实现政府与公众间的良性互动关系。学术领域研究该热点集中在对政府信息公开共享的配套制度建设、改革创新以及政府的管理、行为进行研究，政策方面集中在政策工具使用、绩效评价研究和发展趋势上，同时注重对政务透明与公众知情权保护的研究。

2. 数据共享基层平台建设

具体而言，该热点重点关注数据共享平台建设方面。尽管当前我国各级各地政府已陆续建立其政府数据开放专属平台，但现有的平台功能、平台架构等均缺少统一标准，且由于维护不及时，少数数据共享与开放平台长时间出现无法访问、无法下载等情况，严重制约了当前政府数据开放的整体水平。因此，领域内重点关注数据开放平台的建设、维护工作，力求形成一批高质量的开放平台。

3. 高校与科学数据公开

该热点为高校科研数据共享研究，主要针对数据获取、监护、发布等科研流程各环节进行研究，同时还有针对数据管理与数据服务的研究。科研机构、高校和个体研究人员所掌握的数据从严格意义上来讲并不属于政府数据的范畴，但科学数据的共享与开放对科学数据再利用、减少数据检索与获取困难至关重要。

4. 大数据环境下信息资源的开放存取与管理

政府数据要经历采集、清洗、储存等流程才能真正向公众开放。在大数据时代，海量的公共数据和信息资源给政府的数据管理工作带来压力，信息资源的管理成为开放前的重要工作。因此，学术界对政府数据的数据获取、数据存储、数据开放方式等内容进行重点研究，并从服务模式、人员管理、信息管理、技术架构等角度探讨信息共享空间建设。

5. 相关政策与制度

政策、制度、体系一直是各学科展开研究的重要内容。在政府数据开放领域，有关政府信息公开、政府数据开放共享、公共信息资源开放等内容的政策研究一直是热点。起初，学者们较为关注政策发布的时序变化规律、政策内容主题变迁等话题。随着研究的深入和各国政府数据开放工作的逐渐完善，学术界更为关注数据安全和隐私问题，对大数据环境下信息资源开放共享的潜在安全风险展开研究，尤其是个人隐私信息的保护，从驱动策略、执行机制、协同保护等角度展开，强调对大数据和云计算技术的运用。

2.4 研究前沿和趋势

通常将某领域近一段时期内的前沿热点定义为在过去一段时期内未出现，而近一段时期内新兴的研究热点(用高频或高中心度关键词表示)。为了研究公共信息资源开放领域的研究热点与趋势，利用 CiteSpace 中的 Burst Detection(突现词探测)算法与技术对 top5% 的高频词进行突现词分析，并以时间轴的形式排列显示，如图 2-6 所示。其中节点中心突显出的词组即为突现词，共 25 个，所有的突现词及其出现年份、突现强度如图 2-7 所示。

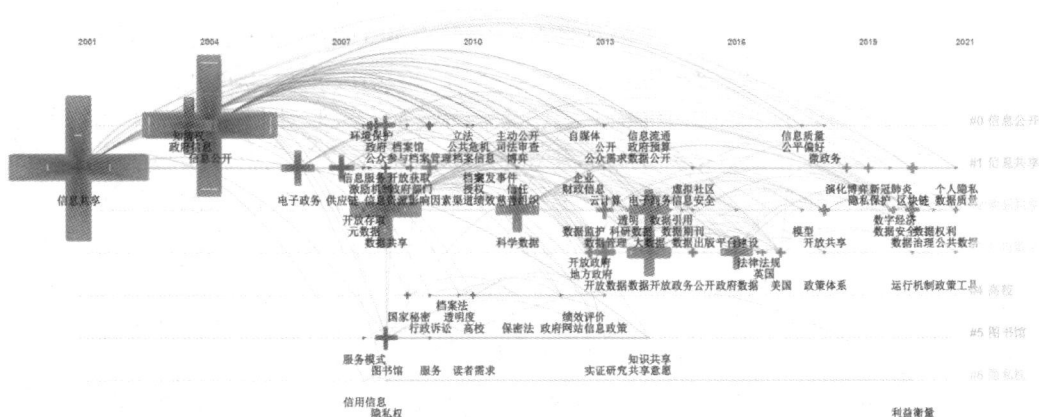

图 2-6 国内公共信息资源开放领域研究 Timeline View 突现词图谱

关键词	出现年份	突现强度	突现开始时间	突现结束时间	1998—2022
政府信息	1998	28.04	2004	2010	
信息公开	1998	15.17	2004	2005	
信息共享	1998	26.4	2006	2009	
供应链	1998	11.7	2007	2012	
图书馆	1998	14.99	2008	2012	
档案开放	1998	5.55	2008	2009	
政府	1998	4.5	2008	2011	
高校	1998	6	2010	2013	
大数据	1998	15.44	2015	2019	
政务公开	1998	5.17	2015	2017	
数据开放	1998	31.53	2016	2022	
政府数据	1998	20.79	2016	2022	
开放数据	1998	9.72	2016	2022	
数据管理	1998	6.91	2016	2019	
美国	1998	5.61	2017	2020	
数据共享	1998	21.64	2018	2022	
地方政府	1998	4.77	2018	2019	
科研数据	1998	4.48	2018	2022	
科学数据	1998	9.9	2019	2022	
影响因素	1998	7.96	2019	2022	
隐私保护	1998	6.99	2019	2022	
演化博弈	1998	6.05	2019	2022	
数据治理	1998	12.6	2020	2022	
区块链	1998	8.5	2020	2022	
开放共享	1998	7.47	2020	2022	

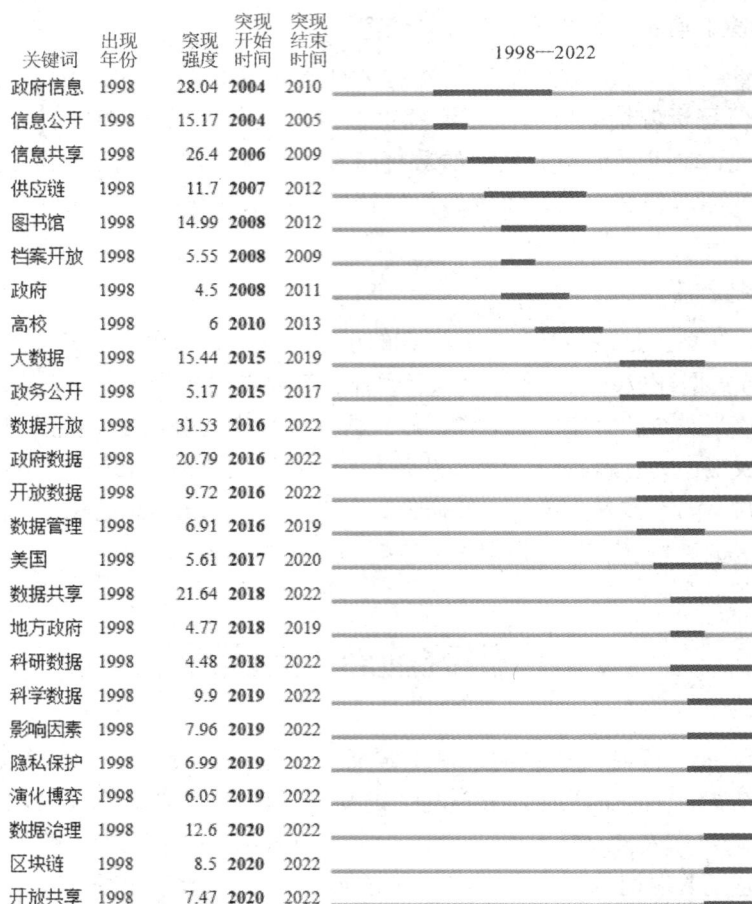

图 2-7　突现词及其出现年份、突现强度

从图 2-6 的时间线图将各突现词按照时间铺开，能够看出六个聚类中的突现词强度各有不同。结合图 2-7 观察在时间线图中这些突现词是如何铺展开的。可以看到，各时间段不同突现词的突现强度差异很大，其中突现强度较高的词为数据开放(2016)、政府信息(2004)、信息共享(2006)、数据共享(2018)、政府数据(2016)，可见 2004 年研究前沿集中在政府信息相关内容的研究上，到 2006 年信息共享突现强度逐渐升高，2016 年后数据开放的强度最高，之后逐渐转为数据共享。总体来看，政府和高校的数据开放共享一直是研究重点，2007 年出现了供应链研究，随着大数据时代的到来，2015 年大数据成为新兴研究热点，由此也带来相关的安全问题、数据管理等主题，近几年开始关注世界范围内的科学数据共享，尤其是疫情发生以来隐私保护和数据治理的关注度迅速升高。

具体而言，科学数据开放共享成为当前新的研究热点与趋势。科学数据是公共信息资源开放范围的拓展和延伸。随着数据获取、数据存储、数据处理等技术的不断发展，技术创新和科学研究也走向了以数据为资产的科学大数据时代，数据密集型科学与发现成为新的研究范式[28]。尽管科学数据储量大、价值高，但传统的"自给自足"式科研理念已经不足以完全支撑当前科研活动的需求[29]：一方面数据生产者不知如何使用所掌握的大量数据资源，另一方面以数据为原材料的科学研究无法获得可供分析的数据。此困境的缘由之一即科学数据未在数据生产者和数据使用者之间进行有效的开放共享。因此，有关科学数据开放共享的相关研究正逐渐成为热点和新的趋势，未来将具有较高的研究热度。如何构建统一的科学数据元数据框架，实现各领域间科学数据开放共享，提升科学数据的再利用率，将成为各学者的探索方向。

同时，在政府数据开放中的具体主体(如地方政府)以及具体环节(如隐私保护、数据安全)等维度的研究极有可能成为未来一段时间内的研究热点。随着学者们的深入研究，有关政府数据开放宏观层面的架构、政策体系、开放机制等已经初步形成一定的理论体系。未来，学术界将持续深挖，关注更特定的开放环境和更具体的开放数据。另外，随着大数据相关技术的进步和疫情的演化，关于用户信息的保护等问题或将不断涌现，因此在信息资源开放中的个人隐私保护、影响因素研究、数据治理以及演化博弈等主题也将成为新的研究趋势。

总的来看，从 1998 年至 2022 年，经历了从信息公开、信息服务、数据与信息共享直至开放数据等不同阶段，意味着公共信息资源从有限的单向被动信息发布发展到范围扩大后的主动多向信息公开，再到以支持应用开发和公共信息资源再利用为目的的交互式数据开放。

2.5　核心知识基础

2.5.1　高被引文献、高中心性文献

参考文献集中的奠基性文献、高被引文献和高中心度的文献构成了该领域的核心知识基础。我们在 CiteSpace 软件选取 "Cited Reference" 节点类型，将年份设置为 1998—2021，参数设置为 top1%，得到了高被引文献网络图谱，图中共有 336 个节点和 1 051 条连线，如图 2-8 所示。排序靠前的文献是指在前 1%的文献集中被引次数最高的文献，说明这些文献是被全部的 2 939 篇文献直接引用或者间接引用次数较多的，具体文献如表 2-4 所示。按照被引强度对文献进行排序，得到图 2-9，其中字的大小表示了中心性的高低。

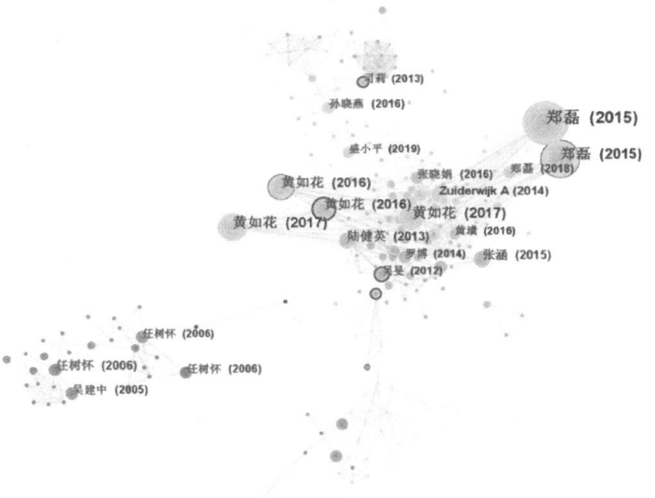

图 2-8　高被引文献网络图谱

表 2-4 直接引用或者间接引用次数较多的文献统计表

序号	被 引 文 献	被引次数
1	郑磊，高丰. 中国开放政府数据平台研究：框架、现状与建议[J]. 电子政务，2015(07)：8-16.	60
2	郑磊. 开放政府数据研究：概念辨析、关键因素及其互动关系[J]. 中国行政管理，2015(11)：13-18.	44
3	黄如花，刘龙. 我国政府数据开放中的个人隐私保护问题与对策[J]. 图书馆，2017(10)：1-5.	34
4	黄如花，温芳芳. 我国政府数据开放共享的政策框架与内容：国家层面政策文本的内容分析[J]. 图书情报工作，2017，61(20)：12-25.	31
5	黄如花，王春迎. 我国政府数据开放平台现状调查与分析[J]. 情报理论与实践，2016，39(07)：50-55.	27
6	黄如花，陈闯. 美国政府数据开放共享的合作模式[J]. 图书情报工作，2016，60(19)：6-14.	22
7	张涵，王忠. 国外政府开放数据的比较研究[J]. 情报杂志，2015，34(08)：142-146+151.	21
8	陆健英，郑磊，Sharon S. Dawes. 美国的政府数据开放：历史、进展与启示[J]. 电子政务，2013(06)：26-32.	20
9	任树怀，孙桂春. 信息共享空间在美国大学图书馆的发展与启示[J]. 大学图书馆学报，2006(03)：24－27＋32.	19
10	孙晓燕. 科学数据共享行为的理论模型构建及测度实证研究[J]. 情报学报，2016，35(10)：1062-1071.	16
11	吴建中. 开放存取环境下的信息共享空间[J]. 国家图书馆学刊，2005 (03)：7-10.	16

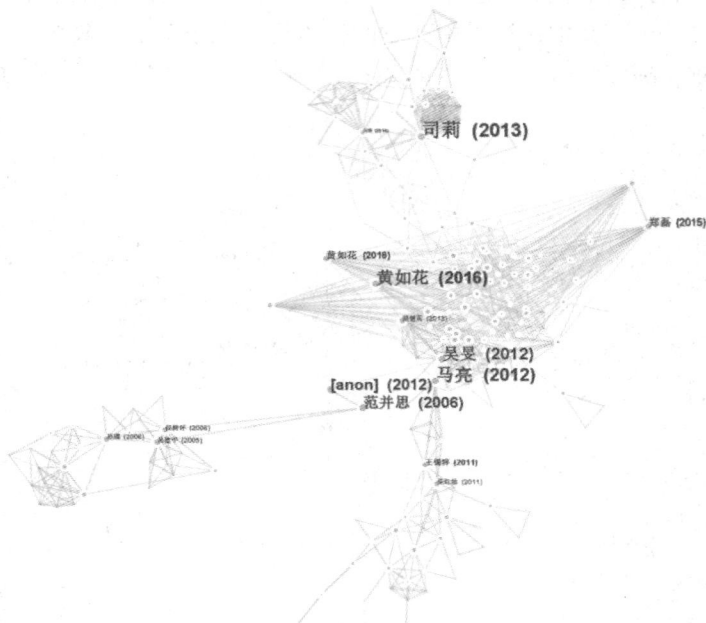

图 2-9 高中心性文献网络图谱

高被引文献主要来自图书情报档案领域，其次是行政管理领域，表明该领域的研究基础主要来自这两个领域。从图2-8来看，形成了两个比较密集的共被引网络，在图书情报领域郑磊(2015)[30]和黄如花(2017)[31]的这两篇文章被引用频次最高，是非常重要的论文，说明其在该领域内具有重要影响。郑磊的文章主要研究中国开放政府数据平台框架，依托"开放数据晴雨表"和"开放数据指数"两项开放政府数据评估分析框架和国际评估实践，结合中国国情建立了基于"基础""数据""平台"三大层面共13个维度的评估框架，并对中国多个地方的开放政府数据实践情况进行了比较研究。黄如花则从政策与法律法规保障、个人隐私保护机构和政府数据开放平台三个方面针对我国政府数据开放中的个人隐私保护问题展开详细阐述。其他文章有采用内容分析法对国家层面政策文本的形式和内容进行分析的[32]，也有从总体情况、数据资源建设、数据组织与检索、数据服务等方面对我国开放平台建设现状进行调查与分析的[33]，还有通过国外、尤其是对美国的开放数据建设进行剖析，寻找经验的[34]。任树怀介绍了信息共享空间的概念、模型、特点与发展，分析了美国大学图书馆的实施状况，提出了对我国建设的启示[35]；孙晓燕基于新制度理论和计划行为理论，分别从体制环境、个人和资源因素等方面构建理论模型，来解释和预测社会科学领域的科学数据共享行为，并采用调查问卷方法对所构建的理论模型进行了验证分析[36]。

在行政管理领域，郑磊(2015)[5]和陆健英(2013)[37]的研究具有重要影响。郑磊通过对国内外有关开放政府数据的研究文献进行系统梳理和总结，包括开放政府数据的意义与概念辨析、关键因素及其互动关系等内容，在此基础上初步构建了分析框架；陆健英概述了美国政府数据开放的发展历程，重点分析了美国政府数据开放的最新进展——Data.gov网站的特点与不足，进而探析对中国的启示意义。

从按中心性排序的网络(见图2-9)来看，司莉(2013)[38]2013年发表的文章中心性最高，达到0.27，其次是黄如花(2016)[32-33]和马亮(2012)[39]，达到0.25。

2.5.2　奠基性文献

奠基性文献是指领域相关引文集合中被引年代最久的高被引或高中心性引文，同时其也代表领域研究的核心起源。我们将时间参数设置为1998—2014，选择top10%的高被引文献进行分析，得到奠基性文献Timeline view网络图谱，如图2-10所示，图中节点大小表示被引频次的高低。主要的奠基性文献见表2-5。

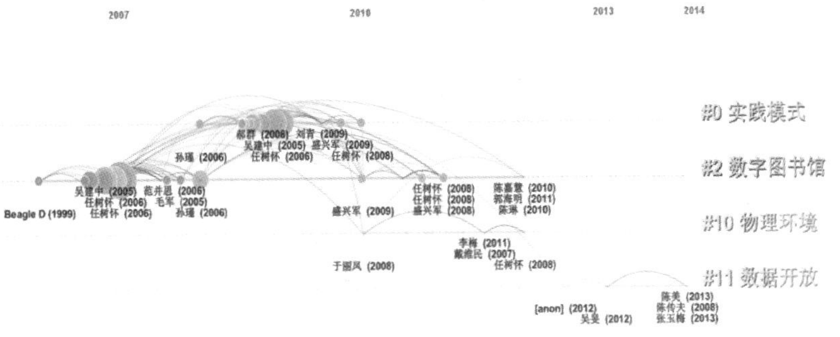

图2-10　奠基性文献Timeline view网络图谱

表 2-5　奠基性文献统计表

序　号	被 引 文 献	被引次数
1	任树怀,孙桂春. 信息共享空间在美国大学图书馆的发展与启示[J]. 大学图书馆学报,2006(03):24-27+32.	19
2	任树怀. 信息共享空间的规划与建设[J]. 图书情报工作,2006(05):122-124+143.	18
3	吴建中. 开放存取环境下的信息共享空间[J]. 国家图书馆学刊,2005(03):7-10.	16
4	章剑生. 知情权及其保障——以《政府信息公开条例》为例[J]. 中国法学,2008(04):145-156.	11
5	郝群,朱莉,成俊颖. 信息共享空间国内外研究进展及相关实践[J]. 中国图书馆学报,2008(03):82-88.	11
6	周汉华. 《政府信息公开条例》实施的问题与对策探讨[J]. 中国行政管理,2009(07):11-14.	11

从图 2-10 可见,近年被引最多的奠基性文献主要集中在 2007 年至 2010 年,任树怀(2006)[35,40]和吴建中(2005)[41]节点最大,被引频次最高。结合表 2-5,从内容角度来分析,奠基性文献主要涉及信息共享空间研究、数据开放和信息开放的实践模式研究、数字图书馆研究、针对《政府信息公开条例》的探讨研究。从学科角度来分析,主要涉及信息管理和法学研究。

关于信息共享空间的研究,任树怀分析了美国大学图书馆信息共享空间的实施状况,介绍了信息共享空间的概念、模型、特点与发展,论述了其对我国大学图书馆服务创新的五点启示,还在论述信息共享空间实现目标和构成模型的基础上,分别从实体层、虚拟层和支持层三个组成部分指出其规划与建设的步骤和实现方法;吴建中介绍了开放存取背景下信息共享空间的最新发展动态。关于政府信息资源研究的奠基性文献是陈传夫[42]在 2008 年对我国实施《中华人民共和国政府信息公开条例》后的政府信息增值利用展开探讨,提出了应从法律保障、产业化布局、集成化推进以及技术标准支撑方面推动我国政府信息资源增值利用的战略实施。针对《中华人民共和国政府信息公开条例》的探讨,章剑生以其为例探讨了公民知情权,认为其需要处理好处于其上位和下位的法律法规之间的关系[43];周汉华归纳了《中华人民共和国政府信息公开条例》实施一年的主要成绩,分析了实践中面临的主要问题,并从理论层面揭示了实践问题的深层次原因[44]。

本 章 小 结

随着信息化时代的发展,信息资源日益成为重要的生产要素和社会财富,尤其是政府一系列文件的出台,使公共信息资源开放研究的热度不断升高。通过对 CSSCI 数据库 1998—2022 年公共信息资源开放领域的研究文献进行计量分析,发现该领域在 2008 年左右文献增长最为迅速,并已拥有一定的研究基础和研究力量。

(1) 研究成果主要来自公共管理和信息管理学科。

通过对主要研究力量分析发现，武汉大学信息管理学院和黑龙江大学信息管理学院发文数量位居前二，且大多数机构之间合作比较紧密，以马海群、段尧清等为代表的众多学者积极参与研究。此外，高等院校成为研究的主力队伍，其配备的科研设备、资料、团队为科学研究工作提供了强有力的支撑。

(2) 信息共享、数据开放、数据共享等成为研究热点。

近些年的研究热点集中在政务透明与公众知情权保护、数据共享基层平台建设、高校与科学数据公开、大数据环境下信息资源的开放存取与管理、相关政策与制度五个方面，涉及公众知情权、平台、高校、政策多个角度，强调技术的重要性。随后，对领域内研究进行前瞻性分析发现，政府和高校的数据开放共享是研究主线，并且，随着大数据时代的到来，大数据及其带来的安全和管理问题备受关注，尤其是新冠疫情发生以来，世界范围内科学数据共享热度迅速升高。这些热点关键词均代表公共信息资源开放领域未来的研究方向与发展趋势，未来一段时间内科学数据共享及在政府数据开放中的具体主体、环节等维度的研究极有可能成为研究热点。

(3) 领域内研究多来自图书情报档案领域和行政管理领域。

在图书情报领域，郑磊、黄如花各自关于开放数据平台和法律法规建设的研究被后来众多文献参考，奠定了研究内容和方法的基础。在行政管理领域，郑磊和陆健英具有重要影响，二者的研究聚焦在开放政府数据关键要素和内容、发展历程的综述性分析上，发挥了重要的参考价值。核心知识基础主要集中在 2007 年至 2010 年，包括信息共享空间的概念、模型、特点与发展等研究，以及数据开放和信息开放的实践模式、数字图书馆、针对《中华人民共和国政府信息公开条例》带来的信息资源增值、知情权、实践问题的探讨几个领域。

第三章

政策文本分析理论与方法

政策文本分析可看作是从不同理论视角和学科背景来分析法律、法规、规章以及政府公文的多种文本分析方法的集合，可分为三种类型：一是比较纯粹的文本定量分析，即通过对政策特征提取或关键词词频统计，描述政策的某些规律性现象或特点，属于传统的内容分析；二是对文本中词语的定性分析，多从某一视角出发对文本进行阐释，属于话语分析范畴；三是综合分析，即将文本的定量分析与定性分析相结合，对文本既有定量描述，也有定性阐释，甚至还有预测。无论是对文本的描述、阐释还是预测，都是以政策为基础进行分析的，试图揭示政策议题的历史变迁、政策工具的选择与组合、政策过程的主体合作网络等公共政策的规律，为评估政策效果等提供客观、可验证的依据，进而使得政策制定更加科学有效。

3.1　政策文本量化分析的基本概念

政策文本分析可以通过政策文本内容分析政策文本的意义，通过政策外部结构因素分析多个政策文本间的关联关系，包括政策文本量化分析、政策变迁分析、政策扩散分析和政策协同分析四个分析角度。

3.1.1　政策文本量化分析方法

政策文本是政策思想的物化载体[45]，是政府处理公共事务的真实反映和行为印迹，是对政策系统与政策过程客观的、可获取的、可追溯的文字记录，蕴含政策目标与政治态度。政策文本在政治生活中的重要作用具有悠久的历史传统。

政策文本量化研究强调与质性研究的结合，从而实现政策研究中主观与客观、经验与诠释等的二元统一[46]。政策文本量化研究将内容分析法、统计学、文献计量学、网络分析等学科方法引入，对政策文本内容与外部结构要素进行量化分析，通过对政策文本内部信息的分析解析单个文本的意义，通过政策文本外部因素的分析考察多个政策文本间的关联关系。政策文本量化研究的主要分析方法有政策内容量化分析和政策文本计量分析。

1. 政策内容量化分析方法

政策内容量化分析方法以政策文本语义内容为研究对象，是对政策文本内容进行系统性的定量与定性相结合的一种语义分析方法。它以政策问题为导向，规范地测量政策文本内容的若干重要特征变量，从而发现隐藏于文字背后的关于政策选择与政策变迁的规律。政策内容量化分析方法是一种半定量的研究方法，其基本做法是把政策文本中非量化的、非结构化的信息转化为定量的数据，建立有意义的类目以分解政策文本内容，并以此来分析政策文本的某些特征，一般可以分为确定研究问题和选择样本、确定分析框架或维度、定义分析单元、设置类目和编码、检验信度与效度、分析和解释结果等几个环节。

政策内容量化分析是非反应性的或非介入式的，不会受到研究者和被访者的主观影响。在程序规则清楚、类目界定清晰的前提下，政策内容量化分析方法可以被重复检验，并且政策内容量化分析可以通过类目建构和编码过程将非结构化问题作为数据来处理。

2. 政策文本计量分析方法

政策文本计量分析方法以政策文本结构要素为分析对象，是一种量化分析政策文本结构属性的研究方法。其不同于传统政策研究范式对政策文本内容的关注，更多地关注大样本量、结构化或半结构化政策文本的定量分析[47]，主要是采用文本计量分析的基本理论与方法由文献计量学、统计学、数学等学科有机结合产生，通过对已有政策文本数据库或政策文本语料库在政策主题分布、政策发布时间序列分布、政策引证以及政策主体关系等方面进行计量分析。在 Grimmer 的政策计算分析框架中，政策文本主要来自政策数据库和已有语料库、网络政策文本和非电子化政策文本[48]。因此，政策计量分析的主要方法和工具也主要有两种类型：一是政策文本数据库自有的文本计量分析方法与工具；二是利用网络分析、替代计量学方法和工具进行网络政策文本分析，或者通过政策文本采集与语料库构建提出新的统计口径和研究方法。政策文本计量分析框架，要先从归纳政策文本属性的数量规律出发，再在归纳与描述的基础上提出政策研究问题[49]。

政策文本计量分析方法主要采用文本计量分析的基本理论与方法，因此基本的文本计量方法都可以在政策文本结构要素上找到数据依托。对于政策文本中的时间要素，可以通过时间序列分析和频次分析方法研究政策文献数量与信息的增长或老化规律；研究政策文献颁布机构可利用频次分析和网络分析方法；对各历史阶段政策文献的主题词进行频次分析、共词分析与聚类分析，可以客观、清晰地描述和总结出不同时期的主题热点以及政策主题变迁历程图；以政府部门之间的联合行文作为观测指标，以合著网络分析为研究方法，可以用来研究政策颁布机构之间的合作网络关系；通过计算发文机构合作网络的节点数、连线数、直径、平均路径长度、密度等定量指标，可以更准确地定量分析不同阶段合作网络的变化；将共引分析、共被引分析和网络分析结合研究，可挖掘潜藏的内在规律，呈现政策之间的内在关联。除此之外，也可通过分布规律、引文网络、知识扩散等政策文献计量的创新方法对政策文本进行量化研究[50]。

3.1.2　政策变迁

政策变迁本质上是对现行政策进行的动态变革活动，它本身所蕴含的意义在于指明政策在被制定和执行的过程中几乎不会是像采纳之初那样一成不变的，而是在持续不断的演化之中，从"旧"政策向"新"政策转变的过程，也是从"坏"政策向"好"政策转变的过程[51]。研究政策变迁既要关注变迁的过程与结果，也不能忽视变迁背后各行动主体的价值理念。对领域政策变迁规律进行分析，有助于了解变化趋势，对政策的制定与完善有重要意义。

在政策变迁研究方法层面，学者们主要运用社会网络分析法、共词分析法、词频分析法、聚类分析法等。有的学者结合政策网络理论解析政策变迁中各主体间的关系及影响因素，如从政策网络行动者、资源交换与网络互动方面，解析各个政策参与者在政策变迁中的协商、联盟、博弈与合作关系[52]；有的学者利用共词分析和聚类分析的量化方法对政策主题聚焦点的变化进行分析[53]；还有的学者综合运用内容分析法、政策文献计量法、社会网络分析法对中央政府发布的智慧城市政策演进规律进行分析[54]。

3.1.3 政策扩散

政策扩散又称政策创新扩散，通常是指一项政策方案从一个部门或地区传输到另一个部门或地区，并被新政策主体采纳和推行的过程[55]。政策扩散作为国家政府制定政策的重要方式，其在政策知识和政策信息传播的过程中常常伴随出现政策的学习与创新，对于政策的实施、推广与发展具有重要意义，因此也得到了国内外政策研究者的广泛关注。早期，政策扩散被定义为新政策在社会系统的成员之间的交流和传播过程；如今，政策扩散的概念更为宽泛，并有强制推广、政策学习、竞争压力等多种扩散机制。

一般来说，国内外学者主要采用案例研究、事件历史分析等研究方法探讨政策扩散的动力、影响因素、模式与路径等。早期研究政策扩散主要采用单因素解释的定量研究法。例如，用因子分析法可以将多个具有相关性的变量由少数几个不相关的综合变量来代表，以便进行更容易的分析。随着实践的深入，事件历史分析法得到了广泛的使用，即通过对离散时间和连续时间的统计构建相关扩散模型。有的学者概括出中国公共政策扩散的自上而下、自下而上、区域和部门之间、先进地区与跟进地区之间的四种基本模式[56]，为公共政策扩散模式和机制研究提供了更多的思路。通过实证分析，不少学者基于我国国情，提出了区域性扩散模型[57]、地理扩散模型[58]、社会政策纵向间扩散模型[59]等扩散模型，推动了我国地方政府政策创新扩散的实践发展。

3.1.4 政策协同

公共政策系统由政策主体、客体和环境三个要素构成，各要素相互作用达到动态平衡状态，即政策系统协同性[60]。政策协同是指不同政策之间或某一政策内部的协同关系，其核心是对组织内部和组织间的关系、结构和功能进行优化组合和系统改进，进而实现系统的整体优化。这并不是一个静态概念，是涉及多元主体的互动和集体行为的动态过程，具有主体多元性、政府主导性、过程渐进性、效果有限性等特征，主要目标是通过整合不同的资源创造出一致、连贯、和谐兼容的政策产出，提供无缝隙的公共服务，因此政策主体在制定政策的时候要促进不同政策相互配合，以形成功能互补的协同效应[61]。

我国不同类型政策之间政策协同的影响研究，主要集中在基于协同理论通过探析在多种政策之间形成的协同效果，实现政策合力效应。有的学者采用内容分析法对政策数据进行政策协同研究，评估了科学数据开放政策和个人数据保护政策群之间的政策协同[62]；部分学者将经济学的计量方法引入公共政策领域的协同分析，通过构建数学模型，利用计量公式对政策的协同度进行测量，如采用广义矩估计方法分析信贷与财政政策的协同效应对"两高一剩"行业能耗和排放的影响[63]；有的学者运用社会网络分析法，借助社会网络密度、中心度等概念来探究政策合作的紧密度，反映政策的协同情况，如构建政策协同网络并从其总体态势、历年演化趋势和不同层级特质等方面进行政策协同变化分析[64]；还有的学者运用 LDA 主题聚类方法，通过主题分布、共现强度、政策力度的数值加权计算主题协同度[65]。

3.2　政策内容分析法

3.2.1　基本概念

政策文本内容分析是一种介于定性与定量之间的半定量研究方法，该研究方法主要基于内容分析法，对政策内容，诸如政策关注点、政策工具等进行编码，从而对政策文本内部信息进行分析。

内容分析法是一种较客观的特征描述方法，即根据文本实际情况进行解析，探索深层次的内涵。内容分析法能够对文本所反映的内容展开更全面、更深刻、更精确的认识，减少研究者主观认识带来的偏差，得出科学完整的结论，揭示文本的隐含内容。其具体思路是将用语言表示的文本转换为用数据表示的资料，然后对资料数据进行统计描述，从而实现定性文本的内容定量化。其贡献意义在于能够克服定性文本研究的主观性和不确定性，用易于计数的特征反映文本内容的本质属性，能够对已经记录和保存下来并且有研究意义的文本进行分析。因此，内容分析法成为当前政策文本研究中常用的分析方法，通过定义能反映政策语义与语词之间映射关系的分析单元进行政策概念的识别和处理，并构建从分析单元到数值的编码标准与从政策文本到政策语义的政策分析框架[66]。

3.2.2　政策内容分析法的由来与应用

内容分析法最早产生于传播学领域。第二次世界大战期间，对敌方动态跟踪的迫切需求促使研究者通过公开的文献内容探寻所需要的情报，内容分析法作为一种正式的研究方法诞生了。20 世纪 50 年代，美国学者 Berelson 发表的《传播研究的内容分析》一书确立了内容分析法的地位。

将内容分析法应用于政策文本分析比较早的是美国国家总评估办公室(General Accounting Office，GAO)在 1989 年出版的图书《内容分析：一种结构化分析文本的方法》[67]，该书随即作为政策内容分析培训的教材。书中规定了利用内容分析法进行政策文本分析的步骤：① 收集并整理政策文本；② 选择分析单元；③ 构建编码目录体系，并对其进行信度和效度评估；④ 政策样本编码，并进行量化统计；⑤ 分析和解释统计结果。政策内容分析实现了将政策文本转化为结构化信息，从而描述政策特征、推论政策制定前因并推断政策实施效果[46]。因此，越来越多的研究采用内容分析法对政策进行定量分析。

3.2.3 政策内容分析法的步骤

政策内容分析法的具体研究过程包括 4 个步骤：① 提出研究问题并抽取政策文献样本；② 确定分析单元与编码标准；③ 对文本内容进行编码并进行百分比、平均值、相关分析、回归分析等统计操作；④ 解释并检验。

1. 确定分析单元

确定分析单元，即发掘研究所需考察的各项因素，这些因素都应与分析目的有一种必然的联系，且便于抽取操作。

分析单元是指实际计算的对象，为内容分析中最重要同时也是最小的元素。在文字内容中，分析单元可以是独立的字、词、符号、主题(对某个客观事物独立的观点)、人物，以及意义独立的词组、句子、段落乃至整篇文献。在政策研究中，通常将政策工具理论作为定义分析单元的理论依据，如典型的 Rothwell 等的政策工具分类法。

分析单元的选定主要取决于实现研究目标需要的信息。如果研究目的是考察报纸上国外新闻占据多大篇幅，那么用单词作为分析单元来计算每个提到外国的词数就不太明智了，计算文章数量则可以了解到充分的信息而且也更容易实现。相反，如果我们关心的是布什和克林顿在任期间谁更受欢迎，这就可能要用单词进行计量。因此，分析单元的选择必须与研究目的联系起来。

2. 文本编码

编码是将政策文本中的分析单元转变为数值数据的过程，其关键在于编码标准及编码的可信度[68]，即可用性与内涵揭示的一致性问题。

目前常用的编码方式有人工编码和计算机辅助编码。人工编码包括编码标准构建、编码员培训和编码员间编码可靠性评估等要素。由于当前大多数编码方案是通过阅读文本归纳所得，因此为了确保内容分析法有效，在对政策文本进行编码前，往往需要邀请专家对编码标准进行修订[69]。此外，由于人工编码依赖人工对文本的理解，因此编码初期需要测度编码员对内容编码的一致性，即信度检验，通常认为 Kappa 系数达到 0.8 以上时编码可靠[32]。

随着计算机技术的进展，计算机辅助编码蓬勃发展，从 1980 年开始研究者们就陆续研制了相关的文本分析软件用于文本标记、文本编码，并研发了相应的编码管理工具，如 Atlas.ti、MAXQDA、QDA Miner、NVivo、SPSS Text Analytics for Surveys、QCAmap、CATMA、LibreQDA、MONK Project 等文本数据管理软件工具，这些文本分析工具帮助了编码人员对大样本文本内容进行编码。

一般而言，政策编码首先会根据相关政策内容统一制定编码标准规则并对政策进行分类解析，之后采取"政策编号—具体章节—章节细则"的编码形式进行编码。利用 NVivo 软件对政策进行编码是常见的编码方式，它可以直接对文档内容进行编码和标注；可以对文本中的词频信息进行统计，初步感知资料信息的重要关注点；可以利用备忘录等功能随时记录研究的思路和想法；可以实时获取相应节点的参考点内容和覆盖率大小；可以对节点内容进行便捷化的统计处理，生成报表，以图形的方式呈现结构关系；等等。NVivo 软件常用的编码方式一是根据主题确定编码节点，形成研究框架；二是先对文档信息进行编码，形成若干子节点后进行整合[70]。学者一般在 NVivo 软件中设置节点，将文件中的信息进行编码并形成对应的编码参考点，之后导出节点编码统计表生成结果模型。

3.3 政策共词分析法

3.3.1 基本概念

政策共词分析法是政策量化分析研究中广泛采用的分析方法，借鉴于传统的计量分析方法。该方法通过统计一组关键词两两出现在同一部政策文本中的次数，将其进行聚类分析，以反映出这些词之间的亲疏关系，进而分析这些词所代表的政策颁布机构和政策主题的结构变化[71]。它利用大量政策文本中共同出现的关键词有效地反映文本关键词之间的关联强度，减少了关键词的空间，用一套结构图有效地展示了关键词之间的关联。

对于一组政策文本而言，共词分析方法基于频次分析、聚类分析、多维尺度分析可以挖掘出政策主题，将不同时间段的政策主题放在时间序列上可以展示政策主题的变迁。需要注意的是，因政策文本不具有自然意义上的主题词或关键词，需要借助于政策文本处理或人工标注方法生成相应的主题词、特征词或标签词，相应地也需要为政策文本标注关键词，从而进行相关的政策共词分析。

3.3.2 政策共词分析法的由来与应用

共词分析法最早是由法国文献计量学家在 20 世纪 70 年代中后期详细描述的。之后，研究者利用共词方法基本原理概述研究领域的研究热点，横向和纵向分析领域或学科的发展过程、特点以及领域或学科之间的关系，反映某个专业的科学研究水平及其发展历史的动态和静态结构，拓展信息检索领域以求帮助用户检索信息等等[72]。

在政策量化领域，共词分析法以政策文本中的关键词或主题词为研究对象。一组关键词通常代表着一部政策文本的政策主题。共词强度指的是同时包含关键词 A 和关键词 B 的政策文本的部数。如果两个关键词同时出现于一部政策文本中，那么这两个词汇的共词强度为 1；如果两个关键词同时出现于 N 部政策文本中，那么这两个词汇的共词强度为 N。政策共词分析的假设前提为两个词的共词强度越高，则这两个词之间的关联越紧密。

由于政策文本并未直接提供关键词，因此在研究政策主题时，有必要为政策文本标注关键词。标注关键词时，可以参考《国务院公文主题词表》等文献[50]。

3.3.3 政策共词分析法的步骤

运用共词分析法进行政策共词分析研究的步骤基本上可以分成五步[73]：

(1) 确定分析研究对象。在政策共词分析中，通常会选择政策中的关键词或主题词作为共词分析的研究对象。

(2) 提取主题词。政策主题词(关键词)的提取需要人工标注或借助政策文本处理软件生成。

① 在一部政策文本中，一般人工提炼五个左右的词语作为政策文本的主题词。

② 通过专门的文献计量分析软件方便、快捷地从数据库或者政策中进行主题词提取。

需要注意的是，获取主题词的方式以及主题词相同语义的不同表达会带来不同程度的统计误差，进一步造成研究结果存在误差。因此在获取主题词之后，还需要核对主题词，并进行统一规范化处理，以确保主题词在语义上的一致性。

(3) 选定高频主题词。在汇集大量相关政策后，如果某一个主题词出现的频次越高，就表明这个主题词可能代表了该政策制定的一个重点。对获取的政策主题词按照出现频次由高到低的顺序进行统计排序，能有效避免低频词对统计分析造成的干扰，就很容易得到该政策所属领域的高频主题词。目前对高频主题词的截取主要有两种参照方法：一是参考文献计量分析，根据齐普夫定律计算出高频主题词的阈值，进而确定高频主题词的截取界限；二是根据研究者以往的研究经验确定，高频主题词的数量需要和词频的高度保持一定的平衡。

(4) 建立高频主题词的共词矩阵。共词矩阵是一个相关矩阵，对角线上的数据为该词出现的频次[74]。计算两两主题词在同一部政策中出现的频次，就可以为后续阐释主题词之间的相互关系做好准备。要对主题词的频次进行量化分析就需要将共词频次以数据矩阵的形式表现出来，便于进行相关计算。若高频关键词的数目为 N 个，就可以做出一个 $N \times N$ 的共词矩阵。共词矩阵不仅能直观地展现高频主题词之间的相互联系，而且能为绘制政策所属领域的知识图谱做好数据准备。实际分析中，一般需要采用 Ochiia 系数把共词矩阵转化成相对应的相似矩阵。

(5) 展示统计分析结果。在共词矩阵的基础上运用不同的统计方法能得到不同角度的研究结果，揭示政策相关主题信息。同时，通过因子分析、聚类分析和多维尺度分析等可以将政策共词结果以可视化的形式直观地、清晰地展示出来。

3.4　政策网络分析法

3.4.1　基本概念

借用文献计量学中的引文网络、合作网络、共现网络等网络结构的概念，一些政策研究者关注到政策颁布机构之间的网络关系，致力于研究政策制定组织网络、公共服务组织网络以及合作治理[50]。

政策网络分析主要利用政策主体、政策参照或政策主题共现形成的多个层面的概念网络，并利用网络结构解析政策活动隐含的结构性特征[75]。例如政策主体之间在某些政策目标上存在合作关系，这种合作关系构成政策主体之间的合作网络，能够识别政策的推动者与中心角色，政策文本之间的参照关系网络能够识别政策内容的扩散与源流特征。

3.4.2　政策网络分析法的由来与应用

"政策网络"一词最早用于形容国家之间为寻求合作而建立的相互依赖的关系。之后由于政治制度不同，承袭的学术传统不同，欧美各国的学者研究了适合自己国家的政策网络，形成了不同的传统和学派。美国学者往往强调微观层面上的人际关系的重要性；英国学者常常从中观层次使用政策网络来揭示利益集团与政府之间的关系；德国、荷兰则将政策网络提升到宏观层面，使之成为与政府、市场并立的一种治理形式或者治理过程[76]。

学者以政府部门之间的联合行文作为观测指标，以合著网络分析为研究方法，研究政策颁布机构之间的合作网络关系，可以将政府部门间的关系进行图谱化表达，绘制政府部门的合作网络图，并进行整体网络分析，通过计算网络密度等网络定量特征指标，在图谱化描述的基础上可以进行府际关系量化分析。通过计算发文机构合作网络的节点数、连线数、直径、平均路径长度、密度等定量指标，可以更准确地定量分析不同阶段合作网络的变化。

除此之外，对政策进行引文网络分析可形成四类代表性的网络模式，反映不同的政策含义[46]。星型网络是以单一政策为核心的单核心单级别网络；延伸星型网络是以单一政策为核心的单核心多级别网络；雪花型网络是以单一政策为主中心，具有多个分中心的单核心、多中心、多级别网络；双(多)子型网络是以双(多)政策为核心的双(多)中心政策关联网络。

3.4.3　政策网络分析的方法

政策网络分析法来源于社会网络分析法，可以从多个不同角度对政策主题演化进行分析，包括中心度分析，核心-边缘结构分析，度、度分布，凝聚子群分析等。

1. 中心度分析

中心度分析是网络分析方法的主要分析工具[77]，中心度反映了行动者在其社会网络中所处的地位及权力影响，中心度高的行动者在节点中处于核心地位，其影响力大，能够有效控制及影响其他节点成员之间的活动；相反，中心度低的行动者在节点中处于边缘地位，很少参与节点活动，对其他节点没有影响力。

1) 点度中心度 C_D(Degree Centrality)

在一个社会网络中，如果一个节点与其他很多节点之间存在直接联系，那么节点就居于中心地位，在该网络中拥有较大的"权力"，则称该点具有较高的点度中心度[78]。点度中心度又可细分为绝对点度中心度和相对点度中心度。所谓绝对点度中心度，就是将某一点的点度中心度等同于该点的度数，即与该点有直接联系的点的个数；而相对点度中心度是点的绝对中心度与网络中点的最大可能的度数之比。

无向图中，某点的节点数是指与它相连的线条数。

顶点 v_i 的点度中心度 C_D 可表示为

$$C_D(v_i) = \sum_{i=1, i \neq j}^{i=n} d_{ij} \tag{3-1}$$

2) 接近中心度 C_C(Closeness Centrality)

接近中心度描述的是一种不受他人控制的测度指标。接近中心度的思想为如果一个点越是与其他点接近，该点就越不依赖于他人[79]。接近中心度通过测量测地线(最短的路径)

来判断该点的接近中心度，如果一个点与其他点的路径都比较短，说明该点具有较高的接近中心度。接近中心度的值越大，该点越不是网络的核心点。

顶点 v_i 的接近中心度 C_C 为

$$C_C(v_i) = \frac{1}{\sum_{v_i \neq v_j} l(v_i, v_j)} \tag{3-2}$$

其中，$l(v_i, v_j)$ 表示顶点 v_i 与顶点 v_j 之间的最短路径长度。

3) 中介中心度 C_B(Betweenness Centrality)

中介中心度主要考察的是一个点在多大程度上位于网络中其他点的"中间"。研究者用中介中心度来刻画行动者个体中心度，它测量的是行动者对资源控制的程度。如果一个点处于许多其他点对的测地线(最短的路径)上，表示该点具有较高的中介中心度，它起到沟通其他节点的桥梁作用。

顶点 v_i 的中介中心度 C_B 为

$$C_B(v_i) = \sum_{i \neq j \neq v_i,\ i<j} \frac{g_{ij}(v_i)}{g_{ij}} \tag{3-3}$$

其中，g_{ij} 表示从顶点 i 到顶点 j 的最短路径数目，$g_{ij}(v_i)$ 表示从顶点 i 到顶点 j 经过顶点 v_i 的最短路径的数目。

2. 核心-边缘结构分析

核心-边缘结构分析的目的是研究网络中哪些节点处于核心地位，哪些节点处于边缘地位。

核心-边缘结构分析是根据网络中结点之间联系的紧密程度，将网络中的结点分为两个区域：一是处于核心区域的结点，行动者之间联系比较紧密，在网络中占有比较重要的信息资源、地位和影响；二是与核心区域相对应的边缘区域，边缘区域的行动者之间没有联系或少有联系，边缘区域的信息资源、地位和影响较弱[80]。

3. 度、度分布

一个网络中的度是指其与一个节点连接的边的数量。一个节点的顶点度大，意味着该节点在整个网络中拥有众多与之相连的节点。度又分为入度和出度，入度是指向该节点的边的数量，出度是指从该结点出发指向其他节点的边的数量。

网络中全部节点 i 的度 K_i 的平均值为网络的平均度，通过网络中节点度来计算度分布情况，度分布用分布函数 $p(k)$ 来表示，其含义为一个任意选择的节点恰好有 k 条边的概率也等于网络中度数为 k 的节点的个数占网络节点总数的比值。网络的度分布刻画了网络内每个节点与其他节点连接数量的分布规律，它是网络结构的重要几何特征。节点度的大小即其边的连接数量决定了它在整个网络中的位置，反映了该节点在网络中的资源获取能力以及对整个网络的影响[81]。

4. 凝聚子群分析

当网络中某些行动者之间的关系特别紧密，以至于结合成一个次级团体时，这样的团体在社会网络分析中被称为凝聚子群。分析网络中存在多少个这样的子群、子群内部成员之间关系的特点、子群之间关系特点、一个子群的成员与另一个子群成员之间的关系特点等就是凝聚子群分析[82]。

3.5 政策引文分析法

3.5.1 基本概念

政策引文分析法基于文献计量中的引文分析，利用各种数学、统计学的方法以及比较、归纳等逻辑方法，对政策文本的引用和被引用的现象和规律进行分析，以揭示出它们所蕴含的政策特征或政策对象之间的关系[83]。

3.5.2 政策引文分析的由来与应用

早期引文分析的目的是探究论文与论文的相关性，随着引文数据库的不断发展与完善，引文分析发展出许多延伸研究，如引文索引、引文评价、影响因子、引文网络等。随着科学引文索引数据库的广泛使用、引文分析理论的不断成熟、大规模科学引文网络的形成，以及科学引证行为逐渐形成一种引文文化，引文分析日益成为科学计量学、文献计量学的研究热点。引文分析可以打破传统的学科分类界限，从多维角度来反映学科间的相互交叉、相互渗透关系，预测发展动向。通过引文图示的方法还可以描绘出科学发展过程中多方面的情况。此外，引文数据的统计分析还能作为科学管理和评价的依据。随着计算机技术的迅猛发展，实现以海量数据为分析基础的引文分析方法逐渐成为可能。引文分析日益显示出其强大的作用，受到越来越多的科技哲学、情报学研究者和科研管理决策机构的重视。

政策文本中也存在着引用关系。但是，这种引用关系并不完全代表推荐或认可，更多的是一种行政依据，其中包括不同行政级别的政策主体之间的对话。可以用被引次数描述政策文本的行政影响力，被引次数越高的政策文本的行政影响力越大。

政策参照分析关注的核心是政策文本和政策颁布机构主体公开资料中包含的参照关系等内容。由于政策文本被参照的概率受文种和政策主体的行政级别影响，因此在分析政策文本的行政影响力时，需要按文种、政策主体的行政级别等划分被引次数。

3.5.3 政策引文分析的步骤

探讨政策文本间相关性的方法主要有两种[84]，一种利用了文献耦合的概念，也就是基于两部政策文本拥有多少部相同的政策参考来确定它们的相关性，然后进行分类；另一种是利用与文献耦合逻辑相反的概念，即共引的概念，在共引的概念下两部政策文本的相似性取决于同时引用它们的政策文本数量[85]。

政策文本是通过语义进行关联引用的，所以会有特定的提示词，例如"根据""依据""遵循"等词语。这些提示词，或出现在引用政策之前，或出现在引用政策之后，有的是直接提示，有的是间接提示。通过这些特定的提示词，可以发现政策文本中的引用关联关系[46]。

1. 构建共引网络与参照网络

一般来说，政策量化引文分析与社会网络进行结合研究，引文网络中的节点是单部政策文本(或政策发布机构等)，连线是单部政策文本(或政策发布机构等)之间的引用关系[86]。利用共引分析绘制知识图谱是当前主流方法，当两部政策文本同时被其他政策文本所引用，我们就认为这两部政策文本是相似的，因此可以构建出政策文本的共引网络。

除此之外，政策文本之间存在参照关系，即一个政策文本以另一个或几个政策文本为制定依据。这种参照关系将孤立的政策文本连接构建成网络结构，被称为参照网络。对于政策主体而言，两个政策文件之间的参照关系意味着对应的政策主体之间存在参照关系。政策主体之间的参照关系是双向的，即政策主体 A 制定政策文本时可以参照政策主体 B；同时，政策主体 B 制定政策文本时，也可以参照政策主体 A。借助网络分析方法，可以发现政策主体在行政影响力方面的重要程度，以及在政策体系中扮演的角色。构建政策共引网络方法的具体内容可参照政策网络分析方法。

2. 共被引分析

政策共被引是指两部(或多部)政策文本同时被后来一部(或多部)政策文本所引证，则称这两部(或多部)政策文本构成共被引关系[87]。例如，A 政策文本同时引用了 C 和 D 政策文本，此时 C 和 D 政策文本是共被引关系。政策文本的共被引关系会随时间的变化而变化，通过政策文本共被引网络和共被引矩阵的研究可以探究某一政策领域的发展和演进动态。

政策文本共被引分析方法的基本流程可分为五个部分。第一，进行检索。选择政策文本的研究对象。第二，对政策文本进行筛选。普遍选取发布机构权威、发布内容持续更新的政策文本。第三，构建共被引矩阵。其中行和列代表政策文本，数字代表两部政策文本的共被引次数。第四，通过多变量分析方法对矩阵信息进行简化，转化成相似系数矩阵。第五，对分析结果进行聚类并对结果进行解释分析。

3.6　政策知识扩散

3.6.1　基本概念

在文献计量研究中，知识扩散是指知识在学术文献中的传承。通过知识扩散，可以分析知识的源起、去向及其过程。鉴于此，政策学者研究的政策扩散是指政策活动从一个部门或地区扩散到另一部门或地区，并被新政策主体采纳推行的过程[88]。

3.6.2　政策扩散的模型

政策扩散的典型模型可从政策创新空间扩散传播模型和政策扩散要素影响模型两方面研究。

1. 政策创新扩散传播模型

在政策创新扩散研究中，公共政策扩散是不同于内部决定模型的另一种假设，即政策扩散主要由传播导致，传播模型中州与州之间的政策扩散基于州与州之间存在竞争性效法这个假设。传播模型可以细分为以下四种模型。

1) 全国互动模型

全国互动模型(National Interaction Model)，也有学者称之为组织扩散模型，是传播模型的代表。该模型认为在全国范围内存在一个沟通网络，该沟通网络成为各州政策创新信息扩散的载体，政策制定者们可以通过这个网络进行互动交流。该模型假设一个州采纳新政策的概率与他的官员及已采纳的州政府官员的交流次数有关，Gary 在研究美国各州政策创新时通过时间序列回归证实一个州采纳新政策与该州政府官员及已采纳的州政府官员交流次数成比例关系[89]。

2) 区域扩散模型

区域扩散模型(Regional Diffusion Model)认为地域对扩散有重要的影响，该模型假设各州采纳新政策主要受附近区域其他州的影响，这一模型又可分为两种主要的形式：其一是邻近州模型，其二是固定区域模型。前者认为如果一个州附近的几个州都采取了某一新政策，那么该州在竞争和仿效的基础上也会采纳这一新政策；后者则认为固定地区各州倾向于政策竞争，从而出现政策扩散现象。贝瑞发现政策区域扩散源于彼此间的竞争性效应，主要可概括为三种：一是政策制定者基于学习者态度引进政策的竞争；二是政策制定者出于自身政治权益考虑引进政策以提升竞争优势；三是政策制定者迫于公众需求的压力性竞争[90]。

3) 领导-跟进模型

领导-跟进模型(Leader-Laggard Model)认为一些州在政策采纳方面是领导者，其他州争相效仿这些领导者，加以跟进。同时这种跟进是区域性的，其中更多的是学习，而不是迫于压力的政策竞争[91]。这一模型存在的问题是没有办法确定谁为领导者，尤其是当采纳政策的州的数量达到一定程度的时候更难确定，这时候的实证检验就显得很困难。

4) 垂直影响模型

垂直影响模型(Vertical Influence Model)认为各州处于政策创新扩散的同一水平，各州不是受其他州政策的影响，而是受全国性政策的影响。这种效法可能是源于学习也可能是由于全国政府的命令。这一模型强化了全国政府的政策权力，同时削弱了各州政府政策创新扩散的自由度。韦尔奇等人认为在垂直影响模型中由上而下的影响被认为可以激励州政府政策扩散的速度，与之相比较的州政府自由扩散则要比其慢[92]。从州政府向全国政府传播的政策创新很少，仅有少数几个案例，如福利改革、儿童保健和对无家可归人的援助计划等。

2. 政策扩散要素影响模型

政策扩散要素影响模型是典型的相关性研究，既有探索性分析方法(即不作研究假定，而是根据截面数据抽取相关影响因子用以解释政策扩散的影响因素)，也有相关性验证分析和因果分析方法(即通过不同操作变量之间的相关分析与回归分析)。

贝瑞等人根据政策扩散影响因子的来源与作用机理的差别，将政策扩散要素分为政策扩散内部决定模型和外部影响模型两大类[93]。之后，贝瑞夫妇都认为将内部决定模型和扩散模型独立开来是不切实际的，于是通过系统理论将两者整合到一个研究框架下，形成了旨在促进政策过程创新的"贝瑞政策创新扩散模型"[94]。因此，政策扩散要素影响模型主要分为内部决定模型、外部决定模型和综合扩散模型。

1) 政策扩散内部决定模型

政策扩散内部决定模型假设导致一个州采纳一项新政策或新项目的因素是本州政治、经济和社会的特征，而不是由其他州的政策采纳行动或者先行州之中得到明确政策效果评估造成的压力[95]。这一模型排除一个州采纳一项新政策会来自其他州或全国性政府的影响，但仍无法避免先行州的政策理念对采纳者的影响。对构建内部决定模型的两个因变量(采纳的早期性或采纳的概率性)进行评估，最终被证明采纳的概率性更适合于内部决定模型。当政策采纳倾向假定为政策采纳概率时可能出现两个极端，一个极端是部分研究被用来解释一个单一政策的采纳情况，另一个极端是用来研究一个州总的政策创新倾向。

2) 政策扩散外部决定模型

外部决定模型也被称为政策扩散区域影响模型，主要表现在政策的传播过程中，假设导致一个州采纳一项新政策或新项目是受到了同级政府组织的影响，强调的是政府间的相互影响。由于政府并不是孤立存在的，因此政府间一定存在交流行为，这种交流可能是主动的，也可能是被动的。当政府间的学习和竞争动机被激发出来时，便产生了府际间的横向扩散和纵向扩散，同时还会根据政府间的距离将扩散分为邻近压力和跟随效应等。并且，所谓的外部因素除了同级政府组织，还包括上下级政府以及和政策相关的非政府组织，由此产生了多主体采纳行为，也为政策扩散的创新特征。

在水平扩散模式与垂直扩散模式的基础上，我国学者提炼了中国公共政策扩散的四种基本模式，分别为自上而下的层级扩散模式、自下而上的吸纳辐射扩散模式、同一层级的区域或部门间政策扩散模式、不同发展水平区域间政策跟进扩散模式[56]。

3) 政策综合扩散模型

随着内部决定模型和外部决定模型的不断丰富，学者们逐渐将内外部模型结合，综合考虑两个维度的影响，同时还在原有的基础上增加政策创新本身的影响因素，而政府所处的地区也不仅仅局限在全国范围的扩散，政府所处的地区因素等也被纳入这个模型进行分析。

贝瑞夫妇的州政府政策创新扩散总模型认为某个州的政策创新不只单独受到内部因素或者外部传播的影响，而是受内部和外部因素的共同影响。

3.6.3 政策扩散的方法

1. 事件史分析法

目前，政策扩散领域的主流分析方法是定量分析法，而在定量分析法中运用最多的是事件史分析法。事件史分析法[96]是指一系列研究事件的发生及其发生时间的统计方法，如政策发起、政策发布、议会讨论等。值得注意的是，事件史分析法不仅要考虑"事件"是否发生，而且要考虑是何时发生这一现象的；不仅关注它们在一个状态持续的时间长短，还关注从一个状态到另一个状态发生的概率大小或风险[97]。

事件史分析法主要是对政策事件的发生时间以及时间先后次序与其他自变量的关系

进行的探索分析，它包括离散时间和连续时间两种统计模型。首次将事件史分析方法引入公共政策创新扩散的是贝瑞夫妇，他们对美国战略规划管理创新、彩票政策和税收政策在美国州之间扩散的个案进行评估，用事件史分析法检验了州政府政策创新扩散总模型，为其提供有力的实证支持。贝瑞夫妇在政策创新扩散领域持续使用事件史分析法，证明了事件史分析法在该领域解释的有效性。

运用事件史分析法，有两大优点。第一，传统的 OLS(普通最小二乘法)简单线性回归中的解释变量只能是某一时间点测得的，因而是横截面数据。而我们的研究变量中包含了大量的时间依赖的变量，如人均年收入、人均 GDP(国内生产总值)等政策词，此时传统的 OLS 对于存在时间先后上的因果关系解释就显得无能为力了。第二，由于事件史分析法是以个体为研究对象，而个体的生存时间在实验开始到结束这段持续期内能否被完全观察到，受很多因素的影响，比如某地级市资料中断等。这就使得事件史分析法与传统的分析方法相比，需要处理删失的数据，以最大限度地利用调查所得的信息。

2. 参数估计及相关统计方法

在政策扩散传播模型中，主要是仿真和拟合研究，涉及参数估计以及相关的统计研究方法[98]。而常见的创新扩散模型的验证方法有以下几类：

1) 最小二乘法

最小二乘法分为普通最小二乘法(OLS)和非线性最小二乘法(NLS)两类，但其存在一些不足，如无法提供待评估参数的标准差、对离散评估产生时间上的间隔差值以及无法排除共线性的可能[99]。非线性最小二乘法的主要思想是利用连续曲线函数不断逼近离散的真实数据从而优化拟合函数，并给出最优的参数估计结果。非线性最小二乘法不具有普通最小二乘法和极大似然估计法存在的估参问题，它被广泛地应用于回归分析以及模型参数估计的研究中，用以解释变量之间的相关性与因果关系。

假设以 x_i、y_i、β 三个参数表示模型中的拟合数据，非线性最小二乘法的函数表达式为

$$\min \sum_{i=1}^{n} (f(\beta, x_i) - y_i)^2 \tag{3-4}$$

求解上式的最优化解，即为创新扩散模型的估参结果。

2) 极大似然估计法

由于普通的最小二乘法在实际使用中存在一些问题，因此学者们考虑应用极大似然法来估计创新扩散模型中的参数值，该方法逐渐演化成为常用的模型估参方法之一。极大似然估计法是利用极大似然原理来推断总体样本参数的方法，即通过给定观察数据来评估模型参数[100]。该方法又分为离散概率分布估计和连续概率分布估计。若总体 X 为离散型，其概率分布列为 $P\{X = x\} = p(x; \theta)$，其中，$\theta$ 为位置参数。设$\{X_1, X_2, \cdots, X_n\}$是取自总体的样本容量为 n 的样本，则样本的联合分布规律为

$$\prod_{i=1}^{n} p(x_i; \theta) \tag{3-5}$$

此时，若有样本的一组观测值$(x_1, x_2, \cdots, x_n)$，那么观测值与样本值应该具有一致的概念分布，即样本似然函数 $L(\theta)$ 随 θ 的取值变化而变化：

$$L(\theta) = L(x_1, \ x_2, \cdots, \ x_n) = \prod_{i=1}^{n} p(x_i; \ \theta) \tag{3-6}$$

在似然函数满足连续、可微的正则条件下，当 $\dfrac{\partial L(\theta)}{\partial \theta_i} = 0$ 的时候，即取极大值时，创新扩散模型中各参数的估计值所对应的样本出现的概率最大，因而具有理论上"最好"的解释效果。

同样，在连续样本时，也可以通过样本的联合密度函数求极大值：

$$L(\theta) = L(x_1, \ x_2, \cdots, \ x_n) = \prod_{i=1}^{n} \int (x_k, \ \theta_1, \ \theta_2, \cdots, \ \theta_n) \tag{3-7}$$

3) 拟合优度评价指标

对于一般的线性回归，统计学中提供了较多的参数检验方法，如 T 检验与 F 检验，但这些传统的检验方法并不适合对曲线函数模型的参数检验。不能从参数的角度进行模型拟合的检验与评价，则考虑从模型整体对拟合情况进行分析。其中创新扩散模型的拟合角度，可以利用残差平方和、拟合优度(可决系数 R^2)等整体性指标进行评价[101]。从创新扩散模型的预测评价角度，可以用相对误差作为检验指标。

可决系数的表达形式为

$$R^2 = 1 - \frac{\sum(y - \hat{y})^2}{\sum(y - \overline{y})^2} \tag{3-8}$$

其中，y 表示创新样本的真实数据，$\hat{y}$ 表示根据具体验证方法所建立出来的拟合函数在样本变量同一自变量下所求出的函数估计值，$\overline{y}$ 为样本 y 的平均值。从式(3-8)中可以推测：当可决系数 R^2 的值与 1 越接近时，表示拟合函数中的值与实际越接近，也从侧面反映出构建的政策扩散模型更加符合实际，拟合效果也就越好。

本 章 小 结

政策文本分析是利用不同的学科方法从定量和定性两个方面对政策文本进行分析，进而有序推进政策的制定和改进，稳步推进社会经济的进步并保障大部分人的权益。随着学者的不断深入研究，政策文本分析也就衍生出量化、变迁、扩散、协同等几个重要的研究内容。这些内容是一个系统的分析过程，首先关注的是政策的外部属性，进而演变到关注其内部属性，最后发展到内外部融合的综合研究。

为了研究这些内容，学者们借鉴了统计学、文献计量学、网络分析等学科的多种方法。常用的有政策内容分析法、政策共词分析法、政策网络分析法、政策引文分析法和政策知识扩散等方法，这些都为政策文本分析提供了很好的方法基础。

第二篇

政策分析篇

第四章

基于三维分析框架的公共信息资源开放政策量化分析

为保障我国公共信息资源开放工作的稳步开展，各级政府纷纷出台有关政策，公共信息资源开放政策与公共信息资源开放工作同步前进。本章从公共信息资源开放的生命周期(X维度)、政策工具(Y维度)和政策客体(Z维度)三个维度构建了公共信息资源开放政策的三维分析框架，采用内容分析法，分析我国现有公共信息资源开放政策的合理性和有效性，剖析其在生命周期、政策工具和政策客体三个维度中呈现的特点以及存在的问题，以期为我国政府制定和优化公共信息资源开放政策提供决策支持。

4.1 公共信息资源开放政策文本的选择

4.1.1 政策文本选择

在采集公共信息资源开放政策文件时，主要选取国家层面(中共中央办公厅、国务院各部委等)与公共信息资源开放密切相关的意见、通知、办法、方案、规划、纲要等10类政策文件。为了确保样本采集的查准率和查全率，在万方法律数据库、"北大法宝"、"北大法意网"三个政策法规数据库中，采用"信息""数据""政务""云计算""公共信息资源开放""政府数据开放""政府信息公开"等关键词进行组配检索，在此基础上浏览国务院及各部委网站进一步补全相关政策文件。数据采集工作由9名硕士研究生分3组进行，对样本进行了三轮筛选，过滤掉与公共信息资源开放相关度低、内容宽泛或不具体以及与研究内容不相关的政策文本，最终梳理得到有效政策文本共365部(时间起于1994年1月，截至2018年8月)。

4.1.2 总体状况分析

1. 发布时间分布

为了清楚地了解近25年我国公共信息资源开放政策的时间演变和发展趋势，我们对收集的365部政策进行了时间标注，通过对标注结果进行统计分析，得到了我国关于公共信息资源开放政策的数量年度变化图,如图 4-1 所示。从图 4-1 中可以看出,我国公共信息资源开放政策的数量总体呈现逐年上升的趋势,尤其在 2008 年和 2017 年达到两个阶段性的小高峰,2008 年颁布政策数为 33 部,2017 年达到新高度,总数达到 73 部。2007年国务院发布的《中华人民共和国政府信息公开条例》(中华人民共和国国务院令第 492号)代表我国对政府信息公开有了明确的规定与条例,为我国公共信息资源开放工作的顺利展开奠定了坚实的政策基础。2015 年国务院发布《促进大数据发展行动纲要》,该政策在日后一直引导着国家的大数据技术与产业的发展方向,揭示了 2015 年后大数据技术与产业保持增长趋势的原因。总体上看,2015—2018 年,我国有关公共信息资源开放的政策数量多达 169 部,占全部样本数量的 46.30%。这些数据表明,在这一时期,我国各级部门对大数据战略高度重视并积极引导全国大数据产业的发展,有效地推动了我国公共信息资源开放的进程。

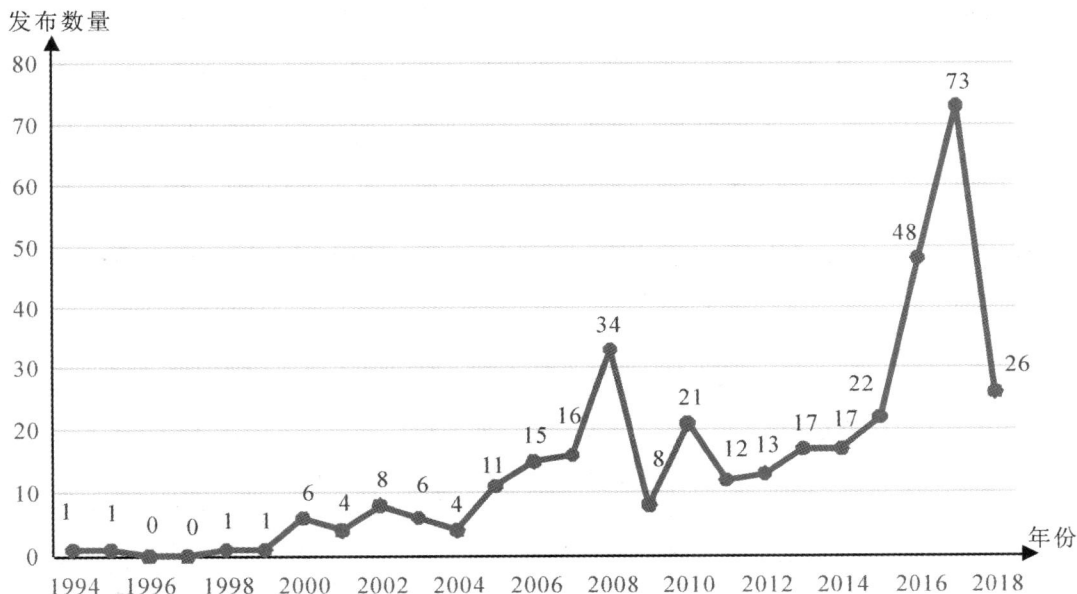

图 4-1 公共信息资源开放政策的数量年度变化

2. 发布机构分布

为研究我国各部门机构在公共信息资源政策制定发布中的参与度,对收集的政策进行了机构标注,部分统计结果(top20)如图 4-2 所示。由图 4-2 可知,政策发布的机构绝大多数为国务院及其各部委,仅国务院办公厅的发文量就有 56 部,约占样本总量的 1/7。经过进一步查证分析,国务院组成部门中有 16 个部门不同程度地参与了有关公共信息资源开放政策的制定,其中教育部 21 部,居于 16 个国务院组织部门中的第一位。自2015 年国务院发布《促进大数据发展行动纲要》后,中共中央、国务院及其各部委加快了相关政策的制定,从各方面推动了政府公共信息资源的开放与利用共享。国务院单独与联合发文的政策共有 56 部,2015 年后发布的共有 27 部,占其发布总量的 48.21%。这表明我国政府数据开放共享进入了顶层设计阶段,中央对公共信息资源发展高度重视,总领政府数据开放的进程。

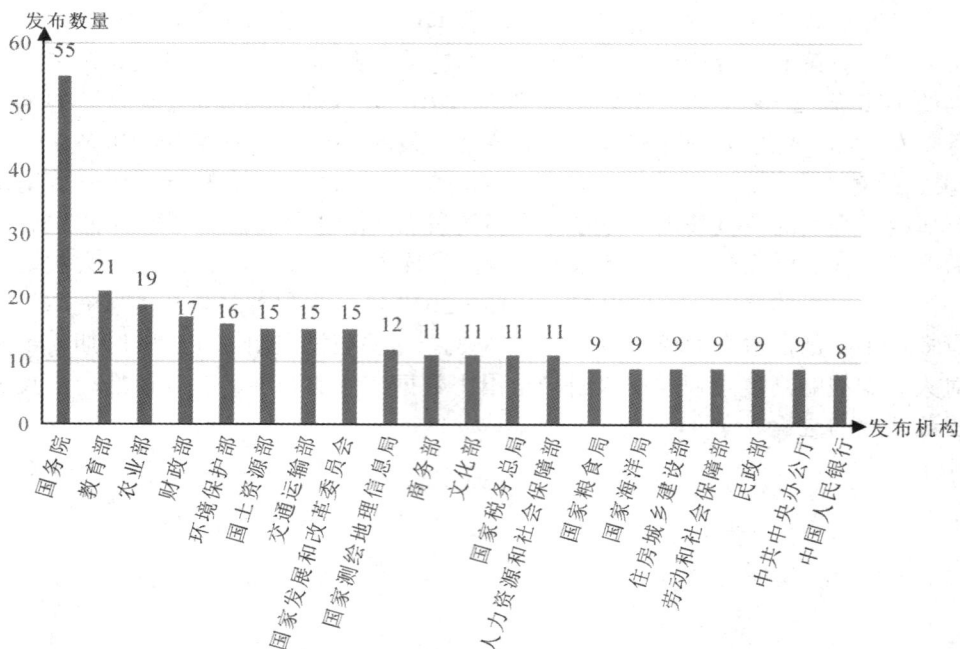

图 4-2　各机构关于公共信息资源的政策发布数量(top20)

注：图中部分机构现已重组或撤销，但在实际研究中，机器和人工获取的是发文时的机构名称，故在此图中仍沿用旧名称。

3. 政策类型分布

在收集的全部政策文本中，一共包含了 10 个文种类型。表 4-1 是我国公共信息资源开放政策的全部政策文种及数量统计表，其中意见和通知在政策文本中占比较高，二者共占全部样本数量的一半以上(56.04%)。这表明，目前我国有关公共信息资源开放的政策文本中，除了一部分是对开放政府数据提出的处理建议或意见，还有很大一部分是强制性的通知文件，与 2017 年同期黄如花学者对我国政府数据开放共享政策的计量分析结果相似。而剩下的一部分则是规划、纲要、计划等计划型文书，强制力较弱，仅对未来或当下的工作作出规划或制定目标。相比 2017 年，样本中办法类文本的数量有明显的提升。由此可见，国家在制定公共信息资源开放政策文本时有较大的突破，政策的效力和针对性开始提升，增强了政策的约束力和执行力度。

表 4-1　公共信息资源开放政策文种类型及数量

政策类型	意见	通知	办法	方案	规划	其他	规定	纲要	公告	计划	总计
数量	103	102	74	39	15	10	10	6	4	2	365
占比/%	28.22	27.95	20.27	10.68	4.11	2.74	2.74	1.64	1.10	0.55	100

4.2　政策三维分析框架构建

目前，许多学者在研究不同类型的政策时，根据政策特点建立了特有的政策分析框架。

龚勤林学者从区域创新活动的主体类型、阶段特点和区域创新政策工具的作用方式三个维度，充分考虑创新政策体系的整体性，从增强创新活动主体活力、引导创新活动连续协调、促进创新政策工具作用的视角出发，构建了一个全面分析区域创新政策体系的三维分析框架[102]，如图 4-3 所示。

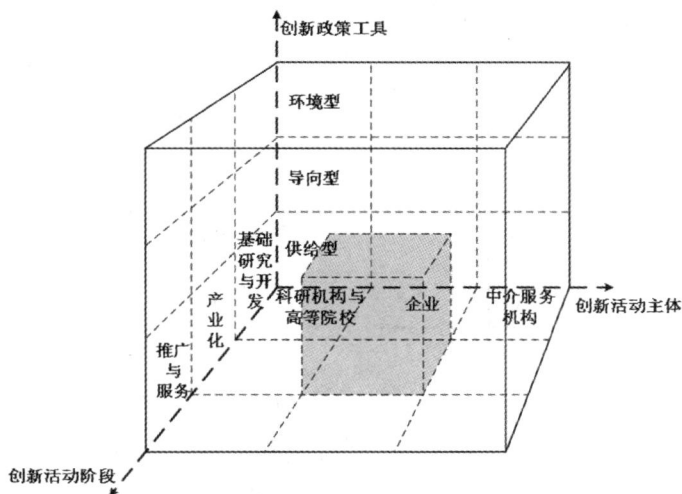

图 4-3 区域创新政策体系的三维分析框架

除此之外，白彬学者从政策工具视角基于以创业拉动就业的政策提出了三维分析框架[103]，如图 4-4 所示。具体而言，他选取了基本政策工具、创业周期和政策客体为政策分析的基本维度，构建了以创业拉动就业政策的分析框架。在政策工具的特性、政策问题、环境因素以及目标受众的特征这四个基本条件中，政策工具的特性这一内容对应于基本政策工具的特性，而创业周期是制定创业拉动就业政策时必须要考虑的重要的环境因素，政策问题和目标受众的特征则对应于政策客体维度。

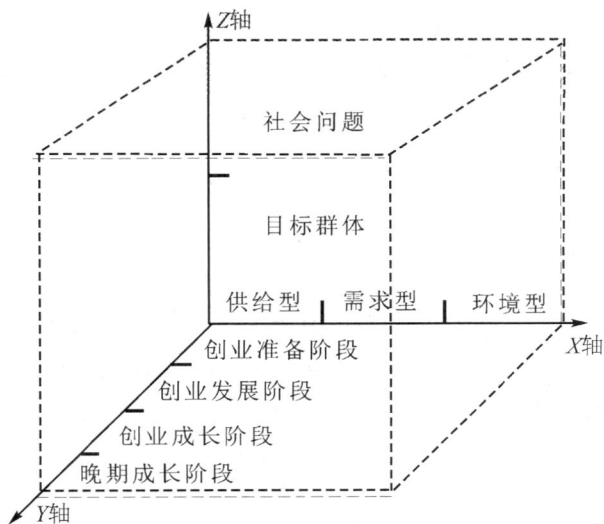

图 4-4 以创业拉动就业政策的三维分析框架

在研究公共信息资源开放政策时，发现公共信息资源开放过程呈现周期性，因此我们提出将生命周期作为 X 维度。同时，研究目的是希望了解在公共信息资源的开放过程中政府采用哪种手段作用于哪种对象上来推动公共信息资源的开放，故将政策工具作为 Y 维度，将政策客体作为 Z 维度。因此，基于公共信息资源开放的特点及研究目的，我们提出了生命周期—政策工具—政策客体三维分析框架，如图 4-5 所示，以此为基础从内容上进一步研究分析有关公共信息资源开放的政策文本。

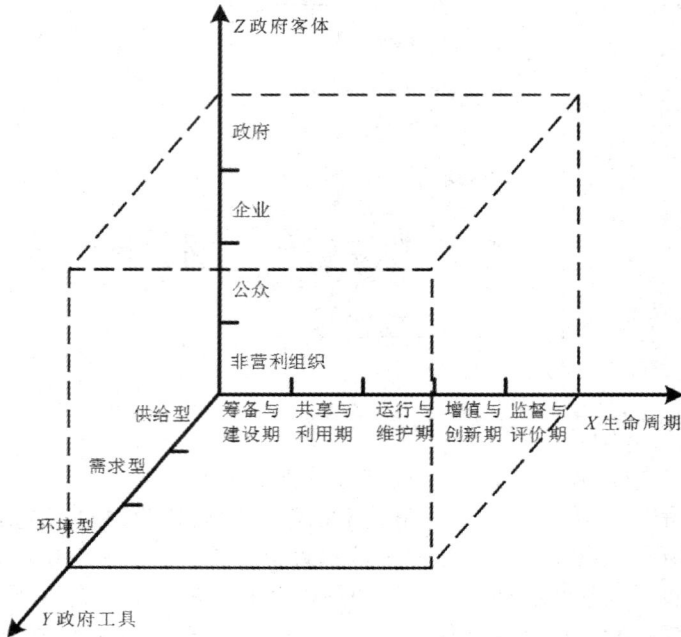

图 4-5　公共信息资源开放政策三维分析框架

该三维分析框架从公共信息资源开放政策所使用的政策工具、针对的政策客体和政策作用的开放生命周期三个维度，表明公共信息资源开放政策运用何种手段、作用于哪种客体的哪个阶段，进而揭示我国现阶段公共信息资源开放政策在三种维度上的分布情况，并根据结果提出合理化建议。

4.2.1　X 维度——生命周期维度

根据生命周期理论和黄如花学者提出的数据开放生命周期理论[104]，我们将公共信息资源开放分为五个阶段(如图 4-6 所示)，即筹备与建设期(公共信息资源开放的前期准备阶段，包括数据的收集以及基础设施的建立等)、共享与利用期(进行公共信息资源的公开、利用与共享)、运行与维护期(公共信息资源开放共享后的维护阶段，包括数据管理、平台管理、安全保障)、增值与创新期(进行公共信息资源的二次利用，为再增值时期)、监督与评价期。

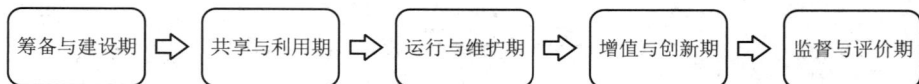

图 4-6　公共信息资源开放生命周期阶段

在不同的阶段，我们细分了不同的具体维度(如表 4-2 所示)，并结合相应的政策解释三级指标的具体含义。例如，在公共信息资源的筹备与建设期，可分为数据建设、制度保障、组织机构、目标规划、宣传引导和基础设施，以进一步确保政府在公共信息资源的筹备与建设期需要进行的工作。在公共信息资源开放的生命周期过程中，任何一个环节都十分重要，影响着该政策是否能够全方位、全周期地支持公共信息资源开放战略，同时能够推进相关政策的改进和更新。

表 4-2　生命周期维度

二级指标	三级指标	指标描述	案　例	编码
筹备与建设期	数据建设	以数据应用为导向汇聚数据采集、数据采购、数据录入等推动数据资源开放、流通和应用	国家档案局、国家发展和改革委员会印发《国家电子政务工程建设项目档案管理暂行办法》：电子政务项目实施机构归档的纸质文件应为原件或正本，且签章手续完备；同时应注重对电子文件、照片、录像等各种类型、载体文件材料的收集、归档；电子文件的归档范围参照纸质文件的归档范围	111
	制度保障	政府出台相关的法律规范等来推进和保障公共信息资源开放工作的开展	国务院办公厅关于印发政府网站发展指引的通知：按照网络安全法等法律法规和政策标准要求，制定完善安全管理制度和操作规程，做好网站安全定级、备案、检测评估、整改和检查工作，提高网站防篡改、防病毒、防攻击、防瘫痪、防劫持、防泄密能力	112
	组织机构	政府为推进信息资源开发而设立相关机构并确立职责与分工，进行人员培训等一系列相关工作	国务院办公厅印发《政府网站发展指引》：将政府网站工作纳入干部教育培训体系，定期组织开展培训，把提升网上履职能力作为培训的重要内容，不断提高机关工作人员知网、懂网、用网的意识和水平；加强专业人才培养，建设一支具备信息采集、选题策划、编辑加工、大数据分析和安全保障等综合能力，熟悉政务工作和互联网传播规律，具有高度政治责任感和工作担当的专业化队伍；积极开展试点示范，树立标杆典型，建立交流平台，加强业务研讨，分享经验做法，共同提高管网、建网、办网的能力	113
	目标规划	政府为推进信息资源开放所描绘的宏观目标或者美好蓝图	国土资源部印发《关于促进国土资源大数据应用发展的实施意见》：2017 年底前，初步建立智能地质调查体系；2018 年底前，初步形成智慧探矿和土地智能监测的探索性应用；到 2020 年，智能地质调查体系基本建立，智慧探矿和土地智能监测达到普适化水平	114
	宣传引导	通过新闻发布会、网络等多媒体手段进行宣传推广工作	环境保护部办公厅关于调研地方环境信息公开工作的通知：政策解读与政策制定同步考虑同步安排，解读重要政策措施，发挥主流媒体及新媒体解读政策的作用	115
	基础设施	为支持公共信息资源开放所准备的一切基础设施	国家电力公司财务管理信息系统建设规范：本规范所称软件是指操作系统、数据库系统和应用软件；各单位操作系统、数据库系统的选择必须满足国家有关安全的规定和国家电力公司的统一要求	116

二级指标	三级指标	指标描述	案 例	编码
共享与利用期	信息公开与利用	政府利用信息资源进行基础的事务工作，向公众公开发布公共信息资源	环境保护部办公厅关于调研地方环境信息公开工作的通知：重点领域信息公开，包括环境质量、环保审批、环境监测、监管执法等信息公开情况，重点区域及主要城市空气质量、水环境质量、土壤污染防治、污染源监测、重点排污单位、建设项目环境影响评价等信息公开情况	122
	信息共享	政府与政府各部门或系统之间进行信息共享	水利部办公厅印发《水利部2016年政务公开工作具体实施方案》：按照促进大数据发展行动纲要的要求，依托国家政府数据统一开放平台，大力推进国家水文水资源数据库建设，稳步推进水利数据共享开放(水利信息中心负责)	123
运行与维护期	数据管理	对平台数据进行日常更新和维护	国防科工委关于鼓励国内用户使用中巴地球资源卫星数据的若干意见：中巴地球资源卫星数据归国家所有，由国家授权统一接收，由中国资源卫星应用中心统一集中标准处理，统一存档、分发。国防科工委将针对不同卫星特点制定相应的数据管理办法	131
	平台管理	对信息平台进行维护升级	国家税务总局办公厅关于进一步做好政务公开工作的通知：充分发挥税务系统微博、微信、移动客户端灵活便捷的优势，做好信息发布、政策解读和纳税服务工作，进一步增强公开实效，提升服务水平；按照"谁开设、谁管理"的原则，落实主体责任，严格内容审查把关，不得发布与税务部门职能没有直接关联的信息，信息发布失当、造成不良影响的，要及时整改落实；加强"两微一端"日常监管和维护，对维护能力差、关注用户少的可关停整合	132
	安全保障	信息公开后对平台、数据各方面进行安全保障	国家食品药品监督管理总局制定《关于进一步加强食品药品监管信息化建设的指导意见》：依托国家电子政务网络和公用网络基础设施，加大网络及网络安全基础设施投入，建成覆盖各级食品药品监管部门的统一网络	133
增值与创新期	产业发展	政府鼓励企业、个人利用数据来进行盈利	工业和信息化部、国资委、国家标准委关于深入推进信息化和工业化融合管理体系的指导意见：引导企业通过贯标达标建立系统化的运行管理新机制，围绕战略转型和差异化竞争的迫切需求动态制定新型能力规划，构建并持续打造新型能力；支持企业探索两化融合管理体系与内控、质量、环境等多体系融合的方法和路径，建立一体化管理体系	141
	政府治理	政府通过开放数据提升自身行政管理水平	国务院办公厅关于促进电子政务协调发展的指导意见：加强国务院重点工作督查督办，通过对重点工作的任务分解、进展过程、完成情况的网络化信息化管理，实现工作落实全过程动态跟踪、实时督查、及时反馈、绩效考核，形成事前事中事后管理机制，切实提高督查督办水平	142
	公众服务	政府利用信息资源、数据为公众提供有指导类型的服务	国务院办公厅印发《政府网站发展指引》	143

二级指标	三级指标	指标描述	案　例	编码
监督与评价期	绩效评估	政府对公共信息资源开放过程及效果等方面进行评估改进	国家发展改革委印发《"十二五"国家政务信息化工程建设规划》强化规划监测评估：建立动态评估机制，强化对规划实施情况的跟踪分析和督促检查；对规划实施的年度进展情况进行总结，并适时开展中期评估，不断优化规划实施方案和保障措施，促进规划工程建设目标和任务的顺利实现	151
	监督审查	政府对公共信息资源开放过程进行监督和审查工作	新闻出版广电总局贯彻落实国务院办公厅《〈关于全面推进政务公开工作的意见〉实施细则》方案：建立政务公开专项考核机制，将信息公开、政策解读、回应关切、媒体参与等方面情况作为政务公开的重要内容纳入总局专项考核机制；强化政务公开工作责任追究，定期对总局政务公开工作开展情况进行督查，对政务公开工作推动有力、积极参与的司局和个人，要按照有关规定进行表彰和鼓励，对重要信息不发布、重大政策不解读、热点回应不及时的，要严肃批评、公开通报，造成严重社会影响的，要依纪依法追究相关单位和人员的责任(人事司落实)	152
	反馈评价	政府内部在公共信息资源开放过程中进行评价	中国海事局关于深化海事行政执法政务公开工作的意见(一)：各级海事管理机构应当加强海事行政执法政务公开工作总结，总结应包括海事行政执法政务公开的开展情况、监督检查、评价考核、责任追究、存在问题及改进情况等内容	153
	社会参与	公众使用公开的信息资源，公众参与政策制定、执行和监督	新闻出版广电总局贯彻落实国务院办公厅《〈关于全面推进政务公开工作的意见〉实施细则》：重点了解涉及总局重大政策、重要决策部署的政务舆情信息，涉及公众切身利益且可能产生较大影响的媒体报道，引发媒体和公众关切、可能影响总局形象和公信力的舆情信息，涉及重大突发事件处置舆情信息等(办公厅会同机关各司局落实)	154

注：2018 年 3 月，根据第十三届全国人民代表大会第一次会议批准的《国务院机构改革方案》，将国土资源部的职责、国家发展和改革委员会的组织编制主体功能区规划职责、住房和城乡建设部的城乡规划管理职责、水利部的水资源调查和确权登记管理职责、农业部的草原资源调查和确权登记管理职责、国家林业局的森林和湿地等资源调查和确权登记管理职责、国家海洋局的职责、国家测绘地理信息局的职责整合，组建中华人民共和国自然资源部，作为国务院组成部门，不再保留国土资源部。

2018 年 3 月，第十三届全国人民代表大会第一次会议批准了《国务院机构改革方案》，组建生态环境部，不再保留环境保护部。

1982 年 5 月 10 日，国防科学技术工业委员会成立。2008 年 3 月，根据第十一届全国人民代表大会第一次会议审议通过的《国务院机构改革方案》，组建工业和信息化部，不再保留国防科学技术工业委员会。

4.2.2 Y维度——政策工具维度

政策工具有诸多不同视角分类，不同分类适用于不同的情形。其中最为典型的是 Rothwell 和 Zegveld 分类法[105]，这两种方法得到了国内外学者广泛的认可和采纳。因为相对于其他分类，该政策工具分类界限明晰，类别简单明了，有利于展示结果统计。并且，开放政府数据作为当前亟待实施的策略，根据这三种政策工具评估政策统筹协调性，对政策的制定、实施有启示意义。再者，这类政策工具在节能政策、人才政策、技术政策等方面均被广泛应用，具有较强的代表性。

Rothwell 和 Zegveld 根据政策工具产生的着力面不同，将政策工具分为供给型、需求型和环境型三种，如图 4-7 所示。根据政策研究需要，我们设计了三级指标，如表 4-3 所示。供给型政策工具作用在公共信息资源的供给端，将直接推动公共信息资源开放，如开放平台搭建、数据发布、资金投入等。需求型政策工具充分调动政府、企业组织、公众等积极使用数据，促进全社会对政府数据的更广泛、更深入需求，进而要求政府数据进一步开放，在消费端拉动了这一战略的发展，比如政府采购、公私合作等。环境型政策工具则是供给和需求联系的纽带桥梁，为开放政府数据提供有利的发展环境，如法规管制、税收优惠、金融支持等。

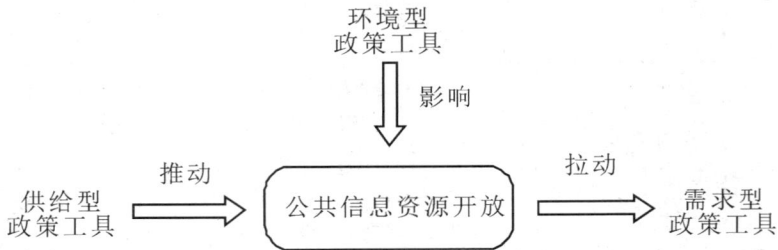

图 4-7 政策工具种类

表 4-3 政策工具维度

二级指标	三级指标	指标描述	案例	编码
供给型	人才机构	政府通过完善各级教育体系和培训体系，为产业发展提供人才保障	工业和信息化部印发《信息化发展规划》：拓宽对外合作与交流渠道。具体如下：加强互联网国际治理合作与交流,提升我国在下一代互联网全球架构中的国际地位；加强与相关国际组织的合作，研究信息资源开发利用标准与管理机制，提升我国在新一代信息网络身份、物品编码和解析系统等关键信息资源利用和管理方面的话语权；积极参与国际交流，努力维护和拓展我国的频率和空间轨道资源	211
	资金投入	政府通过划拨专项资金，以直接投入资金、发放资金补贴、提供研发经费和建设经费等形式提供财力支持	国家环境保护总局关于加强全国环保系统政务公开工作的意见：加强经费保障。具体如下：将政务公开工作经费列入部门预算，满足日常工作需要；加强政务公开能力建设,为政务公开工作的创新开展和全面推进创造条件	212

续表一

二级指标	三级指标	指标描述	案　例	编码
供给型	公共服务	政府为保障信息资源开放活动的顺利进行而提供各项配套服务	国务院办公厅关于进一步加强政府网站管理工作的通知：重要政策出台后，要及时通过政府网站做好政策解读工作；对公众关注的社会热点问题，要主动在政府网站予以回应，发布权威信息，讲清事实真相、有关政策措施以及处理结果等。提倡地方和部门负责同志到政府网站接受在线访谈	213
	基础设施	为支持公共信息资源而开放的所需的一切基础设施	工业和信息化部印发《信息化发展规划》：发展先进网络文化。具体如下：实施先进网络文化发展工程，鼓励开发具有中国特色和自主知识产权的数字文化产品，推动网络知识的创造、整合与传播，增强信息化时代中华文化的国际影响力；加强重点新闻网站建设，规范管理综合性商业网站，构建积极健康的网络传播新秩序；积极推进数字图书馆、数字档案馆、数字博物馆、数字文化馆等公益性文化信息基础设施建设，完善公共文化信息服务体系	214
	数据建设	准备数据、发布数据	新闻出版广电总局贯彻落实国务院办公厅《〈关于全面推进政务公开工作的意见〉实施细则》：明确公众参与事项范围。具体如下：围绕总局中心工作，细化公众参与事项的范围，让公众更大程度参与政策制定、执行和监督；要重点围绕总局发展计划、重大规划，管理重要事务、规章草案等，根据需要通过多种方式扩大公众参与	215
	数据平台规范	公开的范围、方式、标准及规范等	工业和信息化部印发《信息化发展规划》：加强标准化建设和知识产权保护。具体如下：快制定完善新一代信息技术应用标准，发挥标准的技术支撑作用；积极推动新一代信息技术自主创新标准成为国际标准，加快制定三网融合、云计算、物联网等领域信息安全标准；优先支持物联网、云计算、宽带无线移动通信等领域知识产权专利池建设，大力推动创新成果产业化；加强信息技术知识产权保护，推进软件正版化，建立知识产权预警机制，做好专利布局和风险防范工作	216
需求型	公私合作	政府通过与企业、个人、社会组织等开展合作来培育市场	国务院关于促进信息消费扩大内需的若干意见：支持电信和广电运营企业、互联网企业、软件企业和广电播出机构发挥优势，参与公共服务云平台建设运营	221
	政府采购	政府依法执行采购目录，使用财政性资金购买公共信息资源开发利用的产品和服务，实现政府应用与社会应用相融合	国务院关于促进云计算创新发展培育信息产业新业态的意见：政府部门要加大采购云计算服务的力度，积极开展试点示范，探索基于云计算的政务信息化建设运行新机制，推动政务信息资源共享和业务协同，促进简政放权，加强事中事后监管，为云计算创造更大的市场空间，带动云计算产业快速发展	222

二级指标	三级指标	指标描述	案　例	编码
需求型	示范工程	通过开展试点示范工作带动各级政府加快公共信息资源开放；引导基础好、有实力的机构和个人利用开放数据开展应用示范，带动各类社会力量开展数据增值开发	国务院关于进一步扩大和升级信息消费持续释放内需潜力的指导意见：加大财税支持力度。具体如下：深入推进信息消费试点示范城市建设；鼓励各地依法依规采用政府购买服务、政府和社会资本合作(PPP)等方式，加大对信息消费领域技术研发、内容创作、平台建设、技术改造等方面的财政支持，支持新型信息消费示范项目建设	223
	鼓励引导	政府通过政策或制度手段，鼓励和提倡政府本身、企业和公众积极使用公共信息资源	国防科工委关于鼓励国内用户使用中巴地球资源卫星数据的若干意见：鼓励各行业应用部门积极组织中巴地球资源卫星数据的应用培训和示范推广，地方科技、工业管理部门要积极推动中巴地球资源卫星数据在本地区的应用，促进应用成果的转化，提高卫星应用的经济效益和社会效益	224
环境型	目标规划	基于公共信息资源的现状和预期，对要达成的目标进行总体规划和描述	国土资源部印发《促进国土资源大数据应用发展实施意见》：进度安排。具体包括：2017年底前，全面完成国土资源数据资源梳理，形成较为完整的国土资源数据资源目录，国土资源数据资源体系得到完善；到2020年，基本形成完整和准确的国土资源数据资源体系，国土资源数据得到较大丰富与完善	231
	金融支持	政府通过贷款、融资、补助、风险投资、财务分配或放宽金融限制、创造融资条件等手段推动信息开放	国务院关于促进云计算创新发展培育信息产业新业态的意见：完善投融资政策。具体包括：引导设立一批云计算创业投资基金；加快建立包括财政出资和社会资金投入在内的多层次担保体系，加大对云计算企业的融资担保支持力度；推动金融机构对技术先进、带动支撑作用强的重大云计算项目给予信贷支持；积极支持符合条件的云计算企业在资本市场直接融资	232
	法规管制	政府为稳步推进公共信息资源开放、维护国家安全、保护个人隐私、加强数据利用，出台的一系列法律、法规、管理制度等(成文的文件)	工业和信息化部印发《信息化发展规划》：建立健全法律法规体系。具体包括：适应新时期信息化发展的需要，对制约信息化发展的相关法律法规进行清理修订；继续推进电信、广播电视传输等信息化立法，加快出台个人信息保护、网络出版、网络与信息安全等方面的法律法规，研究制定政府信息安全管理、信息技术服务等管理办法，逐步完善网络市场准入、网上交易税收征管、电子证据、电子支付、电子合同等相关管理规定；积极参与研究制定相关信息化国际规则	233
	税收优惠	政府对重要领域或相关企业及个人给予赋税上的减免	国务院关于进一步扩大和升级信息消费持续释放内需潜力的指导意见：落实企业研发费用加计扣除等税收优惠政策，促进社会资本对信息消费领域的投入；经认定为高新技术企业的互联网企业，依法享受相应的所得税优惠政策	234

二级指标	三级指标	指标描述	案　例	编码
环境型	管理措施	管理措施指一些具体的能起到实际作用或效果的工作流程、原则和方法等，即一些未成文的方法、措施、手段、过程的描述	工业和信息化部印发《信息化发展规划》：加大公益性信息资源利用力度。具体包括：建立公益性信息资源开发与利用的长效机制，加强农业、科技、教育、文化、卫生、人口和计划生育、就业和社会保障、法制、国土资源等重点领域信息资源的公益性开发利用；引导公益性信息服务机构发展，鼓励企业、公众和其他社会力量采取多种方式提供公益性信息服务	235

4.2.3　Z 维度——政策客体维度

公共信息资源政策的客体指政策所作用的对象，包括公共信息资源政策所要解决的社会问题及其施政的社会成员或目标群体。因此我们按照公共信息资源政策所作用的对象将政策客体维度进一步划分为政府、企业、公众和其他非营利组织。表 4-4 为政策客体维度的具体描述。

表 4-4　政策客体维度

二级指标	指标描述	案　例	编码
政府	所出台的政策为政府服务	财政部《关于进一步做好政府采购信息公开工作有关事项的通知》：提升地方分网服务功能。具体包括：各地区要做好地方分网的升级改造和安全防护，改进栏目设置，完善地方分网信息发布和查询使用功能，确保数据安全和运行稳定；要建立健全地方分网与公共资源交易平台的信息互联互通机制，实现与公共资源交易电子服务系统之间的信息共享	31
企业	所出台的政策为企业服务	国家发展改革委、国防科工委印发《关于促进卫星应用产业发展的若干意见》：促进卫星导航产业规模化快速发展。具体包括：加速建立自主卫星定位导航系统，提高卫星导航应用的基础保障能力，大力促进卫星导航终端设备的产业化，推进卫星导航运营关联产业的发展	32
公众	所出台的政策为公众服务	中国期货业协会发布《期货投资者信用风险信息共享管理办法(试行)》：期货公司应当按照本办法规定，完整、准确、及时地报送期货投资者信用风险信息	33
其他非营利组织	所出台的政策为非营利组织(如福利机构、高校、图书馆等)服务	教育部办公厅关于开展高校信息公开工作专项监督检查的通知：加强组织领导。具体包括：各高校要高度重视此次专项督查工作，切实将其摆上重要工作日程，加强组织领导，确保取得实实在在的成效	34

4.3 基于三维分析框架的政策量化分析

4.3.1 政策编码

从公共信息资源开放政策所使用的政策工具、针对的政策客体和政策作用的开放生命周期三个维度对政策进行人工编码，旨在表明公共信息资源开放政策运用何种手段、作用于哪种客体的哪个阶段，进而揭示我国现阶段公共信息资源开放政策在三个维度上的分布情况。基于前期三轮筛选所得的365部政策，根据文本内容对每条政策进行依次编码，共编码310部。其中，逐条编码245部；整体编码65部；其余55部经人工检查与分析后，因框架难以融合，编码困难，故不作政策内容分析。

人工编码的具体思路如下：首先将310部政策文本按照政策编号—章节号—序列号逐条进行编号；然后根据建立的公共信息资源开放政策三维分析框架，对各政策文本内容单元分别从生命周期、政策工具和政策客体三个维度进行编码。编码过程如表4-5所示，例如，将《国务院办公厅关于进一步加强政府网站管理工作的通知》的内容单元"各地区、各部门要通过举办培训班和开展交流研讨等多种方式，对政府网站工作人员进行经常化的管理和业务培训，不断提高办网、管网能力"编码为"160-4-3"，该政策内容单元属于在筹备与建设期的组织机构阶段，采用供给型政策工具的人才机构工具作用于政府，故在生命周期、政策工具和政策客体维度的编码分别为 113、211 和 31。

表 4-5　政策内容单元编码过程示例

序号	政策名称	政策内容单元	编码号	生命周期编码	政策工具编码	政策客体编码
160	国务院办公厅关于进一步加强政府网站管理工作的通知	各地区、各部门要通过举办培训班和开展交流研讨等多种方式，对政府网站工作人员进行经常化的管理和业务培训，不断提高办网、管网能力	160-4-3	113	211	31
505	财政部关于进一步加强政府和社会资本合作(PPP)示范项目规范管理的通知	强化咨询服务监督。全面披露参与示范项目论证、采购、谈判等全过程咨询服务的专家和咨询机构信息，主动接受社会监督。建立健全咨询服务绩效考核和投诉问责机制，将未妥善履行咨询服务职责或提供违法违规咨询意见的专家或咨询机构，及时清退出 PPP 专家库或咨询机构库	505-3-3	152	233	31/32/33

根据本研究构建的三维分析框架的详细描述以及编码规则，编写了编码手册，以便于

编码员逐一进行人工编码。具体编码过程如下：

(1) 对 9 名编码员(研究生)进行为期一周的培训，确保他们对编码理解的内在一致性；

(2) 将编码员分为 3 组，每组 3 名编码员；

(3) 正式开始编码前，给每组分配相同的 3 部政策文本进行试编码，试编码完成后对 3 组编码结果进行分析讨论，循环上述试编码过程，直至 3 组试编码结果一致；

(4) 在正式编码过程中，由 2 位独立的编码员进行编码，第 3 位编码员负责审核，若编码不一致再讨论确定。

4.3.2 单维度量化分析

当前，我国社会要求开放共享公共信息资源的呼声越来越高，但从整体而言我国的开放工作尚处于起步阶段，在很多方面仍存在着诸多问题，需要国家做进一步改进和优化，才能保障公共信息资源开放的整个过程稳步进行。为此，本次研究主要根据关于公共信息资源开放的政策文本，建立起三维的政策框架，该部分主要对政策文本的各维度进行量化分析，包括对生命周期维度(X 维度)、政策工具维度(Y 维度)及政策客体维度(Z 维度)进行量化分析，以便于更加深刻地认识到在公共信息资源开放的过程中遇到的问题，从而使其得到有效的解决和处理。

1. 生命周期维度(X 维度)

从生命周期维度(X 维度)来看，我国当前发布的公共信息资源开放政策的重心仍处于筹备与建设期、共享与利用期，涉及后期运行与维护期、增值与创新期和监督与评价期的政策数量明显偏少。如图 4-8 所示，筹备与建设期政策内容占比最高，为 45.33%，其次是共享与利用期的 25.85%、监督与评价期的 12.34%、运行与维护期的 8.31%，最后是增值与创新期的 8.16%。值得注意的是，监督与评价期的政策内容占比高于运行与维护期、增值与创新期，说明现有的公共信息资源开放政策开始注重对公开过程、效果的监督评价，却忽视了公开过程的运行维护和增值创新。

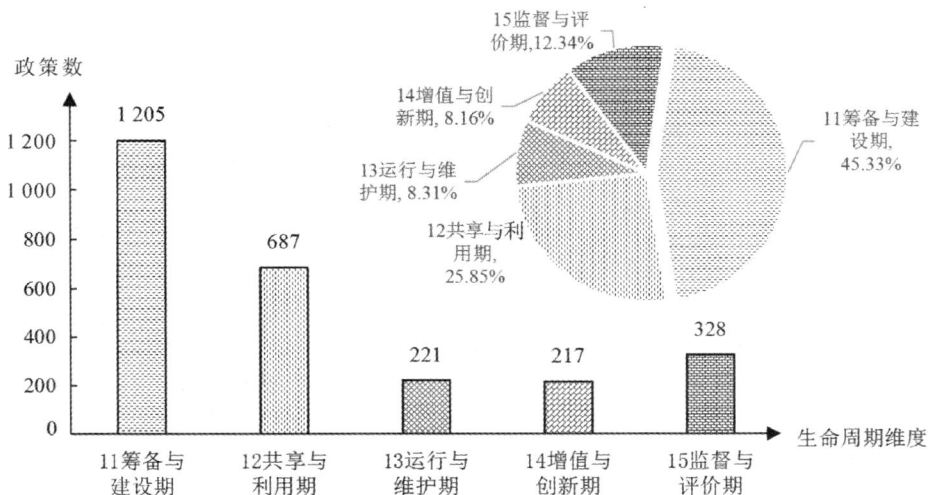

图 4-8　生命周期维度量化分析

生命周期五个阶段下的三级指标政策文本标记数量的统计如图 4-9 所示。在生命周期

57

维度中，处于共享与利用期，涉及"信息公开与利用"的政策文本共计606条，远高于其他指标。同时现有的政策文本中"信息公开与利用"和"信息共享"两个指标数量差距悬殊。筹备与建设阶段的相关政策文本将焦点放在"基础设施"的建设上，共计387条。其次是"组织机构"的构建，包括人员组成、职能分工等，共计304条。"制度保障"方面的政策文本也相对较多，共计260条。而"目标规划"则较少，仅有20条。运行与维护期主要涉及公开平台的"安全保障"；增值与创新期的"产业发展"高于其他两项增值项目；监督与评价期的"监督审查""社会参与"及"绩效评估"远远高于"反馈评价"。以上说明，公共信息资源开放的现阶段强调对公共信息资源的公开及利用，但共享不足；注重对基础设施的建设和完善，但缺少详细的目标规划；在运行与维护期，各方面兼顾较平衡，但开放信息的"平台管理"较"数据管理"和"安全保障"略显不足。

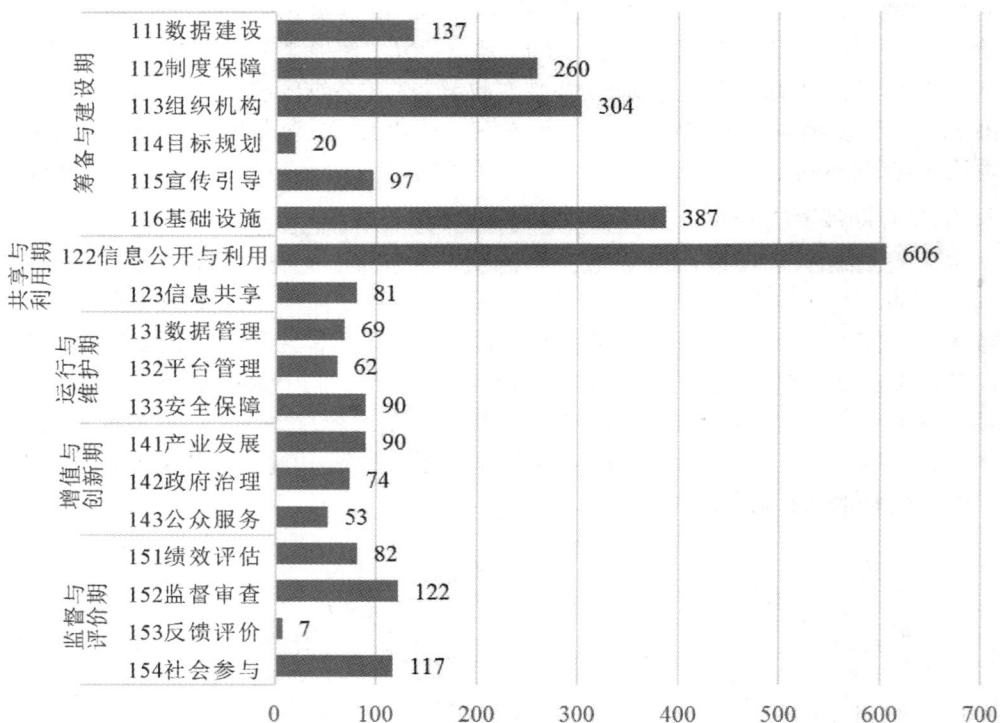

图 4-9　生命周期三级指标频数统计

2. 政策工具维度(Y 维度)

政策工具是政策制定与实施的关键，没有了政策工具的支持，任何关于公共信息资源开放的政策就缺少了实际意义，也就难以达到实际的效果。所谓政策工具，就是组成政策体系的基本元素，是政府对公共信息资源开放活动进行规制的基本手段，它在公共信息资源开放与创新的全过程发挥着重要的作用。从 Y 维度来看，我国公共信息资源开放政策采用的政策工具兼顾面分布不均，如图 4-10 所示。在我国国家层面及各部委关于公共信息资源开放的政策文件中，供给型政策工具使用度最高，政策内容单元数量达到 1 677 条，占比高达 62.11%；其次是环境型政策工具，政策内容单元数量达到 909 条，占比 33.67%；

最后是需求型政策工具，政策内容单元数量仅有 144 条，所占比例约为 4.22%。这充分表明我国政府在公共信息资源开放政策方面虽然兼顾了环境型、供给型和需求型的综合运用，但是对每种政策工具的关注程度仍存在很大差异。

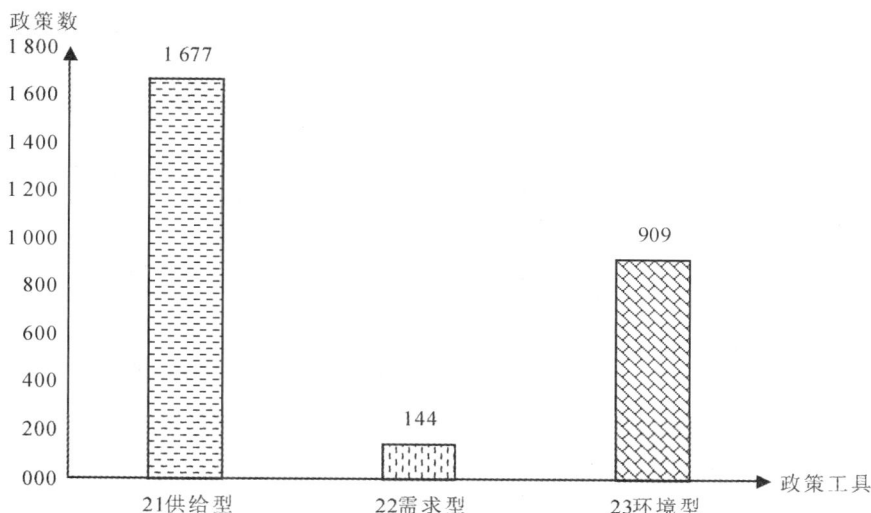

图 4-10　政策工具维度量化分析

根据我国公共信息资源开放的政策文本中政策工具使用情况的统计(见图 4-11、图 4-12)，可以看出国家和社会对于公共信息资源开放的关注度逐渐提高，但是对于不同政策工具使用的侧重程度上仍存在不均衡的现状。

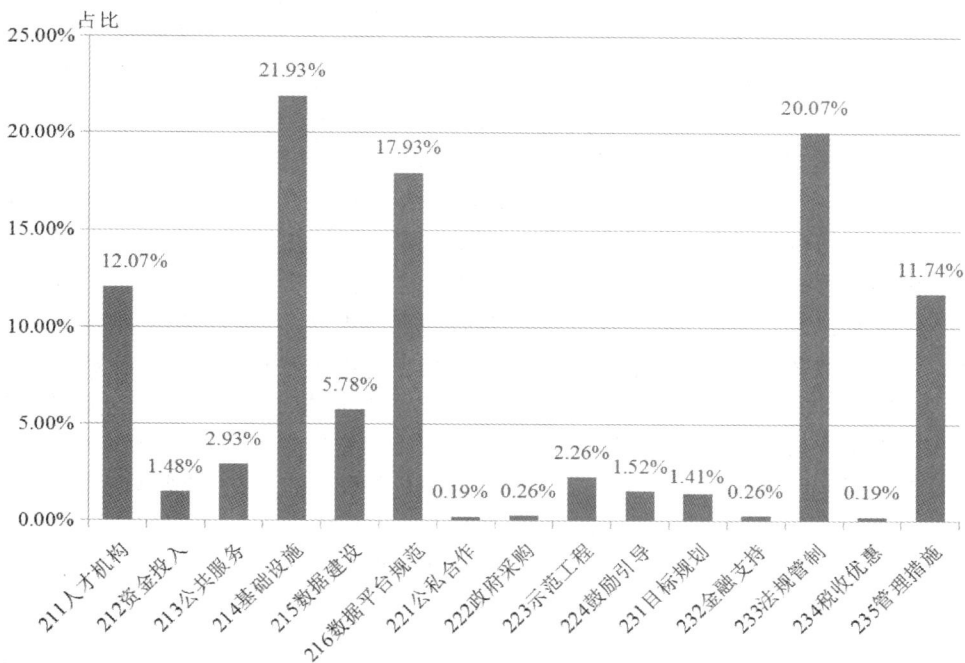

图 4-11　政策工具频数分布情况

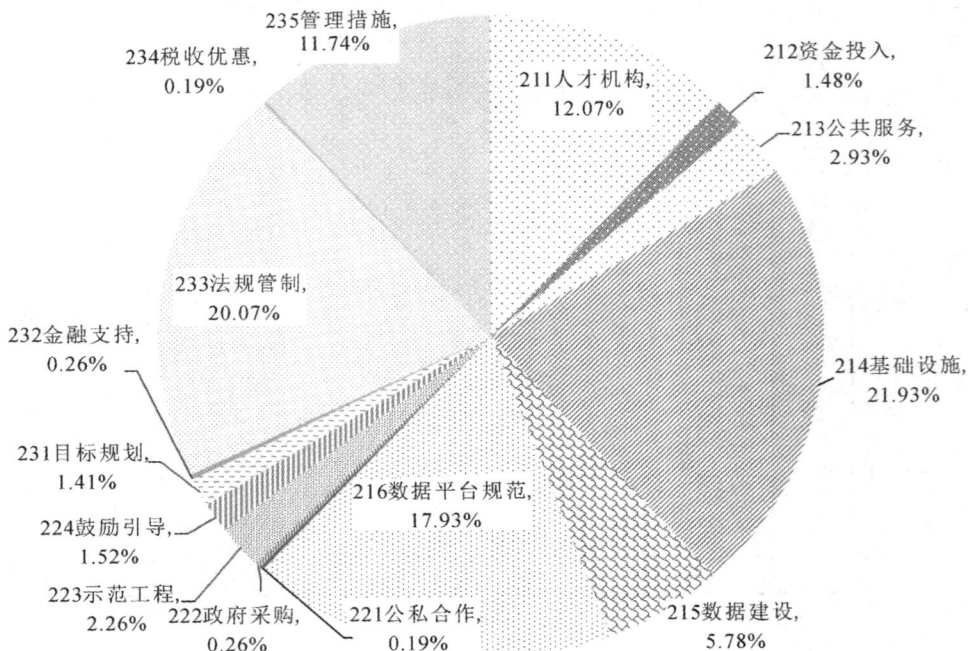

图 4-12　政策工具频数分布占比情况

(1) 在政策工具维度的二级指标中,供给型政策工具中的基础设施建设政策数达到 592 条,占比 21.93%,表明了国家在公共信息资源开放的过程中对于基础设施建设的投入度相对是最高的,比如信息开放平台建设、数据库建设、数据中心建设及相应的配套设施的设立等。相关政策文件为由国务院办公厅法制办公室发布的《中华人民共和国政府信息公开条例(修订草案征求意见稿)》,其中第二十四条规定:"行政机关可以根据需要设立公共查阅室、资料索取点、信息公告栏、电子信息屏等场所、设施,公开政府信息。行政机关应当及时向国家档案馆、公共图书馆提供主动公开的政府信息。"

(2) 环境型政策工具中法规管制的相关政策数达到 542 条,占比 20.07%,这表明国家在推进公共信息资源开放的过程中对法规管制的制定也尤为重视。例如,在中共中央办公厅、国务院办公厅关于进一步推行政务公开的意见中规定"要积极探索和推进政务公开的立法工作,抓紧制定《政府信息公开条例》。条件成熟的地区和部门要研究制定地方性法规或规章,逐步把政务公开纳入法治轨道。要建立健全主动公开和依申请公开制度。"

(3) 数据平台规范的政策数达到 484 条(占比 17.93%),人才机构设立的政策数达到 326 条(占比 12.07%),管理措施的政策数达到 317 条(占比 11.74%),均表现出国家对公共信息资源的开放已经有了新的认识。但在需求型政策工具的使用上,仍表现出较低的使用度,尤其是关于公私合作和政府采购的政策数仅分别为 5 条和 7 条,这表明我国政府在公共信息资源开放的政策制定上需求型政策工具的使用较为匮乏。

3. 政策客体维度(Z 维度)

确定公共信息资源开放的对象有利于增加政策的针对性,对于不同客体实施特定类型的开放政策有利于提升开放的效果。由对收集的政策文本的标注、统计分析结果(见图 4-13)

可以看出，在国家关于公共信息资源开放政策的政策客体的二级指标中，作为政策客体的政府涉及的政策数达到 2 494，占比 81.03%；其次是公众，涉及的政策数为 344，占比 11.18%；再者是企业，涉及的政策数为 204，占比 6.63%；最后是非营利组织，涉及的政策数为 36，占比 1.17%。这充分体现了政府在公共信息资源开放过程中的主导地位，这是因为我国公共信息资源开放处于筹备与建设阶段，需要政府起支持引导的作用。但公众、企业及非营利组织作为公共信息资源开放的政策客体涉及程度不高，因此在今后的政策制定、修订及优化的过程中，政府应加大对公众、企业和非营利组织的关注度，注重协调全局。具体而言，应做到：通过激发公众的参与度来促进公共信息资源进一步开放；采用对企业加大资金投入、税收优惠及加大企业的政策扶持力度等措施来促进企业创新型发展；通过教育投入、科研资金投入，加大对高校、科研机构及其他非营利组织的支持，进一步推进并实现公共信息资源全面开放。

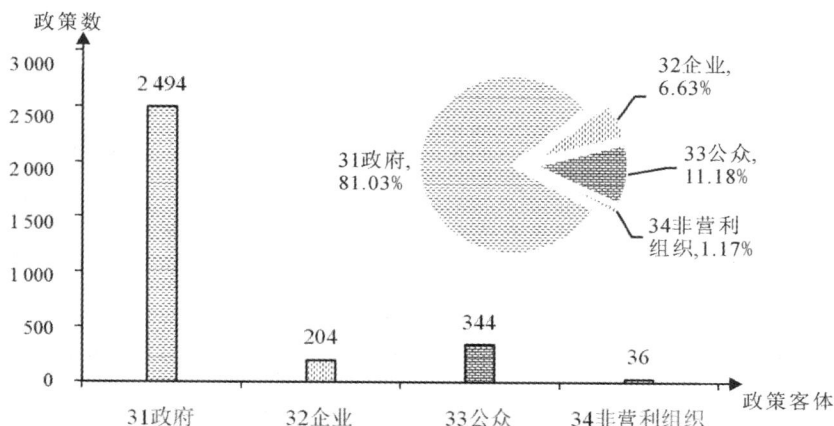

图 4-13 政策客体频数分布及占比情况

4.3.3 双维度交叉分析

在对公共信息资源开放政策进行单维度分析后，为了更加深入地了解我国公共信息资源开放的情况，对已量化的文本进行了双维度的交叉分析，包括生命周期与政策客体交叉分析、生命周期与政策工具交叉分析、政策工具与政策客体交叉分析。

1. 生命周期和政策客体二维空间下的政策分析

根据政策量化结果，将生命周期作为 X 轴，将政策客体作为 Z 轴，将 X 轴与 Z 轴组成的二维空间定义为公共信息资源开放生命周期的政策客体作用面，表示各政策客体在推动公共信息资源开放中发挥的作用大小，如图 4-14 所示。目前我国发布的公共信息资源政策作用的所有客体贯穿于公共信息资源开放的整个生命周期，除增值与创新期之外，其余阶段均是作用于政府客体的政策最多，其次是公众，最后是企业和非营利组织。而在增值与创新期，同样是作用于政府客体的政策最多(占比 54.33%)，其次是企业(28.00%)，最后是公众(14.33%)和非营利组织(3.33%)。这说明当前我国发布的公共信息资源开放政策考虑到了整个生命周期中各政策客体的全体参与和价值的发挥，政策作用对象均是政府居首位，非营利组织涉及较少，企业和公众在不同阶段参与度不同。以上表明，政府在公共信息资源开放各阶段发挥了不可替代的作用；企业在增值与创新期通过对公共信息资源进行二次开发和增值利用，促进公共信息资源开放；公众在监督与评价期通过参与公共信息资源开放的监督和评价过程来进一步完善公共信息资源开放；非营利组织整体参与程度较低。

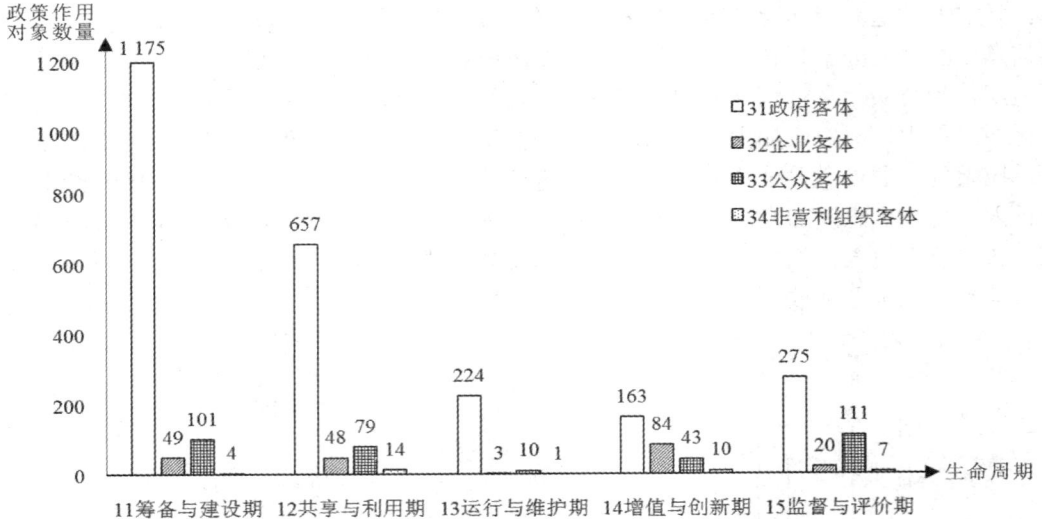

图 4-14　公共信息资源开放生命周期中政策作用对象情况

2. 生命周期和政策工具二维空间下的政策分析

生命周期和政策客体二维空间下的政策分析将生命周期作为 X 轴，将政策工具作为 Y 轴，将 X 轴与 Y 轴组成的二维空间定义为公共信息资源开放生命周期的政策工具选择面，表示政府在公共信息资源开放生命周期过程中偏向于采用何种政策工具，通过何种动力促进公共信息资源开放。通常来说，各个生命周期阶段采用的政策工具的侧重点是不同的，如图 4-15 所示。

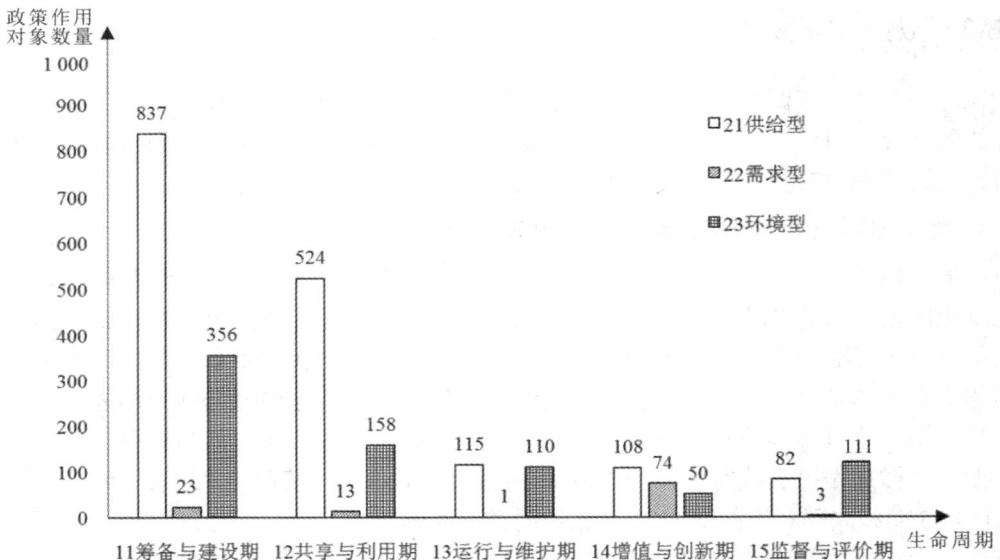

图 4-15　公共信息资源开放生命周期中政策工具使用情况

从图 4-15 中可以看出，我国当前的公共信息资源开放政策在公共信息资源开放的全生命周期中兼顾了供给型、需求型和环境型政策工具的综合运用，为推动公共信息资源开放提供了多方面的激励和规制。在筹备与建设期、共享与利用期、运行与维护期，供给型政策工具的使用占比均过半，分别为 68.83%、75.40%、50.88%，其次是环境型，最后是需求型。在增值与创新期各种政策工具的使用相对比较均衡，而在监督与评价期使用最多的则是环境型政策工具(56.63%)，其次是供给型(41.84%)，最后是需求型(1.53%)。由此表明，在开放前期，政府主要通过供给型和环境型政策工具来推动和保障公共信息资源的开放工作。在增值与创新期，除供给型和环境型政策工具之外，政府还通过需求型政策工具(如示范工程、鼓励引导等方式)来拉动公共信息资源开放，促进公共信息资源的二次开发和增值利用。在监督与评价期，政府的投入大幅度减少，主要通过环境型政策工具来保障公众对公共信息资源开放的监督和评价。

3. 政策工具和政策客体二维空间下的政策分析

将政策工具作为 Y 轴，将政策客体作为 Z 轴，将 Y 轴与 Z 轴组成的二维空间定义为公共信息资源开放政策客体的政策工具选择面，表示政府在制定公共信息资源开放相关政策时，针对不同的作用客体更偏向于采用何种政策工具，从而通过何种动力来促进公共信息资源开放。通过对公共信息资源相关政策进行量化分析，可得出公共信息资源开放政策工具与政策客体的关系，如图 4-16 所示。

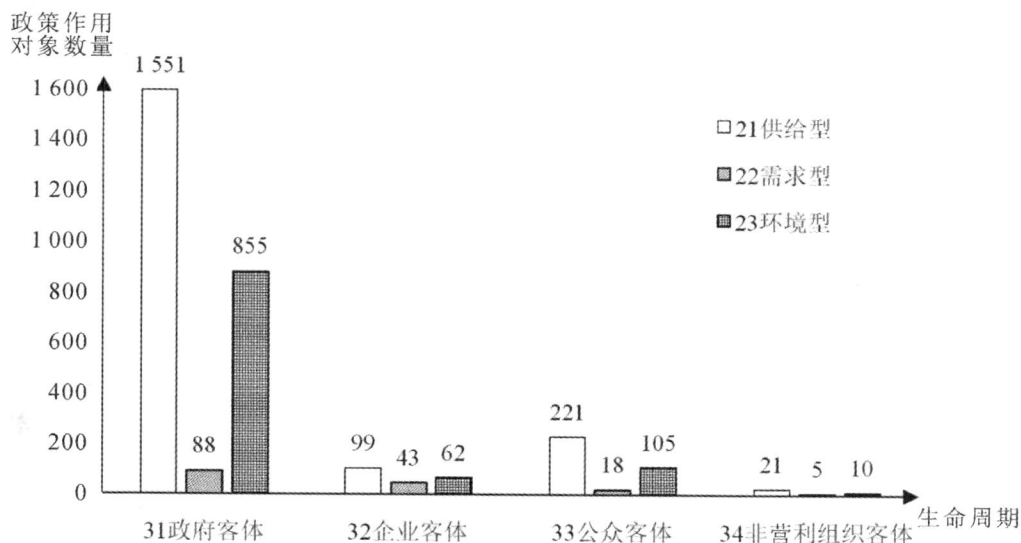

图 4-16　公共信息资源开放不同政策客体下政策工具使用情况

从图 4-16 中可以看出，对于各政策客体而言，公共信息资源开放政策均是供给型政策工具使用最多，其次为环境型，最后为需求型。例如，对于政府客体，政策工具总共标引了 2 494 条。其中，供给型政策工具 1 551 条(占比 62.19%)，环境型政策工具 855 条(占比 34.28%)，需求型政策工具 88 条(占比 3.53%)。由此表明，我国公共信息资源开放政策对于不同政策客体而言，均呈现出供给型政策工具使用较多、环境型政策工具使用居中、需求型政策工具使用较少的现象。

4.3.4 三维分析

根据量化统计结果，在我国公共信息资源开放生命周期的各个阶段，不同政策客体的政策工具使用情况如图4-17所示。我国公共信息资源开放生命周期不同阶段对于不同政策客体，政策工具的选择偏好有所不同，需求型政策工具不受重视。在筹备与建设期、共享与利用期，对于不同政策客体，均是供给型政策工具使用最多，占比超过50%；其次是环境型；最后是需求型。在运行与维护期，对于政府和公众客体，供给型和环境型政策工具的使用占比接近1∶1(分别为51.34%∶48.21%和50.00%∶50.00%)；企业客体倾向于使用环境型政策工具；非营利组织客体倾向于使用供给型政策工具；该阶段需求型政策工具使用均较少，共占比0.43%。在增值与创新期，对于不同政策客体，供给型、需求型和环境型政策工具的使用比例相对比较均衡，政府较多地运用供给型政策工具来推动公共信息资源开放工作。在监督与评价期，对于各政策客体，政策工具使用均是环境型最多，共占比71.67%，其次是供给型，最后是需求型，说明在该阶段政府多通过法规管制、管理措施等方面营造良好的社会环境，以促进公众监督和评价公共信息资源开放工作，从而进一步推动公共信息资源开放。

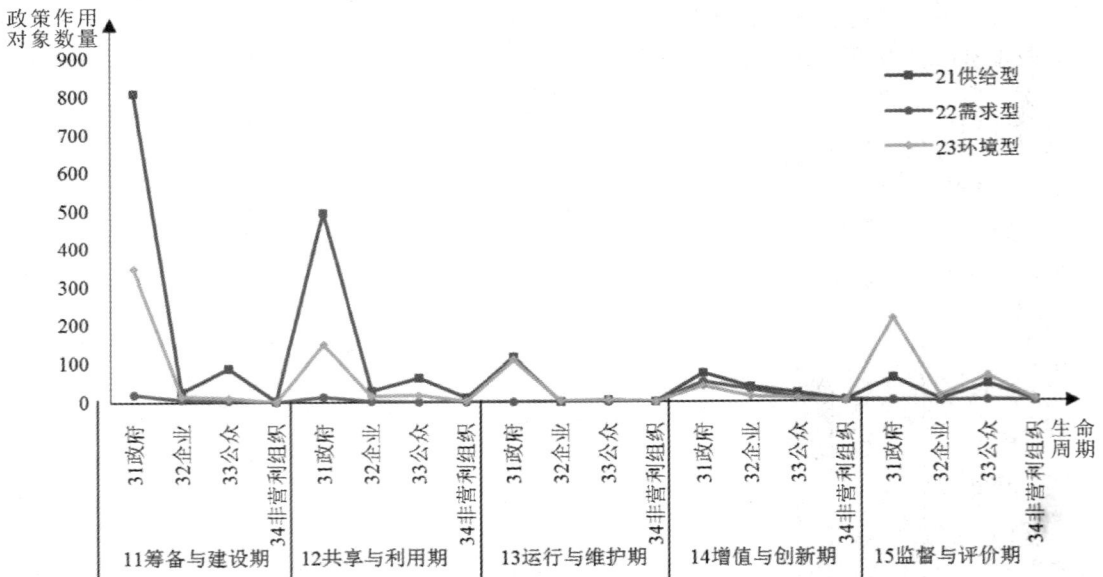

图4-17　公共信息资源开放生命周期各阶段不同政策客体的政策工具使用情况

本 章 小 结

为了进一步发展信息经济，建设信息化强国，推进公共信息资源开放尤为重要，因此制定科学合理且有效的政策是推进公共信息资源开放的重中之重。通过对我国公共信息资源开放国家层面的相关政策进行量化分析，不难发现，我国公共信息资源开放已成为大势所趋，且呈现出多种特性。

我国公共信息资源开放现处于初期发展阶段，当前发布的公共信息资源开放政策的重心处于筹备与建设、共享与利用期(政策内容单元占比分别为 45.33%和 25.85%)，涉及后期运行与维护、增值与创新和监督与评价阶段的政策数量明显偏少。现实是，公共信息资源开放生命周期中的每一个阶段都十分重要。在运行与维护期，数据管理、平台管理和安全保障管理等工作是公共信息资源开放的基础和保障。在增值与创新期，鼓励公众对开放资源进行二次开发和使用，从而创造价值。在监督与评价期是社会各界反馈公共信息资源开放过程中存在的问题及提出意见的时期，需要建设并营造好监督反馈渠道及环境。因此，我国未来在制定公共信息资源开放相关政策时，应根据公共信息资源开放生命周期的特征，发布覆盖各生命周期阶段的相关政策，应重视发布相关政策规范和保障运行与维护期、增值与创新期及监督与评价期的相关工作，从而改善公共信息资源开放过程中存在的问题，进一步推动公共信息资源开放工作的进行。

同时，相关政策中的政策工具使用情况分布不均衡，重供给型，轻需求型。我国政府在公共信息资源开放政策的制定方面虽然兼顾了环境面、供给面和需求面的综合运用，但是对每种政策工具的侧重差异较大，国家更加注重供给型和环境型政策工具的运用，而对需求型政策工具的关注度较少。另外，针对政府、企业、公众和非营利组织这四种政策客体制定政策时，政策工具的使用呈现不均衡的状态：供给型政策工具较多，其次是环境型，最后为需求型。这正是由于我国公共信息资源开放目前仍处于发展初期，开放工作不够成熟，国家主要通过加大供给(包括基础设施建设、技术支持、专业人才培养及法律法规制定等)为开放过程提供助推力，但是单单依靠政府的力量是远远不够的，缺少公私合作、社会参与、创新性的技术与服务等，会使得公共信息资源开放的过程发展缓慢，不利于信息的增值利用。为了推动公共信息资源开放的可持续发展，政府应协调需求端与供给端，重视通过公私合作、服务外包、扩大示范工程建设等措施来引入创新力量，加大技术创新企业的扶持力度，积极鼓励社会参与到公共信息资源开放的过程中，还可以通过政府采购、外包等措施进行市场优化，改善市场不稳定的现状，将公共信息资源开放工作渗透于市场化、产业化甚至国际化的发展浪潮中，从而支持开放过程的顺利进行，实现预期的效果。

另外，现有的政策所面向的政策客体分布不均衡，我国公共信息资源开放作用于政府的政策较多，作用于企业、公众和非营利组织的政策较少。企业、公众和非营利组织作为社会的重要组成部分，对公共信息资源开放起着不可或缺的作用。因此，对于各政策客体，国家应给予适当关注，积极做好政府的政策解读工作，将政策的内容及时地传达给社会公众；加大对企业的政策扶持力度，鼓励引导企业参与公共信息资源开放，通过公私合作、服务外包、政府采购等措施加大与企业的合作创新，推进创新型产业的发展；广泛调动社会公众的参与积极性，鼓励公众参与到公共信息资源开放平台的使用及评价反馈的进程中，充分发挥公众的监督与评价作用；对于高校、科研机构及其他非营利组织，应加大资金扶持力度，支持人才培养及技术创新。

第五章

我国公共信息资源开放政策变迁的研究

当前，信息资源日益成为重要的生产要素和社会财富，为着力推进重点领域公共信息资源开放，各级政府应顺应时代潮流制定相关政策，细致探究我国公共信息资源开放政策变迁规律对今后政策制定的重要意义。我国公共信息资源开放政策变迁是从"旧"政策向"新"政策转变过程中对"旧"政策的改进、废止和对"新"政策的实施，各阶段下的政策主题也各有侧重。本章依托我国公共信息资源开放的政府上网时期、政府信息公开时期、政府信息共享时期和公共信息资源开放时期四个阶段，基于采集的我国国家层面公共信息资源开放政策，运用共词聚类的方法，探究我国公共信息资源开放政策变迁的规律。

5.1 研究设计

5.1.1 研究框架

为系统地探究我国公共信息资源开放的政策变迁，本研究建立了"数据准备—主题词抽取—共词聚类—政策聚焦点分析—政策变迁模式分析"的研究框架(见图 5-1)。首先，对获

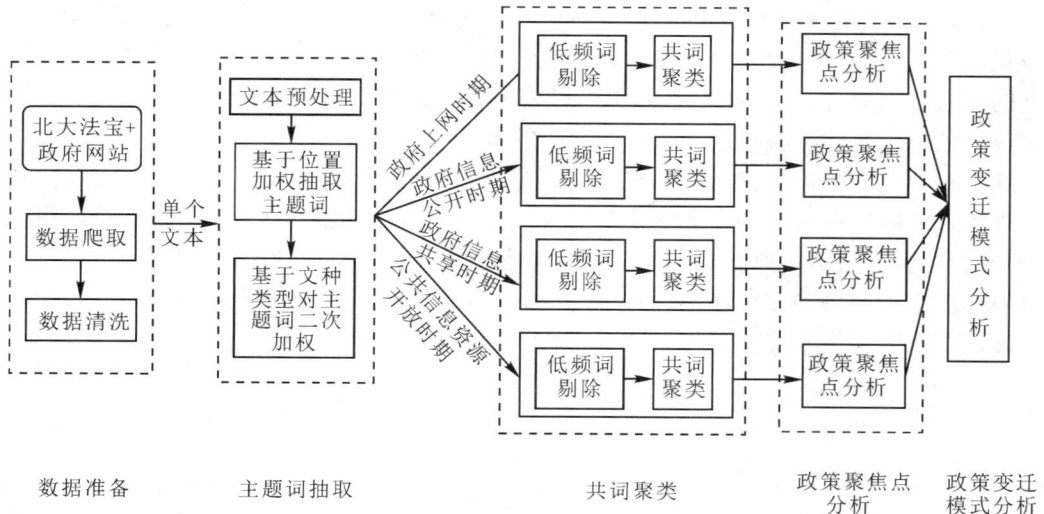

图 5-1 研究框架

取的我国国家层面的公共信息资源开放政策的政策文本进行清洗；其次，对政策文本进行预处理，利用基于词语文本位置的 TF-IDF 算法，依据政策文种的类型对主题词进行二次加权，为每部政策抽取主题词；然后，分别对公共信息资源开放四个时期的政策主题词进行低频词剔除和共词聚类处理，结合标志性政策，分析各时期政策聚焦点和政策制定意图；最后，将四个时期的政策聚焦点凝练为政策主题和政策群组，探究各政策群组的时序变化规律，分析我国公共信息资源开放政策变迁模式。

5.1.2　主题词抽取

政策主题词是能够表征政策核心内容的特征词汇，利用政策主题词能更简洁、直观地展现不同领域政策主题的变迁。

1. 文本预处理

以《国务院公文主题词表》为词典，利用 Jieba 分词对政策文本进行分词处理，并对分词的结果进一步去除停用词、合并近义词，如将"政务""政府""政府工作"统一归为"政务与政府工作"，完成文本预处理。

2. 基于文本位置统计词频

通过阅读公共信息资源开放政策发现，政策文本内不同位置的词语其重要性不同。政策标题是对全部政策内容的凝练，最能反映一部政策的中心思想；而正文中的一级标题则是对每部分政策内容的总结，代表了该部分政策的制定目标。基于此，为不同位置的词语设置权重，位于政策标题等重要位置的词语其权重高，具体原则如表 5-1 所示。在此基础上计算每个词的词频：

$$F_{it} = \omega_1 \sum F_{it_1} + \omega_2 \sum F_{it_2} + \omega_3 \sum F_{it_3} \qquad (5\text{-}1)$$

其中，$\sum F_{it_1}$ 表示词 t 在政策 i 的政策标题中的计数，$\sum F_{it_2}$ 表示词 t 在政策 i 的第一级标题中的计数，$\sum F_{it_3}$ 表示词 t 在政策 i 的其他位置的计数。

表 5-1　主题词抽取文本位置权重设置

类　别	权重/ω	举　例
政策标题	3(ω_1)	《工业和信息化部办公厅关于印发〈工业和信息化部政府信息主动公开基本目录(试行)〉的通知》
第一级标题	2(ω_2)	一、进一步加大安全生产信息公开力度 二、加强平台和渠道建设，提高安全生产信息公开实效
其他	1(ω_3)	要选择本行政区划内具备一定电子政务水平，安全生产政务公开和政务服务工作开展比较好的县(市、区)，积极向本省(区、市)政务公开领导小组推荐

3. 主题词抽取

按照词频统计的结果，利用 Tf-IDF 为每部政策文本抽取三个主题词。政策 i 抽取结果

T_i 可表示为

$$T_i = ((t_1，F_{it_1})，(t_2，F_{it_2})，(t_3，F_{it_3})) \tag{5-2}$$

其中，t_1、t_2、t_3 为政策 i 的三个主题词，F_{it_1}、F_{it_2}、F_{it_3} 分别为三个主题词的词频。

4. 基于文种类型进行二次加权

不同文种类型的政策具有不同的政策效力，对政策聚焦点的贡献度不同。基于此，对政策进行二次加权，效力级别越高的政策其权重越大，具体设置细节如表 5-2 所示。在此基础上计算每个词的新词频 F'_{it}：

$$F'_{it} = \omega'_i * F_{it} \tag{5-3}$$

其中，ω'_i 为政策 i 所对应的文种类型权重。二次加权后的政策 i 抽取结果 T'_i 可表示为

$$T'_i = (t_1，F'_{it_1})，(t_2，F'_{it_2})，(t_3，F'_{it_3}) \tag{5-4}$$

表 5-2　不同文种类型政策权重设置

政 策 类 型	特 点	权重/ω'	举 例
条例	法文	5	《中华人民共和国政府信息公开条例》
办法、规定、通知	强制性公布、规定	4	《民航行政机关政府信息公开办法》
公告、意见	上级对下级的意见、告知、传达等	3	国家环境保护总局颁布《关于企业环境信息公开的公告》
规划、纲要、计划、方案	计划型文书	2	国务院关于印发《"十三五"国家信息化规划》的通知
其他		1	国务院印发《2018 年政务公开工作要点》

注：国家环境保护总局关于企业环境信息公开的公告发布于 2003 年。2008 年 3 月 15 日，根据十一届全国人大一次会议通过的《关于国务院机构改革方案》，组建中华人民共和国环境保护部，不再保留国家环境保护总局。

5. 抽取结果

通过式(5-1)~(5-4)，对国家层面的公共信息资源开放政策文本完成政策主题词抽取，形成每部政策文本的主题词表达列表 T'_i，共获得政策主题词 1 401 个，其中政府上网时期共有 93 个，政府信息公开时期共 507 个，政府数据共享时期共 168 个，公共信息资源开放时期共 633 个。

5.1.3　高频主题词共词聚类

1. 低频词剔除

为减少低频词对主题词词频统计过程带来的干扰，获得更为准确的共词聚类结果，参考高频词、低频词分界理论[106]，计算政策 i 的低频词分界点 n_i：

$$n_i = \frac{-1 + \sqrt{1 + 8I_{1i}}}{2} \tag{5-5}$$

其中，I_{1i}表示政策i中出现 1 次的主题词数量。随后，对各时期每部政策低频词分界点求平均值，得到公共信息资源开放四个时期低频词分界点 N_j：

$$N_j = \frac{\sum n_{ij}}{m_j} \tag{5-6}$$

其中，m_j代表第j个时期的政策数量，n_{ij}代表第j个时期各政策的低频词分界点。剔除低频词后，第j个时期政策i可表示为T_{ij}''，其表达式为

$$T_{ij}'' = ((t_1, F_{ijt_1}')), ((t_2, F_{ijt_2}')), (t_3, F_{ijt_3}')) \quad (F_{ijt}' \geqslant N_j) \tag{5-7}$$

计算后得到 $N_1 = 5$，$N_2 = 20$，$N_3 = 10$，$N_4 = 15$，它们分别为公共信息资源开放四个时期的政策低频词分界点。按照分界点对低频词进行剔除后，所有政策 T_{ij}'' 共包含 1 306 个高频主题词，其中政府上网时期剩余 85 个(占比 91.40%)，政府信息公开时期剩余 477 个(占比 94.08%)，政府信息共享时期剩余 157 个(占比 93.45%)，公共信息资源开放时期剩余 587 个(占比 92.73%)，能够代表各时期的政策主题。

2. 共词聚类

在低频词剔除后，得到各时期的高频主题词表，并将其导入 SPSS 进一步构建出各时期高频主题词共词矩阵，部分数据见表 5-3。借助 Ochiia 系数分别将公共信息资源开放四个时期的高频主题词共词矩阵转化为相似矩阵，并利用 SPSS 进行聚类。

表 5-3 高频主题词共词矩阵(部分数据)

	公开	共享	环保	农业	企业	政务政府	海洋海事	财政税收	管理服务
公开	97	14	6	5	10	17	0	4	8
共享	14	77	0	0	0	19	4	0	8
环保	6	0	8	0	0	0	0	0	0
农业	5	0	0	8	0	0	0	0	0
企业	10	0	0	0	13	0	0	0	0
政务政府	17	19	0	0	0	95	4	0	0
海洋海事	0	4	0	0	0	4	14	0	3
财政税收	4	0	0	0	0	0	0	11	0
管理服务	8	8	0	0	0	0	3	0	64

3. 聚类结果

经过以上处理，生成公共信息资源开放四个时期的政策主题聚类图，出现信息系统及安全、政府工作与政府信息公开、交通运输数据共享等在内的 13 个聚类结果(如图 5-2 至图 5-5 所示)。其中，政府上网时期聚类图包含 2 个类别，政府信息公开时期包含 3 个类别，政府信息共享时期和公共信息资源开放时期分别包含 4 个类别，每个聚类结果均代表了各时期公共信息资源开放政策的不同聚焦点。

5.2 中国公共信息资源开放政策聚焦点分析

利用以上处理后生成的公共信息资源开放四个时期的政策主题聚类,结合各时期的标志性政策,深入分析公共信息资源开放各时期政策制定意图及政策主题聚焦点,具体分析结果如下:

1. 政府上网时期:1998—2004 年 3 月

该时期政策主题聚类结果图中共包含 14 个高频主题词,形成信息系统及安全和政府工作与政府信息公开两个政策聚焦点,如图 5-2 所示。

(1) 电子政务是该时期的最高频次主题词,共 64 次。它的出现标志着我国电子政务时代的开始,政府业务的办理与发布从线下逐步向线上转变,相关政策陆续发布,保障了全国网上政务工作的规范化、制度化。

(2) 聚焦点 1 为信息系统及安全,其涵盖了信息系统和信息安全两层主题。它彰显了在公共信息资源开放伊始,国家及各部门即开始强调信息安全的重要性,确保信息及信息系统安全有效。

(3) 聚焦点 2 为政府工作与政府信息公开。国务院办公厅印发的《政务信息工作暂行办法》初步确定了政府信息工作的规范,推动了一系列行政、劳动就业、文化教育等政策的发布。以上彰显了该时期政府信息公开工作已陆续展开,与百姓生活紧密相关的劳动就业、文化教育等领域已首先开始标准化的政府信息公开。

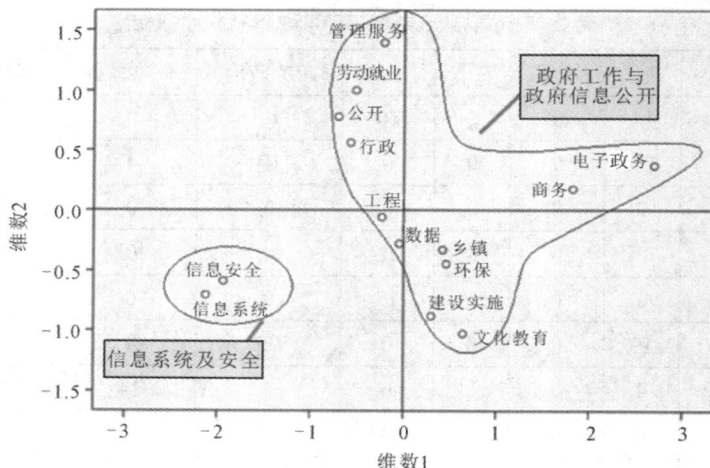

图 5-2　1998—2004 年 3 月中国公共信息资源开放政策聚焦点

2. 政府信息公开时期:2004 年 4 月—2013 年 3 月

该时期政策主题聚类结果图中共包含 20 个高频主题词,生成政府信息公开及试点建设、交通运输数据共享、信息化工程三个政策主题聚焦点,如图 5-3 所示。

(1) 政务政府是该时期的最高频主题词,出现的频数为 458,这表明政务公开及政府工作成为当下公共信息资源开放工作的重点。该时期下的政务公开范畴逐步扩大,除了上一阶段基本的文化教育、劳动就业等领域外,还扩展至财税、金融、食品安全等多个领域,涉及国家税务总局和社会保障部等多个国家重点部门。

(2) 聚焦点 1 为政府信息公开及试点建设。《中华人民共和国政府信息公开条例》是我国公共信息资源开放领域的重要法律基石，引导了后续有关财政税收、食品药品、金融银行等政策的发布，推动该时期政府数据公开范围较上一时期进一步扩大。该时期政府信息公开已成为政府工作的重要组成部分，法律文件的出台更是规范了政府信息公开的范畴与标准。2010 年水利部推进水利工程建设领域诚信体系建设，设立了河北、山西、吉林、四川等 10 个试点省份，在地方行政网站建立水利建设市场信用信息平台，以鼓励行业信用信息的公开共享，保证水利建设工作的公开与透明。

(3) 聚焦点 2 为交通运输数据共享。政府信息共享为该时期的新名词，政府各部门在大力公开政府信息的同时，初步尝试对交通运输领域的数据实行共享，并努力搭建交通科技信息资源共享平台，促使"共享"主题词出现。

(4) 聚焦点 3 为信息化工程。国家发展和改革委员会印发的《"十二五"国家政务信息化工程建设规划》提出要加快建设政务网站的明确要求，积极搭建政务信息平台，推动我国将政府信息公开当作一项重要的信息化工程。

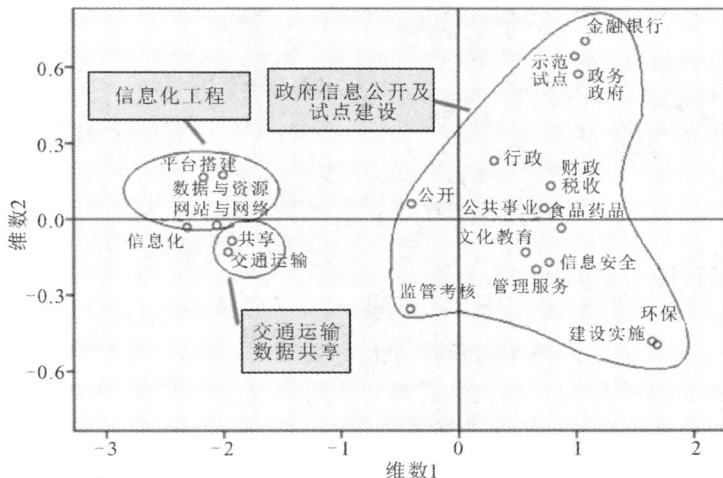

图 5-3　2004 年 4 月—2013 年 3 月中国公共信息资源开放政策聚焦点

3. 政府信息共享时期：2013 年 4 月—2015 年 8 月

该时期政策主题聚类结果图中共包含 24 个高频主题词，生成民生数据共享、政府网站建设、政府信息公开与审查、云计算与大数据产业四个政策主题聚焦点，如图 5-4 所示。

(1) 聚焦点 1 为政府信息公开与审查。"监管审查"成为该聚焦点下新的高频主题词，共出现 27 次。该数据表明，在政府信息共享时期，国家更加强调对政府工作的监管与审查，尤其是鼓励公众对政府各级部门公开其政务信息和其他民生数据工作进行监督和评价，推动公共信息资源开放朝着更透明、更规范的方向发展。

(2) 聚焦点 2 为民生数据共享。在政府信息公开的前提下，政府信息共享进程也在逐步深化，信息共享涵盖的领域不断扩大，由上一时期的交通领域扩展至海洋海事、食品药品等其他民生事业。

(3) 聚焦点 3 为政府网站建设。《国务院办公厅关于加强政府网站信息内容建设的意见》

明确指出，各部门应主动建设并管理好政府网站，推动我国政府网络及政务平台的进一步完善。与此同时，数据与资源应受到广泛关注，政府各部门要严格管理政府数据，做好公共信息资源的收集与存储工作。

(4) 聚焦点 4 为云计算与大数据产业。除了对政府信息的发布进行共享以外，云计算、大数据、互联网＋等新型主题将成为信息化发展的必然趋势。该时期的公共信息资源开放借力全新的信息技术，展现出良好的服务业态，国家和各部门注重从政府信息中发现新知识，利用政府信息创造新价值，从而提升政府服务能力。

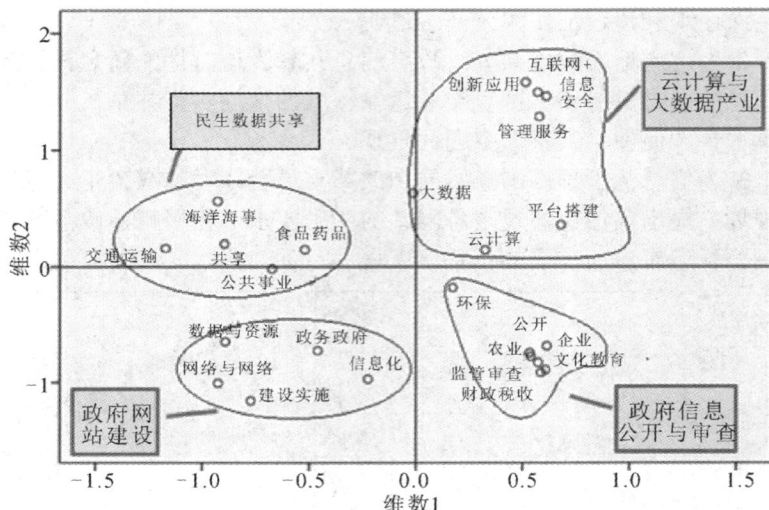

图 5-4　2013 年 4 月—2015 年 8 月中国公共信息资源开放政策聚焦点

4. 公共信息资源开放时期：2015 年 9 月—2019 年 4 月

该时期政策主题聚类结果图中共包含 29 个高频主题词，形成政府信息公开、民生数据共享、大数据与创新应用和公共信息资源开放四个政策聚焦点，如图 5-5 所示。

(1) 聚焦点 1 和聚焦点 2 分别为政府信息公开和民生数据共享。从政府上网时期开始，政府信息公开与共享一直是政策制定的重要聚焦点，也是公共信息资源开放工作的主要组成部分。其主题经历了政府工作与政府信息公开—政府信息公开与试点建设—政府信息公开与审查—政府信息公开的变化，涉及的内容也在不断扩充，且信息共享工作的范围逐步扩大，流程与形式趋于稳定。

(2) 聚焦点 3 为公共信息资源开放。中央网信办、发展和改革委员会、工业和信息化部联合印发的《公共信息资源开放试点工作方案》确定了北京、上海、浙江、福建和贵州5 个公共信息资源开放试点，加强对政府数据的管理与应用，加快了我国公共信息资源开放工作的步伐，引导其进入新的发展时期。同时，各级政府积极学习试点地区的先进经验，并通过制定相关政策为公共信息资源开放提供了保障。

(3) 聚焦点 4 为大数据与创新应用。在该时期，我国政府更强调数据开发与创新利用，开始建立 PPP 信息公开平台，探寻政府部门与社会资本合作的新型发展模式，主动发布政府数据，积极维护政务网络安全。除此之外，对于政府信息的利用也大大提高，2017 年催生了食安测 App，展现了食品安全工作与大数据、信息化、互联网等领域的交融，贵州省政府在官方网站上向民众推广该 App，加快了政府数据产品的利用。

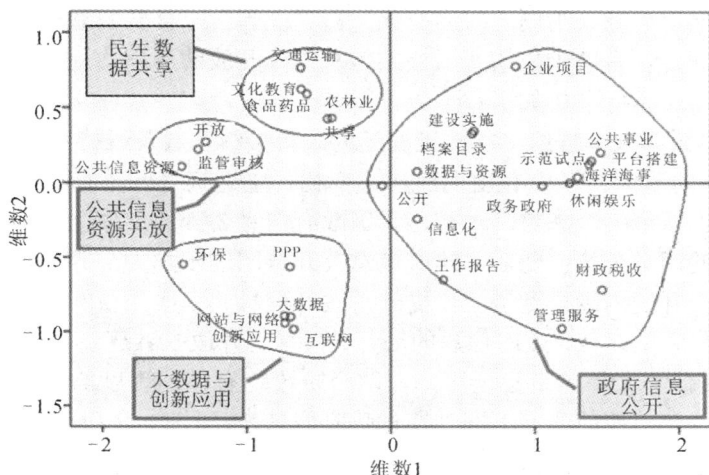

图 5-5　2015 年 9 月—2019 年 4 月中国公共信息资源开放政策聚焦点

5.3　公共信息资源开放政策变迁模式分析

为了进一步探究我国公共信息资源开放政策的变迁模式，将内涵相近、工作范畴相似的政策聚焦点归为一个政策主题。例如，交通数据共享和民生数据共享可归为政府信息共享主题，共得到政府信息公开、安全审查等 11 个公共信息资源开放政策主题。然后依据 11 个政策主题相对应的开放工作内容，将内容相关的主题凝练成一个群组，共形成政府信息公开共享、建设与维护、增值利用 3 个群组。最后，以公共信息资源开放的时期为横轴，将按隶属群组排列的政策主题作为纵轴，建立政策变迁分析框架，把各时期包含的政策主题按时期顺序标注，如图 5-6 所示。

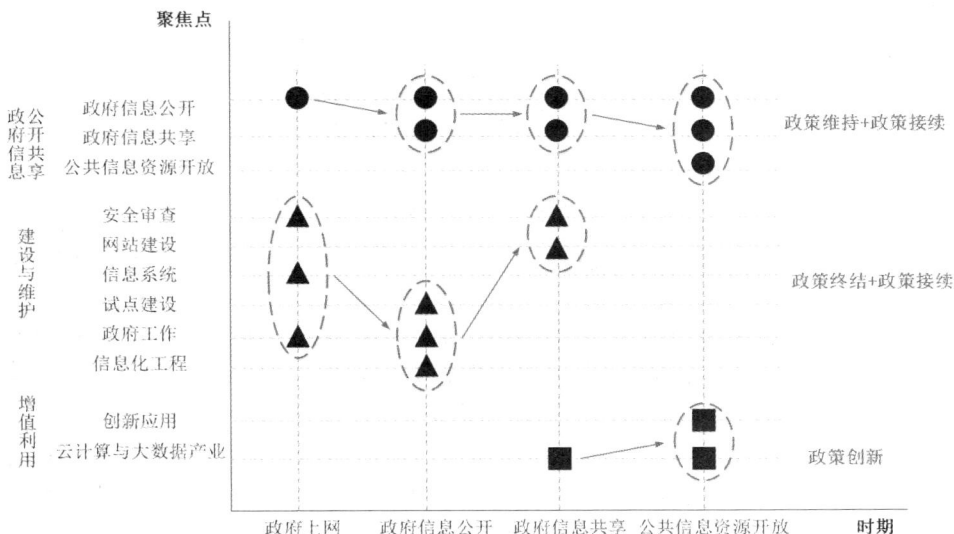

图 5-6　公共信息资源开放政策变迁

通过分析各群组中政策主题的时序变化，研究我国三个公共信息资源开放政策群组的政策变迁模式和规律，有助于摸清我国公共信息资源开放的历程，为规划后续工作、制定相关政策提供参考，具体分析如下：

(1) 政府信息公开共享群组下的政策变迁为政策接续和政策维持两个模式的融合。

① 该群组下的政策主题没有出现断层式变化，主题词之间不存在单纯的替代关系，展现出循序渐进的深度融合态势。最初，我国政府信息公开的工作主要为政府工作的网上发布和政府信息的网上公开；随后，政府信息公开范围逐步扩大，并开始向政府信息共享转变，政府信息公开的内涵得到进一步提升，政府信息共享成为新的发展主题；最终，公共信息资源开放步入新时代，政府信息的公开、共享与开放三者逐步融合改进、协同发展。

② 政府信息公开聚焦点贯穿全程，在四个阶段均有不同程度的体现，且公开与共享的范围逐步扩大。在前期的政府上网时期、政府信息公开时期，政府信息公开包含了劳动就业、环保、文化教育、社会保障等公共事业数据和其他政务数据，后来逐步扩展到食品药品、环保、文化教育等与人民利益相关的其他事业，到后期更是延伸到体育等休闲娱乐领域。在政府信息公开的基础上，更多领域的数据开始要求实现共享，政府信息出现边公开边共享的状态。政府信息公开是公共信息资源开放的基础性工作，贯穿于整个开放进程，只有政府信息更好、更及时地公开，政府信息的共享与利用才能陆续进行。并且，政府应根据不同时期的特点对已有政策进行改进，呼应时代发展。

(2) 建设与维护群组下的政策变迁体现出政策接续和政策终结两种类型。

① 从政策变迁图中可以看出，该群组下的政策主题虽变化明显，但不存在新旧主题的直接取代关系，后一时期下的主题内容在旧主题的基础上融入新内容，不断改进发展。在政府上网初期，安全审查、信息系统和政府工作为当时政府数据公开共享的重点；随后，政府工作依然是公共信息资源开放领域的工作重点，国家开始重视信息化大工程建设，并通过开展政府数据共享试点项目促进公共信息资源开放的进程，推动政府信息公开与共享融合；在政府信息共享时期，工作重点回归安全审查，并开始强调政府网站的建设。

② 该群组在公共信息资源开放时期走向终结，安全审查聚焦点融入公共信息资源开放聚焦点下，作为其工作内容的一部分；而网站建设的相关内容逐步融入云计算与大数据产业聚焦点下，并作为其子项目继续发挥作用。这体现出政策内容应顺应时代发展和国家需要，切实为公共信息资源开放服务。不符合主题潮流的政策应对其进行修改，以保证其更好地发挥作用，否则将被时代淘汰。

(3) 增值利用群组下的政策主题变迁表现为政策创新的演化类型。在公共信息资源开放后期，政府各职能部门着力推进重点领域公共信息资源开放，注重推动政府信息开发与利用，释放经济价值和社会效应。公共信息资源开放的内涵除了政府信息公开与共享，还包括对信息的开发管理等内容，是对政府信息公开与共享的改进与升华。它强调了在信息公开共享的同时，还应注重对其进行二次开发。政府数据开放不仅能增强政府治理能力，改善政府透明程度，还能通过数据增值开发促进产业发展，更有助于保障公众的知情权，提升公众的满意度和幸福感。当下，公共信息资源成为重要的社会资源，对政府数据的开放、开发与再利用成为新时代下的必然选择，各国政府都积极行动，促使政府数据释放更大效益。因此，我国要紧跟时代发展，继续推进公共信息资源开放，实现政府信息开放与共享再次升级，提升政府的信息服务能力。

本 章 小 结

　　本研究基于主题词在政策文本中的位置，利用 TF-IDF 算法为每部政策抽取主题词，并依据政策的文种类型对政策聚焦点的不同影响力，对主题词进行两次加权，通过共词聚类得到公共信息资源开放四个时期的政策主题聚类，再将各时期政策主题聚类结果与标志性政策相结合，分析各时期的政策聚焦点及制定意图。通过对各政策主题的时序变化进行分析，可探究公共信息资源开放政策的变迁模式。研究发现，公共信息资源开放四个时期的政策形成了政府信息公开共享、建设与维护、增值利用 3 个群组 11 个政策主题，各时期政策主题变迁不存在单纯的替代关系，而展现出不断融合、持续发展的态势。各政策主题的工作范畴不断变化，与时代发展背景相结合，紧扣公共信息资源开放工作的进展，逐步吸收新的工作内容，终结或归并已经成熟的领域。此外，不同群组的政策变迁模式各不相同，表现为多种模式相结合的变迁模式，进而体现出我国公共信息资源开放工作大融合的独特发展态势。

　　通过分析可以看出，我国公共信息资源开放工作已稳步推进，总结了良好的发展经验，也为未来相关工作的开展提出了新的要求。今后，中央和地方各级政府应继续落实公共信息资源开放，不断推动相关政策的制定，保持当前政策制定的深度融合特点。同时，确保政府信息公开、政府信息共享类政策的基础保障地位，规范政府信息公开共享，不断完善有关公共信息资源开放领域的政策，鼓励公众、企业和其他机构积极利用公共信息资源，注重对这些资源的二次开发，共同推进我国公共信息资源开放。

第六章

我国公共信息资源开放政策扩散研究

公共政策扩散及政策转移是推动国家公共政策创新和发展的重要方式，为国家发展战略的推进和深化提供了重要帮助。本章围绕政策扩散的过程、规律以及扩散过程中政策内容的转移、变化情况等问题深入剖析公共信息资源开放政策间的内在联系，探索不同区域政策的扩散过程规律及政策关注侧重点变化提出的我国公共信息资源开放政策体系的优化建议。

6.1 研 究 设 计

6.1.1 研究框架

本研究基于文献引用的方法建立现有公共信息资源开放政策文本间的参照关系，从政策扩散与政策内容转移两个研究维度，对我国中央及地方公共信息资源开放政策的发展现状进行分析；挖掘我国公共信息资源开放政策扩散的过程及规律，探究不同区域公共信息资源开放政策对中央政策的内容转移情况，以及不同区域在开展公共信息资源开放工作时政策关注点的区别与联系，研究框架如图6-1所示。

在公共信息资源开放政策研究框架中，首先需要利用信息抽取技术对政策文本中的关系进行抽取。在以往的研究中，政策参照分析学者们通过社会网络分析法构建文献引用网络，强调从关系或结构的角度把握研究对象，进而更快地挖掘文献内在的关联关系。类比于文献引用的实现方法，本研究引出政策间的参照关联，挖掘政策间潜藏的内在规律，追溯标志性政策[50]。具体操作如下：

(1) 政策收集与整理。对政策文本进行自然语言处理，即对政策文本中带有参照关系标志词的句子进行抽取，再对句子集合进行预处理，包括基于用户自定义词典对政策文本进行的中文分词、去停用词等。

(2) 参照关系获取。根据模式匹配的信息抽取方法对政策实体关系组进行抽取，对关系组中的政策名称进行标准化处理，将生成的大规模实体关系组保存在数据库中，建立公共信息资源开放政策文本及政策颁布机构的参照关系。

(3) 扩散量化标准。基于所得到的政策参照关系，从典型政策和政策总体分析两个角度，通过政策扩散的强度、速度、广度、方向及深度五个维度对我国中央及三大经济圈地方现有的关于公共信息资源开放相关政策的扩散现状展开分析，并通过政策文献计量分析法对我国公共信息资源开放的相关政策扩散过程及规律予以考量。

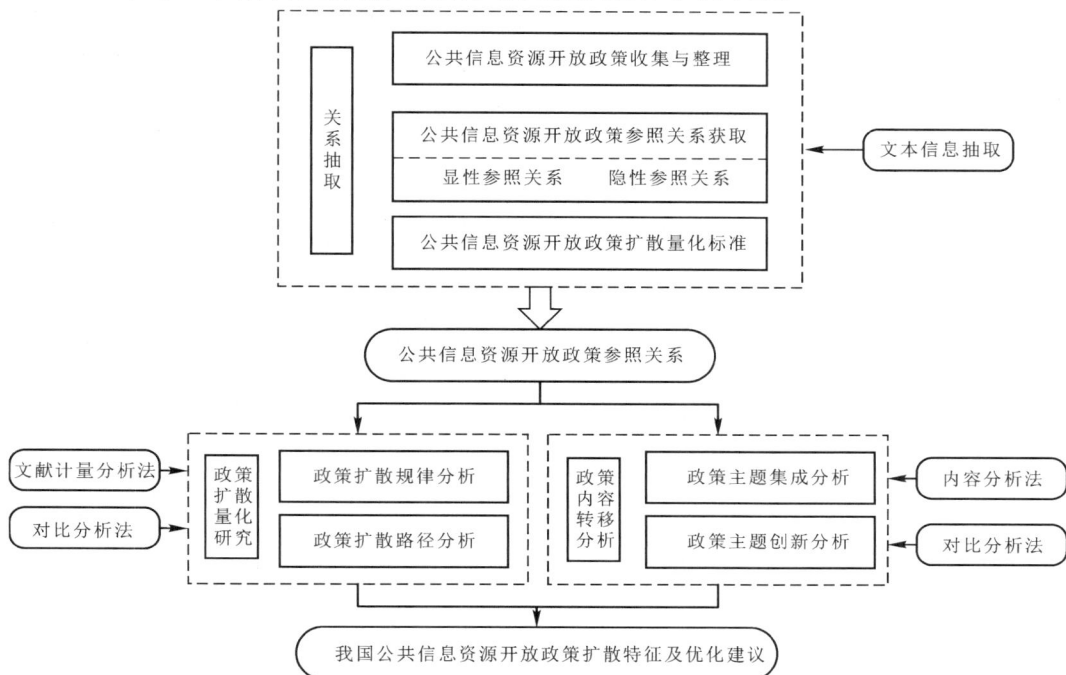

图 6-1 公共信息资源开放政策研究框架

其次，基于所得到的政策参照关系，结合政策主题继承与主题创新(包括继承创新、自主创新)两大方面对相关政策文本内容进行分析，通过探究三大经济圈对中央政策内容的转移情况，分析不同地区在落实公共信息资源开放工作时的主要关注点，了解近年相关政策主题转移的概况，为其他地区相关工作的开展提供借鉴意义。

6.1.2 政策参照关系获取

1. 显性参照关系抽取

公共政策间的显性参照关系与文献引用类似，都是通过语义进行关联引用的[46]。显性参照关系主要是指通过政策参照提示词所建立的直接参照关系，通常在政策文本中可以被直接获得。其中被参照政策的名称一般会在政策文本中以书名号的方式呈现，或出现在政策参照关系提示词之前，或连接在政策参照关系提示词之后。通过政策参照关系提示词，可建立我国公共信息资源开放政策之间、政策颁布部门之间的直接参照关系。如 2017 年国务院办公厅颁布的《国务院办公厅关于推进公共资源配置领域政府信息公开的意见》中提到，"按照党中央、国务院决策部署和《中共中央办公厅、国务院办公厅印发〈关于全面推进政务公开工作的意见〉的通知》等文件要求"，这是通过"按照"建立的政策间的参照关系，其中被参照政策即为《中共中央办公厅、国务院办公厅印发〈关于全面推进政务公开工作的意见〉的通知》。参照部门以参照政策的颁布机构为主，即为国务院办公厅；同理，被参照部门为中共中央办公厅。

为便于获取公共信息资源开放政策间的参照关系，通过 Python 语言设计出一种基于关联规则匹配的公共政策间显性参照关系的自动抽取方法。在该方法中，首先需要浏览政策文本内容并参考公共政策的制定标准，整理并确定描述政策间参照关系的提示词，最终确定了"根据""按照""依据""落实""参照""转发""贯彻""实施""结合"共 9 种政策参照关系提示词[107]。而后根据提示词确定政策参照关系所在的目标行，再根据拟定的规则模板，结合多方面的要素匹配相关信息，实现对语句中政策实体关系的抽取。政策参照关系抽取算法实现过程如图 6-2 所示。

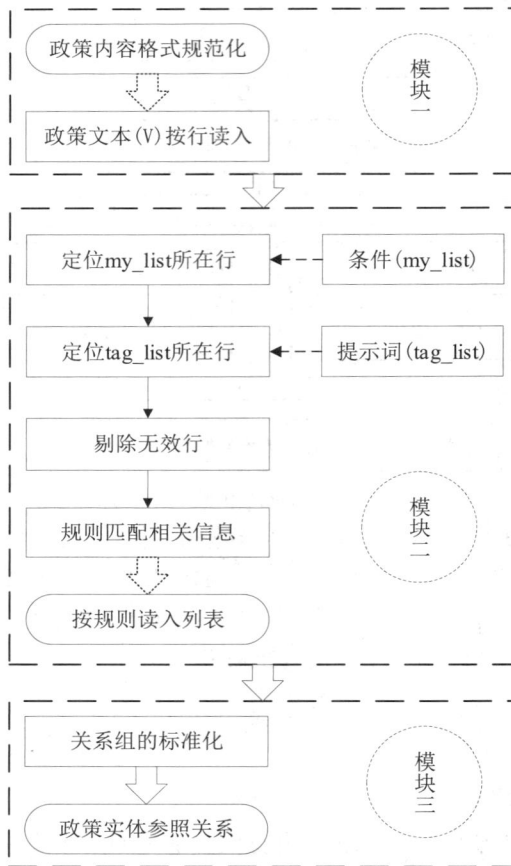

图 6-2 政策参照关系抽取算法实现过程

由于政策文本内容制定的特殊性及所获取政策内容的格式规范，本研究提出了基于关联规则的政策实体参照关系抽取方法，所完成的主要工作可包括以下四个方面：

1) 数据读取

规范所采集到的政策文本格式，并将统一格式后的所有政策内容(V)按行进行读入。

2) 粗略定位

首先确定定位条件(my_list)所在的行，再通过设定的政策参照关系提示词(T)，确定定位条件(tag_list)所在的行，将其作为获取目标信息及被参照政策名称的目标行。

my_list = ["《"，"发布部门"，"发布日期"，"实施日期"]

tag_list = ["根据"，"按照"，"依据"，"落实"，"参照"，"转发"，"贯彻"，"实施"，"结合"]

3) 精准匹配

首先将文件名称(文件名)读入列表；然后根据正则表达式的匹配规则在所定位的目标行中，匹配并获取相关信息内容；最后将其依次循环读入列表中，建立起"参照政策—颁布部门—颁布时间—参照关系词—被参照政策"的关联关系。

核心代码如下：

```python
# 定义政策匹配规则并完成政策抽取
def match_re_target(data_target，tag_list):
    find_list = []
    relation_list = []
    for i in range(len(tag_list)):
        p = str(tag_list[i]) + "《.*?》"
        for  j in range(len(data_target)):
            f_list = re.findall(p，re.escape(data_target[j]))
            if len(f_list) != 0:
                for k in range(len(f_list)):
                    find_list.append(f_list[k])
                    relation_list.append(tag_list[i])
    print("匹配到政策规则" + str(len(find_list)) + "条：")
    print(find_list)
    print(relation_list)
    return find_list，relation_list


# 读取数据
data = read_data(data_path + sub_path)
# 读取部门、时间数据
data_target，data_detail = find_target_data(data，my_list)
# 获取政策数据
find_list，r_list = match_re_target(data_target，tag_list)
# 无依赖关系规则跳出循环
if find_list == []:
    continue
# 获取发布时间、部门数据
date，department = match_re_detail(data_detail)
# 无时间规则跳出循环
if date == []:
    continue
```

代码运行结果样例如图 6-3 所示。

```
最终表格:
['湖南省水利厅关于印发《湖南省水利厅政务信息公开政策解读制度》的通知']
['湖南省水利厅']
['2015.10.16']
['根据']
['《湖南省水利厅政府信息公开实施办法》']
_____
```

图 6-3　政策参照关系抽取结果样例

4) 统一化处理

由于存在同个政策名称不统一的情况，即在不同的政策文本中同一个政策文件(实体)名称有多种表示方法，如《中华人民共和国政府信息公开条例》可表述为《条例》《信息公开条例》《中华人民共和国信息公开条例》等，因此为保证最终结果的准确性，需要对所获取的参照关系组中的政策实体名称进行命名统一化处理，进而得到最终的政策参照关系。

2. 隐性参照关系获取

公共政策隐性参照关系是指不能通过政策参照关系提示词直接标注获取的政策参照关系。因此，可以基于不同政府部门对同主题政策首次颁布的时间先后顺序和政策文本内容的相关性，对政策间的潜在参照关系进行补充。根据实际获取的政策文本内容，确定了"政务公开""政府信息公开""互联网＋政务""信息资源共享""规范化开放试点"等主题词，对未建立起直接参照关系的政策文本进行隐性参照关系的确定。如2003 年 1 月《广州市政府信息公开规定》颁布，而在此之前，中央或地方均未出现对"政府信息公开"作出明确指示的政策文件，直至 2004 年 3 月国务院颁布《全面推进依法实施行政纲要》，才首次提出将"政府信息公开"作为推进依法行政的重要内容。此后该政策主题在各级政策中广泛扩散，因此存在中央对地方政策的隐性参照关联，即国务院颁布的《全面推进依法实施行政纲要》对广州市政府颁布的《广州市政府信息公开规定》的参照。

3. 政策参照关系整理

基于显性参照关系抽取及隐性参照关系获取两种方法所得到的公共信息资源开放政策参照关系，通过逐条阅览、比对、筛选，剔除无效关系。由于一份政策可同时参照多份政策，因此也存在一个政策颁布部门同时参照多部门或被多部门同时参照的情况。本研究最终得到政策文本参照关系，共计 5 815 条；政策颁布机构参照关系，共计 4 652 条。所构建的参照关系类型主要包括三种：中央机构参照同级其他中央机构政策、地方政府参照中央机构政策以及其他地方政府间的府际政策参照。基于所获取的政策参照关系，通过对我国中央及三大经济圈地方公共信息资源开放全过程中政策颁布及参照情况进行统计整理，其中被参照频次排名前 5 的政策文件如表 6-1 所示。

表 6-1　公共信息资源开放政策被参照频次(Top 5)

序号	政 策 名 称	颁布机构	颁布时间	修订	被参照次数
1	《中华人民共和国政府信息公开条例》	国务院	2007-04-05	2019	1 162
2	中共中央办公厅、国务院办公厅印发《关于全面推进政务公开工作的意见》	中共中央办公厅国务院办公厅	2016-02-13	—	158
3	《上海市政府信息公开规定》	上海市人民政府	2004-01-20	2008 2010 2020	84
4	《国务院办公厅关于推进公共资源配置领域政府信息公开的意见》	国务院办公厅	2017-12-19	—	81
5	《中共中央办公厅、国务院办公厅进一步推行政务公开的意见》	中共中央办公厅国务院办公厅	2005-03-24	—	62

由表 6-1 可以看出，我国公共信息资源开放政策中被参照频次较高的政策主要集中在对中央(中共中央办公厅、国务院办公厅、国务院)政策的参照，这充分地体现了在公共信息资源开放进程中，中央政府部门制定政策时的领导性和权威性。其中，《上海市政府信息公开规定》表现出相对明显的优势，上海市政府仅对该政策就实施了三次修订，且其呈现的被参照次数也相对较高，共达到 84 次，反映了地方政府敏锐的政策洞察力及与时俱进的政策创新意识。更值得注意的是，国务院 2007 年颁布的《中华人民共和国政府信息公开条例》(以下简称《条例》)被参照频次的表现最为突出，累计被参照频次居于首位，高达 1 162 次，这表明了中央乃至全国政府对于政府信息公开、共享等工作均表现出较显著的执行力和重视度。综合看来，《条例》在我国公共信息资源开放政策中被参照频次最高，影响力最强，其年度被参照频次分布如图 6-4 所示。

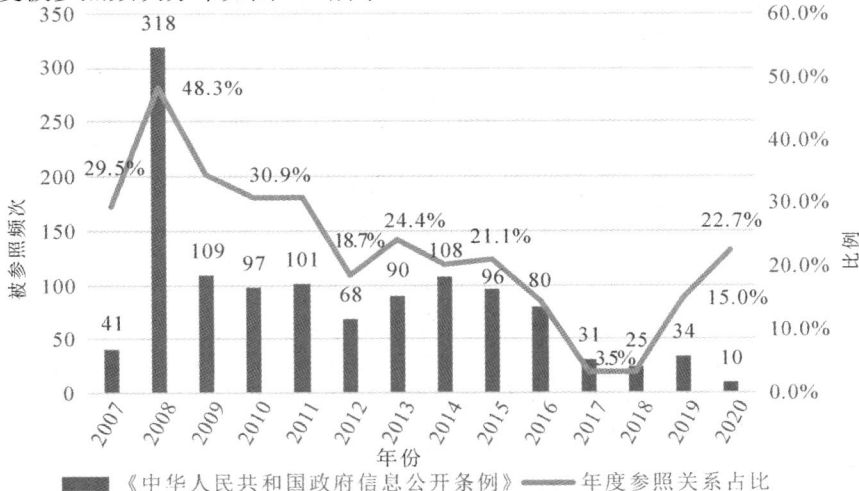

图 6-4　《中华人民共和国政府信息公开条例》年度被参照频次及占比

从图 6-4 所呈现的《条例》年度被参照频次及占比情况可以发现，自 2007 年《条例》颁布至今，该政策就被持续参照，表现出较强的政策引导性。尤其在 2008 年，累计被参照次数高达 318 次，占当年所有相关政策参照比重的 48.3%，这是因为该政策是首部系统地规范信息公开标准、明确政府信息公开工作机构具体职责、确立信息公开保障的规范化政策文件，为我国各机构深化行政管理体制改革提供了重要参考与引领。尽管总体看来《条例》被参照的频次呈现逐年递减趋势，但其年度参照关系占比仍相对较高，特别在 2019 年《条例》被修订后，其被参照比例开始逐步增长，这说明了应时代发展要求，我国政府对公共信息资源开放工作进行着不断完善和优化。

6.1.3 政策扩散量化方法

1. 政策扩散研究维度

下面以政策参照关系为基础，从典型政策分析和政策总体分析两个角度，在政策扩散的强度、速度、广度、深度及方向五个维度对现有公共信息资源开放政策的扩散情况进行探究。相关维度的测定指标及方法如下(i 指政策，j 指政策已颁布年数，颁布当年 $j = 1$)：

1) 典型政策

下面以各时期被参照频次最高的政策作为典型政策，通过分析政府上网时期、政府信息公开时期、政府信息共享时期和公共信息资源开放时期四个时期典型政策扩散的强度、速度及广度特点，讨论不同发展阶段的政策扩散过程及规律。

(1) 政策扩散的强度(N_{ij})指政策 i 颁布第 j 年被参照的总频次。被参照次数越多，代表该政策在政策扩散网络中的影响力越强，反之越弱。N_{ij} 的计算式为

$$N_{ij} = \sum_{n=1}^{p} x_n \tag{6-1}$$

其中，p 指政策 i 颁布的第 j 年我国颁布的政策总数；$n = 1, 2, \cdots, p$。当政策 i 被参照时，$x_n = 1$；当政策 i 不被参照时，$x_n = 0$。

(2) 政策扩散的速度(S_{ij})指政策 i 在颁布第 j 年的扩散强度 N_{ij} 与其已颁布年数 j 的比值的总和。某目标政策的扩散耗时越短，则其扩散速度越快，政策响应越迅速。S_{ij} 的计算式为

$$S_{ij} = \sum_{i=1}^{j} \frac{N_{ij}}{j} \tag{6-2}$$

(3) 政策扩散的广度(Q_{ij})指政策 i 颁布第 j 年被参照的机构种类总数。参照该政策的机构种类数越多，表明其扩散广度越大。Q_{ij} 的计算式为

$$Q_{ij} = \sum_{n=1}^{q} x_n \tag{6-3}$$

其中，q 指政策 i 颁布的第 j 年我国颁布政策的机构种类总数；$n = 1，2，\cdots，q$。当政策 i 被参照且机构未重复时，$x_n = 1$；当政策 i 未被参照或机构重复时，$x_n = 0$。

2) 政策总体

下面通过对政策颁布机构的参照层级关系及不同经济圈各地区的政策发布情况进行统计整理，分析我国现有公共信息资源开放政策在行政层级及区域分布的整体扩散路径及特征。

(1) 政策扩散深度指政策扩散的行政层级分布，可通过政策间的显性参照关联与隐性参照关联对不同行政级别中的政策扩散特点进行综合讨论。

① 基于政策参照提示词所建立的显性政策参照关联，讨论自上而下扩散、同级扩散

及自主创新式扩散(未进行政策参照)，可通过各行政级别中参照国家级、参照省级、参照地级和未参照的政策颁布数分别与该行政级别颁布政策总数的比值f_{kt}(k包括国家级、省级、地级；t包括参照国家级、参照省级、参照地级、未参照)来反映。例如，当省级政策参照国家级政策的比例值最高时，省级行政区主要表现为自上而下的扩散模式。

$$f_{kt} = \frac{D_{kt}}{D_k} \tag{6-4}$$

式中，D_{kt}指k行政级中以t方式颁布的政策数；D_k指k行政级中颁布的政策总数。

　　② 基于不同政府部门对同主题政策颁布的时间先后顺序和政策文本内容的相关性所建立的隐性参照关联，探究未进行政策参照的政策间自下而上的扩散模式，可通过各行政级别参照下级的政策颁布数与该行政级别颁布政策总数的比值(f_{kg})反映。f_{kg}的计算式为

$$f_{kg} = \frac{D_{kg}}{D_k} \tag{6-5}$$

其中，g包括参照省级、参照地级；D_{kg}指k行政级中以g方式颁布的政策数。

　　(2) 政策扩散方向指政策扩散的地理位置方向。它可通过某地方已颁布政策的总数(U_j)反映，颁布政策数量越多的地区，越能引导政策扩散的整体方向，对促进我国公共信息资源开放政策广泛扩散越重要。U_j的计算式为

$$U_j = \sum_{n=1}^{j} u_n \tag{6-6}$$

其中，u_n指该领域政策颁布的第n年某地方颁布该领域政策的总数，$n = 1，2，\cdots，j$。

2. 政策内容转移研究维度

　　公共政策转移研究聚焦于在政策交互扩散传播过程中政策内容发生了怎样的主题继承与主题创新。因此，为系统地对我国地方公共信息资源开放政策的政策内容转移特征进行探究，本研究构建"数据准备—政策参照关系抽取—政策高频关键词获取—政策内容转移研究"的研究框架，如图6-5所示。以我国国家层面及三大经济圈地方层面的公共信息资源开放政策文本为数据基础,采用规则匹配算法自动抽取所有政策文本的政策参照关系，并对三大经济圈的政策文本内容进行关键词抽取及高频关键词获取，进而根据不同的分析维度，综合探究我国不同经济圈的公共信息资源开放政策内容转移的特征。

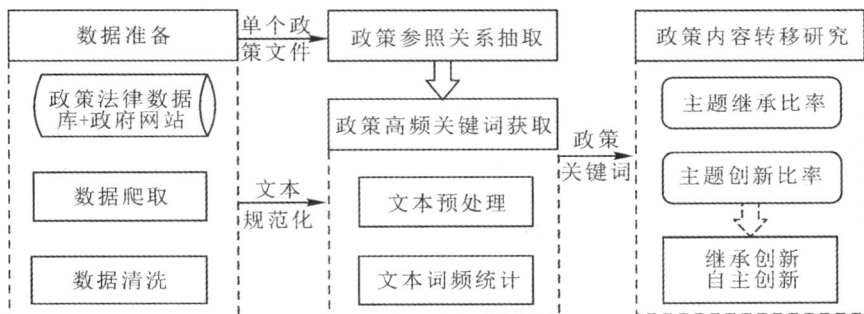

图6-5 政策内容转移研究框架

1) 政策关键词获取

基于所建立的政策参照关系，选取预处理政策文本，并通过 Python 的自然语言处理技术完成对于相关政策文本的政策关键词词频统计分析，主要包括以下几个步骤：

(1) 文本格式规范化。爬取 txt 格式政策文本，去除政策中的发文机关、颁布日期、实施时间、政策文号及获取地址等无关字段，保留纯政策正文内容。

(2) 文本预处理。首先，为保证所获取关键词的有效性，引入《国务院公文主题词表》及与公共信息资源开放领域相关的关键词统一作为分词的外部词典，利用北京大学开源分词工具 PKUSeg 对政策文本进行分词处理。然后，引入《哈工大停用词表》及自定义停用词表对分词结果进行进一步处理，去除与本研究关键内容无关的词语。

(3) 文本词频统计。在利用软件进行分词的基础上，进一步采用人工方式对无效关键词进行剔除，筛选出有意义的政策关键词。经多次反复处理，获得政策文本最终的词频统计结果。

鉴于其他政策被参照的强度相对较弱，因此选择被参照频次最高、影响力最强的《条例》作为代表政策，探究我国 3 个不同经济圈所在的地理区域公共信息资源开放政策对国家政策的主题转移情况。基于预设的自定义词典和停用词表对《条例》进行分词处理，加之人工剔除分词结果中无意义的词语，最终得到 420 个有效关键词。同时，由于高频词最能反映政策的主要意图与观点，因此选取分词结果中的前 50%作为公共信息资源开放政策主题继承及主题创新研究的主要参考。

2) 政策转移研究维度

下面在政策参照关系的基础上，关注政策的内容关联，从政策主题继承和政策主题创新(包括继承创新、自主创新)两个分析维度，以政策文本字词为单位对现有政策的政策内容主题的继承与创新特征进行测算。相关维度的测定指标及方法如下。

(1) 政策主题继承比率(R_J)。

政策主题继承比率通过有参照关系的政策进行讨论，指不同区域中参照典型政策 T 的政策占 T 的共有高频关键词的百分比。首先以词频为标准分别对参照政策与被参照政策 T 内容中的关键词进行排序，然后分别从两个关键词集中选取排序前 N 的高频关键词，其中共有的政策高频词个数为 n_1，则基于高频词分布的政策主题继承比率 R_J 为

$$R_\mathrm{J} = \frac{n_1}{N}\%\tag{6-7}$$

(2) 政策主题创新比率(R_C)。

① 政策主题继承创新比率(R_JC)是通过有参照关系的政策进行讨论的，指不同区域中参照典型政策 T 的政策占 T 的非共有高频关键词的百分比。R_JC 的计算公式为

$$R_\mathrm{JC}=1-R_\mathrm{J}\tag{6-8}$$

② 政策主题自主创新比率(R_ZC)是通过未进行政策参照的政策进行讨论的，指不同区域中未进行参照的政策占典型政策 T 的非共有高频关键词的百分比。自主创新比率越高，则该地区政策自创能力越强。R_ZC 的计算公式为

$$R_\mathrm{ZC} = \frac{n_2}{N}\%\tag{6-9}$$

其中，n_2 是 P(未进行参照的政策与典型政策 T 的非共有高频关键词)与 Q(参照典型政策 T 的政策与 T 的非共有高频关键词)的非共有高频词集 U 中词的个数。

6.1.4 公共信息资源开放历程划分调整

对于我国公共信息资源开放的发展历程，中国网络空间研究院在《世界互联网发展报告 2018》中就已明确指出，我国公共信息资源开放全历程包括四个发展阶段，依次为政府上网时期、政府信息公开时期、政府信息共享时期、公共信息资源开放时期，并逐步趋于成熟与完善[108]。但综合观察相关政策文本的颁布时间，为更加准确地分析政策的整个扩散过程及各时期所表现的不同扩散规律，本研究对我国公共信息资源开放历程的发展时期作如下调整：

(1) 1995 年，国务院办公厅印发的《政务信息工作暂行办法》第十四条中首次明确指出政府应实现信息交流和信息资源共享工作，为各地方实施政务网办工作提供了重要参考，因此以 1995 年作为我国公共信息资源开放历程的起始时间点。

(2) 我国政府开始推广政务公开，但落实效果不佳，直到 2003 年"非典"突发后，政府充分认识到政务信息公开的重要性，相继出台了一系列政策、制度，加速了政府信息公开的步伐[50]，这标志着我国政府信息公开时期的开始。

(3) 2013 年我国政府在制定相关政策时，仅提出公共信息资源开放的相对概念，并未作出详细的工作部署。而在 2017 年中央审议通过的《关于推进公共信息资源开放的若干意见》中，对我国公共信息资源开放工作的具体安排和实施要点作出明确指示，代表着我国公共信息资源开放时期的正式开始。

调整后的时期划分结果如表 6-2 所示。

表 6-2 公共信息资源开放历程划分对比

阶 段	起止时间(《世界互联网发展报告 2018》)	起止时间(调整后)	调整后的起始标志
政府上网时期	1998—2003 年	1995—2002 年	1995 年国务院办公厅印发的《政务信息工作暂行办法》
政府信息公开时期	2004—2012 年	2003—2012 年	2003 年突然爆发的"非典"事件
政府信息共享时期	2013—2016 年	2013—2016 年	2013 年发布的《关于进一步加强政务部门信息共享建设管理的指导意见》
公共信息资源开放时期	2017—2019 年	2017 年以后	2017 年中央审议通过的《关于推进公共信息资源开放的若干意见》

6.2 政策扩散规律分析

由于政策被参照频次越高，代表其在整个政策扩散过程中影响力越强，因此可通过政策参照网络分别选取四个时期中被参照频次最高的政策作为该阶段的典型政策，分别对典型政策的扩散强度、速度和广度进行分析，探究各阶段政策的扩散效果及规律。获取的四个典型政策如表 6-3 所示。

表 6-3　我国公共信息资源开放典型政策

时　期	政策编号	政策名称	颁布机构	颁布时间	被参照频次
政府上网时期	A	《国务院办公厅关于印发〈政务信息工作暂行办法〉的通知》	国务院办公厅	1995-10-27	26
政府信息公开时期	B	《中华人民共和国政府信息公开条例》	国务院	2007-04-05	1 162
政府信息共享时期	C	中共中央办公厅、国务院办公厅印发《关于全面推进政务公开工作的意见》	中共中央办公厅	2016-02-13	158
公共信息资源开放时期	D	《国务院办公厅关于推进公共资源配置领域政府信息公开的意见》	国务院办公厅	2017-12-19	70

6.2.1　政策扩散强度

政策的扩散强度可通过政策被参照的次数来表示，政策在某年被参照的频次越高，表示该政策在该年的扩散强度越高。通过公式(6-1)计算得到四个典型政策的扩散强度时序变化趋势如图 6-6 所示。

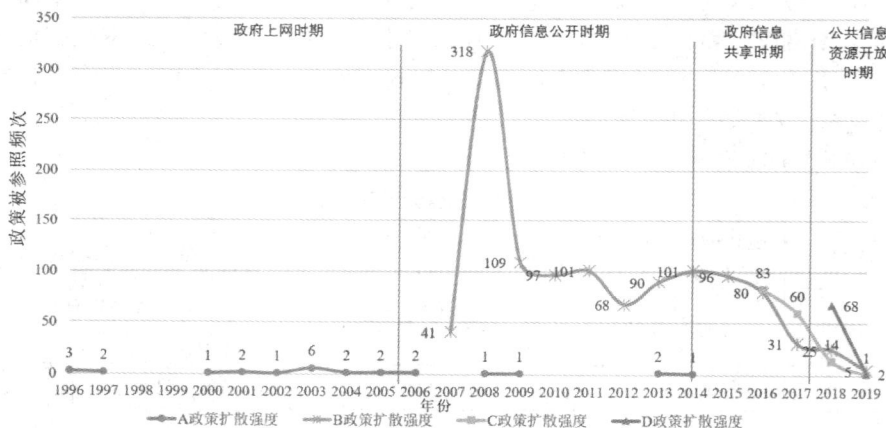

图 6-6　政策扩散强度趋势

从图 6-6 中可看出：

(1)《政务信息工作暂行办法》呈现间歇式扩散，在政府上网时期、政府信息公开时期及政府信息共享时期均有被参照。尤其从 2000—2006 年，该政策持续被参照近 7 年，而从 2007 年开始该政策被参照的时间间隔逐渐增大，2007 年、2010—2012 年及 2015—2019 年均未被参照，这种情况的出现与 2007 年颁布的《条例》有重要关系。

(2)《条例》呈现爆发式扩散，其扩散强度大致呈现 S 形曲线规律，在 2008 年达到峰值，2009—2016 年间变化较为平缓，2016 年以后才开始表现出下降趋势。这表明该政策自颁布后一直被作为制定相关政策的代表性参照政策，且与其他政策相比，该政策被参照的持续性更强。

(3)《关于全面推进政务公开工作的意见》和《国务院办公厅关于推进公共资源配置领域政府信息公开的意见》均呈现短暂下降趋势，但在颁布当年这两部政策扩散强度还是表现出了相对较高的水平，分别达到 83、68。这表明了政策自颁布起就很快得到各地政府的广泛应用，但更多的仍是以本时期主要政策为重要参照，当从短暂的信息共享时期步入公共信息资源开放时期后，更加契合时代要求的新政策也将快速取代旧政策，成为该阶段作为政策参照的主流政策。

6.2.2　政策扩散速度

政策扩散速度可用指定扩散路径上的纵向速度描述，政策扩散速度越快，表明政策扩散的效果越显著，即各政府部门对该政策的落实程度越高。基于各典型政策的扩散强度，通过公式(6-2)计算得到其扩散速度特征变化如图 6-7 所示。

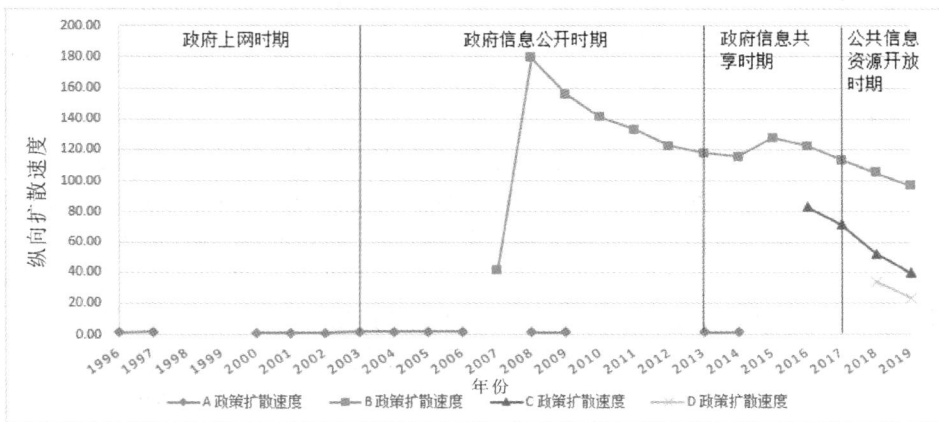

图 6-7　政策扩散速度特征图

从图 6-7 中可以看出：

(1)《政务信息工作暂行办法》的扩散速度一直较缓慢。截至 2014 年，扩散速度仅 1.3，这是由于该政策颁布较早，相关制度规范仍不够完善，不能满足大量政府部门的需求，因此被参照的次数较少，影响整体的扩散速度。

(2)《条例》的扩散速度较快，仅颁布两年，其扩散速度就突增至 179.5。随着时间的不断推移，虽然该政策的扩散速度趋势逐渐降低，但扩散速度值一直保持相对较高的水平，这体现了政府信息公开工作在我国整个公共信息资源开放过程中的重要性。中央和地方各政府部门通过出台相关政策措施并积极实施，促使政府信息公开工作的加速落实及全面开展。

(3) 截至 2019 年，《关于全面推进政务公开工作的意见》和《国务院办公厅关于推进公共资源配置领域政府信息公开的意见》的扩散速度分别为 39.5、23.33，均慢于《条例》，这说明目前我国政府以政府信息共享及公共信息资源开放为主题制定相关政策的经验不足，仍需不断创新，同时也表明了政府信息公开一直是推进我国公共信息资源开放的主导工作，且在持续进行中。

6.2.3　政策扩散广度

政策的扩散广度可通过政策在不同政策颁布机构间的扩散来反映，其广度范围反映了政策对政府部门的覆盖范围，扩散广度值越大，代表政策的覆盖范围越广。通过公式(6-3)

计算得到典型政策扩散广度特征变化，如图 6-8 所示。

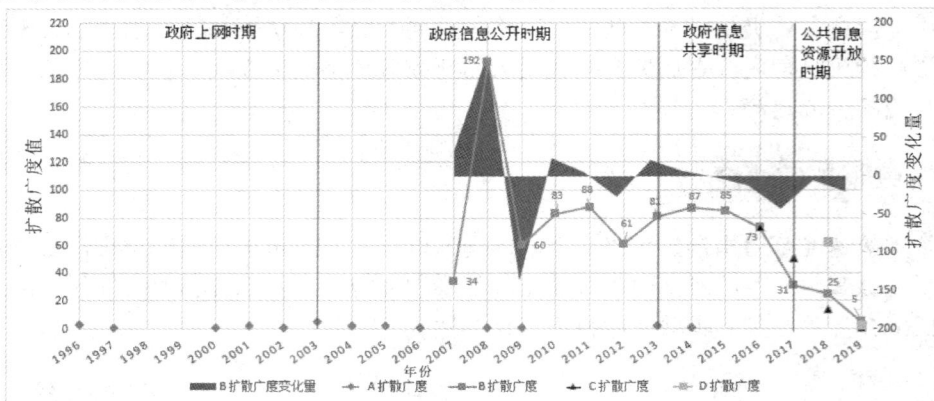

图 6-8　政策扩散广度及变化量示意图

从图 6-8 可看出：

(1)《政务信息工作暂行办法》的扩散广度相对较小，呈现较低水平的平稳趋势，尽管被参照的机构种类数很少，但政策被参照的持续性较强。截至 2014 年，参照该政策的机构种类总数为 18，其中地方政府机构种类数为 14，中央机构种类数仅为 4。

(2)《条例》的扩散广度相对较大，呈现出了突增巨变的广度扩散效果。截至 2019 年，参照该政策的机构种类总数为 112，其中中央机构种类数仅为 18，地方政府机构种类数为 94。特别是在 2007 年颁布后的一年时间内，参照该政策的机构种类数增量近 60，呈现爆发式增长，这是因为该政策为各部门实现信息公开提供了最详细且规范的规定，因此在颁布后能够得到各级政府机构的迅速响应。随着我国公共信息资源开放时期的不断推进，从 2016 年开始该政策的扩散广度表现出明显的下降趋势，意味着更契合我国公共信息资源开放的发展形势且更具针对性的政策在被持续推出。

(3)《关于全面推进政务公开工作的意见》和《国务院办公厅关于推进公共资源配置领域政府信息公开的意见》由于颁布年限较短，因而短暂呈现逐年递减的趋势。但二者在政策颁布当年都表现出较高的扩散广度，这表明近年来我国政府对于新事物的接纳程度有了明显的提升，便于公共信息资源开放工作更有效地进行。

此外，四部典型政策因政策类别及法律效力的不同，表现出的广度扩散模式也大不相同，《中华人民共和国政府信息公开条例》较《政务信息工作暂行办法》《关于全面推进政务公开工作的意见》和《国务院办公厅关于推进公共资源配置领域政府信息公开的意见》而言，拥有更高的法律权威性，能够得到各政府机构的广泛响应，呈现更高的扩散广度。

6.3　总体扩散路径分析

为清楚地反映我国公共信息资源开放政策在空间上的扩散特征，从政策总体出发，从政策扩散深度及方向两个研究角度进行考虑，通过系统地整理并统计三大经济圈相关政策颁布机构的参照层级关系以及各地区的政策发布情况，对我国现有公共信息资源开放政策扩散的模式及空间位置方向特征进行总体分析。

6.3.1 政策扩散深度

本研究基于现有政策间的参照关系,分析不同行政级别(国家级、省级和地级)政府通过不同政策参照方式颁布相关政策的占比情况,以反映我国公共信息资源开放政策的扩散深度特征,讨论现有政策的基本扩散模式。

1. 基于显性参照关联的政策扩散深度分析

政策参照关系提示词可建立起政策间的直接参照关系,呈现显性的政策参照关联。通过对不同行政级别政策中的直接参照关系进行统计,并根据公式(6-4)计算得到各行政级别政策参照比例,如图 6-9 所示。

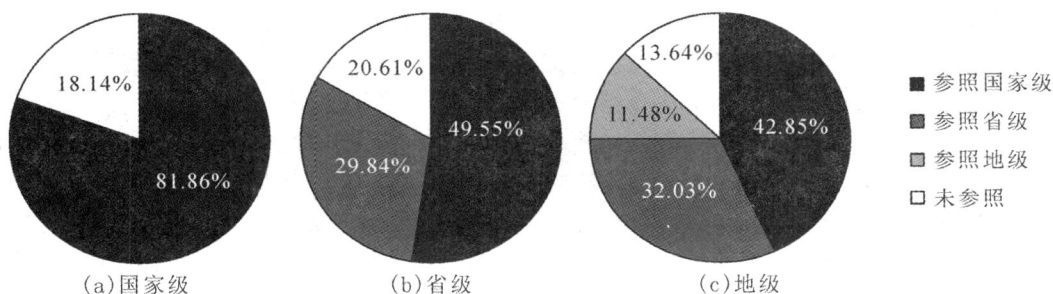

图 6-9　政策参照比例

注:我国的行政级别分为国家级、省级和地级,其中省级行政区包括省、自治区、直辖市和特别行政区,地级行政区包括地级市和自治州等。

如图 6-9 所示,我国不同行政层级政府在制定公共信息资源开放政策时,均是以国家级政策为主要参照的。

(1) 从图 6-9(a)可看出,国家级呈现较明显的同级扩散模式。国家级政策的制定主要通过同级政策间的参照所实现,占比高达 81.86%,而未参照的政策则相对较少,占比约为18.14%,这反映了各中央政府部门多以相互借鉴学习的方式制定相关政策,有效保障了国家级政策的严谨性与权威性,但政策原创性较低。

(2) 从图 6-9(b)可看出,省级行政区主要体现了目前中国较为常见的"中央—地方"公共政策扩散模式。省级政府在相关政策的制定上更多的是参照国家级政策,占比达到49.55%,较多表现在省级政府对中央政策的贯彻落实及省级政府部门对其直属的国家级部门政策的参照。

(3) 从图 6-9(c)可看出,地级行政区主要呈现明显的自上而下的层级扩散模式。地级政府在政策的制定上,对国家级政策参照和省级政策参照的比例均较高,占比分别为42.85%、32.03%,这体现了下级对上级行政区政府的政策追随与响应。

2. 基于隐性参照关联的政策扩散深度分析

政策隐性参照关系可由显性参照关联政策中未进行参照的政策间的潜在联系获得,即存在上级行政区晚于下级行政区进行相关主题政策的颁布,并参照下级政策观点或内容的情况。整理现有政策中的隐性参照关系,并通过公式(6-5)计算得到各行政级别中上级参照下级的政策参照比例,如表 6-4 所示。

表 6-4　上级参照下级政策的统计

参照层级	被参照层级		上级参照下级 政策总数	政策参照比例
	省级	地级		
国家级	10	9	19	3.91%
省级	—	16	16	0.83%

我国公共信息资源开放政策中存在隐性的自下而上的扩散模式，即上级行政区晚于下级行政区进行相关主题政策的颁布，并参照下级的政策内容。国家级与省级行政区中均出现了自下而上的吸纳式扩散，但整体效果并不显著，分别仅占各行政级政策参照比例的3.91%、0.83%。其中，地级行政区表现较突出，得到了省级与国家级政府的认可与参照，被参照政策的数量分别为 16 和 9，这反映了地级政府相对较高的政策创新主动性。

总体来说，我国公共信息资源开放政策呈现垂直与水平相结合的混合扩散模式，满足我国公共政策扩散的一般机制。在整个政策扩散过程中，国家级、省级及地级政府主要呈现同级的平行扩散和自上而下的垂直扩散两种模式，且由于政府的高位推动机制，因此自上而下的扩散效果更加显著，总体占比约为62%，主要表现为低级行政区对于较高级行政区政策的直接参照，尤其是地级政府会通过直接参照国家级或省级政策开展政策制定工作。但自下而上的政策互动严重不足，各政府部门只是对上级政府命令予以执行或通过简单的政策效仿来完成政策制定，而无法自主制定高参考价值的政策条款。同时，政府通过未参照方式制定政策的占比也相对较少，仅15%，这说明在政策制定过程中，低级行政区政府的政策制定魄力及政策内容的自主创新力仍较缺乏。

6.3.2　政策扩散方向

下面以珠三角、长三角及环渤海三个区域的 19 个地区在不同时期的政策颁布情况考察我国公共信息资源开放政策地理位置扩散方向的特征，并挖掘政策影响力较强的地区及其所反映的地区特点对于政策扩散的影响效果。通过公式(6-6)统计得到各地区各时期的政策颁布总数，如图 6-10 所示。

结合图 6-10 可知：

(1) 政府上网时期，地方相关政策的制定和颁布处于萌芽期，颁布的政策数偏少。较早发布相关政策的是北京市(中央)、广东省及江苏省，而后相关政策扩散陆续覆盖各地。如随着 1995 年 11 月 1 日国务院办公厅出台的《政务信息工作暂行办法》的正式施行，浙江省人民政府办公厅于 1996 年 1 月 24 日颁布了《关于印发〈浙江省政务信息工作实施细则〉的通知》，广东省人民政府办公厅于 1996 年 2 月 5 日颁布了《转发国务院办公厅关于印发〈政务信息工作暂行办法〉的通知》，文件中都对政务信息的相关工作作出了重点安排。

(2) 政府信息公开时期，由于中央政府对政务公开工作落实力度的不断加大，各地方政府也开始自发进行政策探索，政策的整体颁布量也有了显著提升。尤其是长三角区域的上海市，作为我国经济发展较迅速的沿海城市之一，其政策颁布量达到 117 部，已超过我国同期绝大多数地区。另外，珠三角区域的四川省政策颁布量也呈现较明显的优势，达到137 部，仅次于北京市和广东省，可以看出区域的人口规模对政策扩散也有一定影响。同时，该时期政策颁布扩散也表现出一定的邻近效应，如政策颁布量较多的广东省，与其相邻的广西壮族自治区、江西省及福建省等政策颁布量也相对较多。

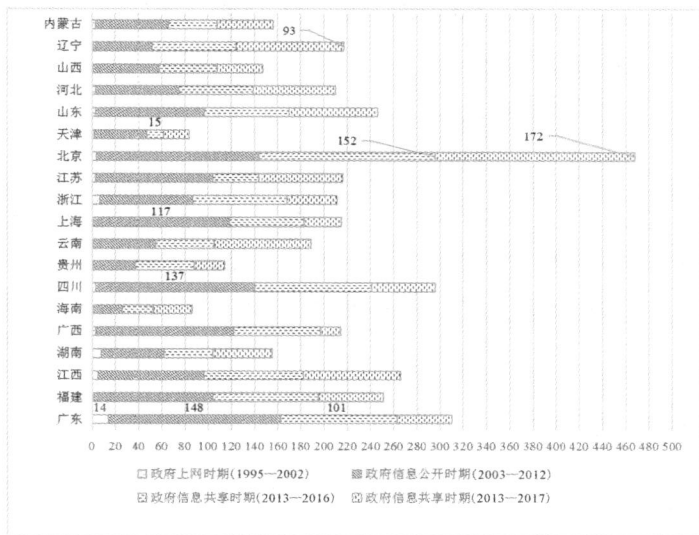

图 6-10　地方政策扩散的空间分布

(3) 政府信息共享时期，相关政策颁布扩散呈现一定的区域聚集特点。珠三角区域的广东省、福建省、江西省、广西壮族自治区相关政策颁布量相近；长三角区域的三个地区的政策颁布就数量而言相差不大，但在整个区域分布中并没有表现出较明显的优势；环渤海区域的五个地区也呈相近的政策颁布扩散趋势，但天津市作为紧邻中央的地区，其政策颁布量相对较少，仅 15 部。

(4) 公共信息资源开放时期，以环渤海区域为首要政策响应区域。由于中央机构处于北京市，因此该地区的政策颁布量一直处于领跑位置；其次是辽宁省，步入该时期仅两年，其政策颁布量已达到 90 部，这是因为辽宁省靠近中央，接受新事物的能力较强并能够积极响应中央。

总的来说，中央政府及经济发展水平较高的地区对促进我国公共信息资源开放政策扩散更具影响力，同时所反映的扩散效应大多局限于影响力较强地区的周边地区，并未出现强烈的广泛扩散趋势。可见，更广泛的扩散仍需要借助中央政府的进一步推动。

经过前文对我国公共信息资源开放政策扩散的特征研究，发现政策扩散前期的扩散效果较不明显，且由于其他政策的扩散强度较弱、扩散广度较低，因此本部分将选取扩散强度最大、扩散范围最广、被响应效果最显著的《条例》作为代表性政策来开展相关研究。可以发现，该政策具有较强的政策响应效果，上至国家级各部门，下至地级政府各组织机构，均会选择将该政策作为落实相关公共信息资源开放工作的重点参照文件和工作规范。因此其在一定程度上可反映出各地方关键的公共信息资源开放的发展战略，则该地区公共信息资源开放政策的核心主题就可通过其相关政策内容的高频词来代表。故下面将结合不同经济圈相关政策参照《条例》内容的共有高频词的分布情况，及各区域相关政策未参照《条例》内容的非共有高频词的分布情况，对各区域相关政策的主题继承及主题创新情况进行分析，并反映出各区域政策主题落实情况。

6.4 政策内容转移分析

6.4.1 政策主题继承对比分析

基于公共政策间的参照关联关系，地方政府可实现对已颁布政策内容及主题的继承。政策主题的继承特点反映了地方政府对相关政策的学习效果及对上级政策的落实情况，体现出国家的主要发展战略方向及地方政府关注的重要方面。本研究结合政策主题继承演变趋势及继承主题内容分布，对三大经济圈公共信息资源开放政策的主题继承变化过程及关键主题继承内容在不同时期的变化特点进行研究，突出反映公共信息资源开放政策主题继承情况。

1. 政策主题继承演变趋势

政策主题继承趋势可通过具有参照关系的政策的主题继承比率变化过程来反映。某地区政策继承比率的大小将直接反映出该地区政府对相关政策的学习及回应能力，某年的政策继承比率越高，表示该地区政府在该年的政策反映越强烈。通过公式(6-7)计算得到环渤海、珠三角及长三角三大经济圈的政策主题继承演变趋势，如图 6-11 所示。

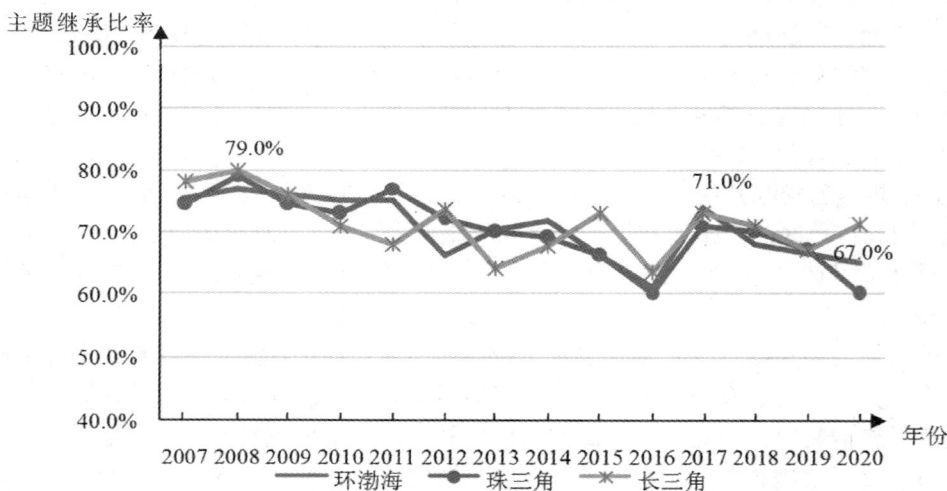

图 6-11　三大经济圈政策主题继承演变趋势

由图 6-11 可看出，我国环渤海、珠三角、长三角三大经济圈中，参照《条例》的地方公共信息资源开放领域政策与《条例》政策内容概念的重合一致率虽从整体上呈现出下降趋势，但仍一直保持相对较高的水平。这是由于随着时间的推移，更契合时代需求的政策主题将逐渐被更多地方政策所继承，但《条例》仍作为纲领性文件被持续引用。通过对各区域政策文本排序前 210 的高频词进行对比发现，自 2007 年《条例》颁布后，各区域政策主题年度继承比率 S_j 结果均达到 60%以上，部分甚至达到 75%以上，这说明了各区域公共信息资源开放政策对《条例》均表现出较强的政策继承性，所反映的政策内容转移程度也较高。从整体政策主题继承比率数据来看，长三角政策转移综合程度最高，达到 72.1%，其次分别为珠三角、环渤海，但三者并未表现出较大差异，尤其是在 2008 年及 2017 年，三大经济圈均反映出相同的政策主题继承趋势点，分别达到阶段性继承比率峰值，这正是因为 2007 年及 2016 年我国就政府信息公开、政务等工作均进行了重点强调与详细部署。

2. 政策主题继承内容分布

通过测算三大经济圈政策主题继承比率可发现，我国绝大多数地方公共信息资源开放领域政策均较大程度继承了《条例》内容中的相关关键概念，突出反映了《条例》在开展政府信息公开工作中的重要指导意义及地方政府较强的政策学习能力。为进一步了解我国政府在落实相关工作中的焦点，本研究对《条例》中的高频关键主题词进行了抽取，大致反映政策继承主题的主要内容，其分布情况如图 6-12 所示。

图 6-12　《中华人民共和国政府信息公开条例》高频关键词可视化图谱

参照频次越高的政策往往越能反映出现阶段政府的主要工作重点，《条例》作为我国公共信息资源开放领域政策中被参照频次最高的政策，其政策内容为各区域相关政策制定和工作开展提供了重要指引。从图 6-12 展示的高频词汇可看出，"政府""行政""工作""机构"说明了在实施政府信息公开工作时，突出"政府"作为引导者及推广者的主要地位，发挥政府部门的重要职能作用，积极负责各项信息公开工作的顺利落实；"主动"强调了政府在推进信息公开工作时应发挥部门主动性，积极参与到信息公开工作中；"国家""部门""组织""管理"则反映出公共信息资源开放政策需要我国政府各部门间相互沟通、协同发力，各部门需要对信息资源进行科学有效的整合、管理，从而最大化地发挥信息公开的重要效用；"信息""情况""内容"说明了目前政府将信息作为重要的资源，并应使具体事项涉及的情况及内容公开、透明。

6.4.2 政策主题创新对比分析

不同区域在开展公共信息资源开放工作时会具有一定的共同特点，同时也会因地方特征及区域发展情况的差异，在强调的重点方面存在一定的区别，进而表现出各自的政策创新点。本研究结合政策创新演变趋势对三大经济圈的公共信息资源政策创新主题转移程度及变化过程进行对比分析，并从政策主题创新内容的角度出发，对不同区域的政策继承创新及政策自主创新的主题分布进行研究，揭示具体的政策创新主题转移内容。

1. 政策主题创新演变趋势

政策主题创新状况可以反映出参照政策在落实被参照政策的过程中所做的优化和改进，从而反映政策的创新观点，是参照政策制定特色的主要体现。通过公式(6-8)和公式(6-9)计算得到我国三大经济圈政策在不同公共信息资源开放时期的政策主题创新比率，如图6-13 所示。

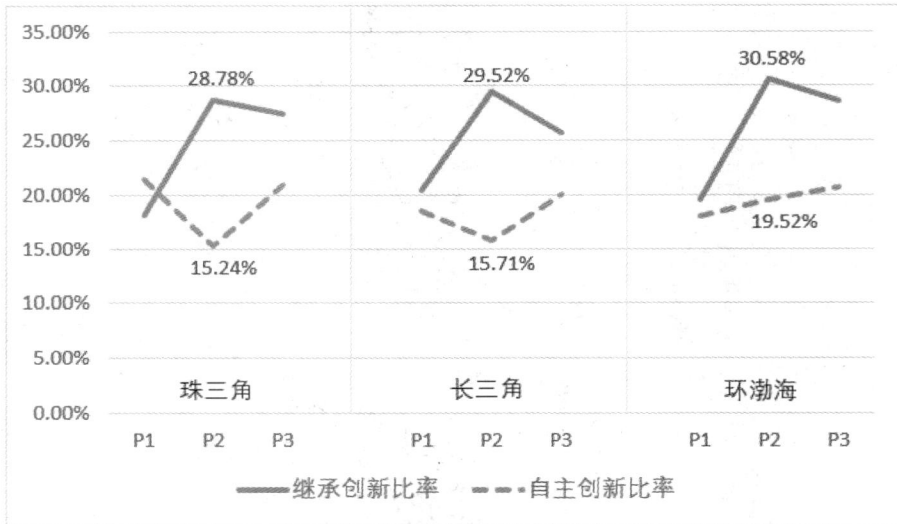

注：P1 为政府信息公开时期；P2 为政府信息共享时期；P3 为公共信息资源开放时期。

图 6-13　公共信息资源开放政策不同时期主题创新比率变化

由图 6-13 可以看出，我国地方公共信息资源开放政策在制定过程中，仍主要是以政策主题继承的方式实现的，因此珠三角、长三角、环渤海三大经济圈所呈现的政策主题继承创新比率相对较高，且在公共信息资源开放的发展过程中展现出相同的变化趋势(先增后减)，即政府信息共享时期的政策继承创新比率最高，分别达到 28.78%、29.52%、30.58%。且从总体趋势看来，环渤海区域的政策继承创新比率最高，这说明了该经济圈政府对于公共信息资源开放政策的执行力及反应度较珠三角区域、长三角区域更高。而各经济圈的政策自主创新比率的变化则差异较大，珠三角区域与长三角区域均是先减后增，环渤海区域则呈现出稳步递增的趋势。具体分析如下：

(1) 在 P1 时期，珠三角经济圈相对于其他两大经济圈的政策自主创新比率最高，说明珠三角区域政府在政府信息公开时期，能够迅速就国家下发的各项政策结合区域实际作出自我思考与调整。

(2) 在 P2 时期，珠三角经济圈与长三角经济圈的自主创新比率下降较明显，而环渤海经济圈缓慢提升，达到 19.52%。这反映了在政府信息共享时期，环渤海经济圈仍能保持较稳定的政策自主创新力，学习并吸取国家政策的经验，积极开展政府信息共享的相关工作安排，为区域全面推广公共信息资源开放奠定坚实的基础。

(3) 在 P3 时期，三大经济圈均表现出较之前更高的政策自主创新比率，这说明在国家政府积极推进公共信息资源开放工作的同时，各地方政府均能够主动联系区域自身特点，制定适宜的政策文件，但地方政府的自主创新能力有待进一步加强。

2. 政策主题创新内容分布

通过探究政策主题创新内容分布，不仅可以挖掘三大经济圈政府在落实公共信息资源开放工作时各区域在不同发展时期普遍关注的几个方面，也能结合区域的政策创新主题的变化特征，为其他地区政府推进公共信息资源开放工作提供更加具体的优化参考。具体的政策主题创新内容分布情况如下：

1) 政策主题继承创新

如表 6-5 所示，"政务""网站""解读""预算""监管""规范""回应""新闻"等词是三大经济圈公共信息资源开放政策文本中共有的政策主题继承创新高频词。其中"政务""预算""网站""规范"的综合词频统计结果相对较高，说明了大量地区较为关注政府政务信息、预算信息的公开共享及将网站作为主要基础设施支撑，发挥数字开放平台对辅助政府信息公开工作的重要作用，强调开放内容、格式的规范化，保障公开数据的可开发性与可利用性。

表 6-5　区域公共信息资源开放政策转移中的主题继承创新高频词(Top10)

珠三角			长三角			环渤海		
P1	P2	P3	P1	P2	P3	P1	P2	P3
政务	预算	政务	预算	预算	政务	政务	政务	政务
网站	网站	数据**	政务	网站	监管	规范	解读	采购**
规范	政务	信用*	规范	处罚**	解读	网站	预算	解读
领导小组	企业	规范	新闻	住房**	决策**	新闻	企业	舆情**
预算	资源	资金*	网站	信息资源**	规范	领导小组	网站	政务服务**
新闻	解读	网站	共享*	规范	企业*	培训	回应	网站
投诉	新闻*	解读	资金	企业	回应	秘密	救助**	回应
网上	回应	执法*	领导小组	征地**	领域*	预算	地区**	规范
培训	"三公"经费**	预算	系统	资金*	食品药品**	投诉	监管*	监管
秘密	领域*	共享*	网上	质量**	新媒体**	系统	规范	学校*

注：**代表该主题在三个区域中唯一出现；*代表该时期该主题在三个区域中唯一出现。

同时，地方政府在政策参照的影响下也会结合各自的实际情况作出相应的创新或突破，即存在一些高频主题词仅存在于一个经济圈的相关政策中，这体现了该区域强调的特色主题。具体分析如下：

(1) 在 P1 时期，三大经济圈均表现出相同的政策主题特点，主要是对政务信息公开的基础工作进行了部署，如成立信息公开领导小组、建立政务网站及规范公开内容等。

(2) 在 P2 时期，各地方开始逐渐呈现出了特色主题内容，如珠三角区域重点提出"三公"经费，这是地方政府践行群众路线的重要体现，以公开的方式实现公众对"三公"经费的监督，能够更好地打造民主财政、廉洁政府；长三角区域关注住房、征地等土地有关信息的公开共享，有助于加强对于信息资源利用价值的挖掘，同时有助于保证所公开信息的高质量水平；环渤海区域强调各地方政府均应加入到政务信息公开共享的行列，结合地区情况落实信息公开工作，对于救助信息应予以重视且详细公开。

(3) 在 P3 时期，珠三角区域鼓励政府部门加强各领域数据资源的共享开放，发挥开放数据的利用价值，加快国家政务数字化建设；长三角区域强调各地区各部门要充分发挥政务微博、政务网站、政府微信等新媒体在信息公开中的平台作用，积极探索利用新媒体及时发布各类政务信息，并实现与公众的有效互动交流。环渤海区域重点强调在信息公开环境下做好政务舆情回应，运用公开的信息资源创新舆情分析及管控，提升政务服务水平。

2) 政策主题自主创新

如表 6-6 所示，"信息化""电子政务""大数据""资源""数据""工程"等词是三大经济圈公共信息资源开放政策文本中词频统计相对较高的政策主题自主创新高频词。这说明在不基于直接或间接的政策参照关系时，不同区域政府也会受公共信息资源开放的相关政策环境或发展趋势影响，作出相似的政策创新主题判断；同时也表明在我国公共信息资源开放的过程中，各地方政府均重点强调要加速开放环境下数据资源的开发利用，以大数据资源或技术为支撑，加快国家政务信息化工程建设，推进电子政务进程，全面提升政务服务水平。

表 6-6　区域公共信息资源开放政策转移中的主题自主创新高频词(Top10)

珠三角			长三角			环渤海		
P1	P2	P3	P1	P2	P3	P1	P2	P3
资源	信息化*	政务服务	权力*	监测**	数据**	信息化	电子政务	大数据
信息化	权力	改革*	领域**	电子政务	大数据	网络	执法	资源
交易**	信用**	资源	工程	技术	公共数据**	决策**	网络	产业**
体系*	体系*	系统*	基层*	合作**	开放	电子政务*	大数据	市场
研究**	方案**	电子政务	企业**	数据库**	电子政务	工程	系统	公共服务**
工程	市场	舆情**	人口	交换**	资源	人口	共享*	创新**
改革	大数据	网上**	监管**	执法	共享*	政务服务*	宣传	开放
网络	基层*	体系*	街道**	工程	政务服务*	信息资源	市场	利用
宣传	电子政务	热线*	信息资源	环保**	利用	技术*	工程	网络*
法制**	基础**	数据资源**	改革	海洋**	执法*	共享*	技术	经营**

*注：**代表该主题在三个区域中唯一出现；*代表该时期该主题在三个区域中唯一出现。

同时，不同区域政府在不同时期也会作出不同的政策自主创新反应，表现出各自的发展战略特点。具体分析如下：

(1) 在 P1 时期，珠三角区域特别指明应加强信息公开标准体系及法治建设，强化市场化交易方面的信息公开，促进信息资源的整合共享及透明化管理，提高资源配置效率；长三角区域强调地方政府要充分发挥部门权力，注重重点领域信息资源公开，加强政府与企业的数据联合和信息交互，提升基层治理及信息监管水平；环渤海区域强调政府部门应以现代信息技术、网络技术为支撑，运用信息化手段推进政务公开、信息资源共享，加快推进电子政务，为社会公共服务、政务服务等方面的决策奠定坚实的基础。

(2) 在 P2 时期，珠三角区域仍重点强调地方政府要加强信息公开工作方案的制定，建立健全政务公开信用体系建设，规范政务公开工作，并发挥市场大数据的重要作用，为有效实现基层政务信息化奠定基础；长三角区域依托高新技术应用，完善电子政务数据监管，加强政府部门合作，以深化基础数据库及专业数据库的建设，促进政务信息的交换共享，推进环保、海洋等领域的信息公开工程建设；环渤海区域强调利用网络及大数据技术，构建或完善政务信息管理系统，推进政府信息共享开放，提升电子政务服务水平。

(3) 在 P3 时期，珠三角区域依托数据资源及技术构建政府信息公开系统，并加强网上的政务舆情引导，实现政务服务的模式改革及体系优化；长三角区域主要强调发挥电子政务及大数据的关键作用，实现对公共数据资源的开放、共享及利用，有效提升政府政务服务水平；环渤海区域致力于发展并经营大数据市场，以大数据加快推动网络环境下的数据资源共享开放和开发利用，助力产业转型升级和公共服务创新。

6.4.3 政策扩散与政策内容转移综合分析

在公共政策交互扩散的过程中将出现政策内容的转移，进而伴有政策主题的继承与创新。本研究将基于我国公共信息资源开放政策扩散过程，把握不同区域存在的政策主题转移特征，综合探讨我国中央及地方政府在推进公共信息资源开放工作过程中存在的主要特点，挖掘现存不足，以及时优化调整。这将对进一步促进政府信息公开、提高公共信息服务水平、推动国家公共信息资源开放政策创新和发展具有重要意义。具体分析结果如下：

(1) 中央政策仍为我国各地方公共信息资源开放政策制定的主要参照政策，具有较高的政策引导性。尤其是在政府信息公开时期，国务院颁布的《中华人民共和国政府信息公开条例》为我国中央及地方政府部门提供了最详细和规范的政策参考，因此该政策的扩散强度最高，覆盖范围最广，在各机构部门间的扩散最为迅速和持久。我国各区域的公共信息资源开放政策对其政策内容的转移程度均较高，政策的关键内容在珠三角、长三角及环渤海等区域均得到了较好的继承，各区域政策主题年度继承比率 S_j 结果均达到 60% 以上，甚至达到 75% 以上。其中，长三角区域政策转移综合程度最高，其次依次为珠三角区域、环渤海区域。这表明我国各地方政府对于中央政策的推行均能较好地响应，相关政策的落实情况较好。但随着时间的推移，典型政策被参照的频次及其内容被继承的趋势也呈现出逐步下降的趋势，这表明更契合时代需求的新政策或新主题将逐渐被更多地方政府所认可并推广。

(2) 我国公共信息资源开放政策扩散呈阶段性变化，开放各阶段的政策具有不同的扩散效果。政府上网时期，正是我国公共信息资源开放的萌芽阶段，各政府部门的认识欠缺，相关政策的采纳与落实程度较低，因此该阶段的政策扩散水平较低，且未出现较明显的内容转移效果。政府信息公开时期，我国各地方政府关于政务信息公开的政策响应力有了显著的提升，政策主题创新意识也开始显现。随着开放工作的不断深入，在政府信息共享和公共信息资源开放时期，政策一经颁布就呈现较高的扩散强度，随后又呈现短暂持续下降的趋势，且各地方政府对于典型政策主题的转移情况更多地仍简单停留在政策主题继承上，政策主题创新并未取得明显突破。这说明近年我国各地方政府已正式将公共信息资源开放工作提上日程，但相关政策制定的经验仍待进一步提升。

(3) 我国地方公共信息资源开放政策更多的是基于同级扩散和自上而下扩散两种模式下发生的政策主题转移，政策主题继承更为突出。在整个政策扩散过程中，国家级、省级及地级政策主要呈现同级的平行扩散和自上而下的垂直扩散两种模式，因此国家级政策成为影响地方政府进行政策主题选择及内容制定的主要参照。各地方政府更多的是依赖于自上而下的政策扩散模式实现对国家级政策主题的继承转移。尽管在此过程中地方政府也会结合地方发展需要拟定新的政策观点，但更多的仍只是建立在对中央政策主题继承的基础上出现的主题继承创新，而对于政策主题的自主创新水平仍较低。在公共信息资源开放发展的整个过程中，各区域的政策主题继承创新主要呈现"先增后减"的变化趋势，信息共享时期的政策继承创新比率最高，而各区域在各时期的政策自主创新水平几乎均低于其政策继承创新水平。

基于以上关于我国公共信息资源开放政策扩散及内容转移特征的分析结果，我国政府在推行公共信息资源开放工作中现存的主要问题包括：

(1) 各地方公共信息资源开放政策参照较单一，更依赖于对典型中央政策的参照。我国各地方政府在制定相关政策时，往往是对中央颁布的主要政策进行参照，并未能联系当前所处的发展阶段和地方自身特点充分考虑该政策的时效性及内容的完整性。因此，往往导致各地方在开展相关工作时可能会出现关注点偏移或发展策略不完善的情况出现，这在无形中会拉大与其他地区相关工作在落实时的差距。

(2) 地方公共信息资源开放政策主题创新主要表现为对国家级政策主题的继承创新，而对于政策主题的自主创新水平仍较低。我国地方政府在政策制定的过程中，更多的是通过对上级命令的执行或以简单的政策学习、效仿来实现的，主要表现为对国家级政策主题的继承转移，缺乏对国家发展战略的深入理解以及对自我发展的革新与创新。

(3) 我国公共信息资源开放政策扩散模式主要表现为同级扩散和自上而下扩散，自下而上的政策互动及跨地区的政策交互不足。由于政府的高位推动机制，我国公共信息资源开放政策主要表现为低级行政区对于较高级行政区政策的直接参照。自下而上的政策互动严重不足，各政府部门只是对上级政府命令的执行或通过简单的政策效仿来完成政策制定，而无法自主制定高参考价值的政策条款。同时，各地方政府间的合作较少，因此无法实现信息的互通和交流，这也为相关工作的全面开展带来一定阻碍。

本 章 小 结

随着新兴信息技术的不断发展及信息化的逐步深入，海量的数据及信息资源不断涌现，如何更好地利用这些公共信息资源，释放其经济价值和社会效应，成为激发政府数据开放能力、提升社会公共服务水平、促进国家稳健强劲发展的关键。本研究从政策分析的角度出发，在提出测度关于我国公共信息资源开放相关政策扩散及政策转移研究方法、测度指标的基础上，对我国中央层级和三大经济圈的地方层级所颁布的公共信息资源开放政策进行统计和量化分析。

研究发现，国家级政策仍为我国各地方公共信息资源开放政策制定的主要参照政策，具有较高的政策主题引导性。此外，我国地方公共信息资源开放政策主要是基于同级扩散和自上而下扩散两者模式下发生的政策主题转移，但各地方政府的政策自主创新能力较为匮乏，更多的只是对典型政策主题的继承。最后，地区经济发展水平、邻近政府政策响应程度、地区人口规模及被参照政策效力等级均会对地方政策扩散产生一定影响，因此地方政府在进行政策主题转移时也会存在差异。

本研究基于以上分析结果，综合发现我国公共信息资源开放现存的主要问题包括：地方公共信息资源开放政策参照较单一，政策主题的自主创新水平仍较低，自下而上的政策互动及跨地区的政策交互不足等。为此，本研究提出以下政策优化建议：

(1) 各地方政府应根据时代发展需求，深入解读国家政策的战略发展要点，在主要指导性政策下，加强对现阶段其他相关政策要点的剖析与理解。

(2) 加强创新型政府建设，全面提升政府的公共信息资源开放政策创新能力。同时应鼓励以政策创新为主要推动力的创新型政府建设，提升行政效率，改善服务水平，促进创新型政策的广泛扩散。

(3) 鼓励各级政府相互学习，遵循"取优补劣"的原则，推进多部门的互动协同发展。

(4) 充分发挥中央政府的引领与协调作用，加强政策宣传力度，广泛带动各地政府的政策制定积极性。

另外，在中央政策扩散过程中，也应合理处理扩散点及试点的分布问题，充分考虑中央与地方间的和谐关系，既不影响地区间的和谐发展，也不促使中央与地方的矛盾加剧。

第七章

我国公共信息资源开放政策协同研究

当前，我国不断推进国家治理体系与治理能力现代化，各政府部门不断加强公共信息资源开放力度，发布的相关政策数量逐年增多，政策内容可能存在冲突与重叠等问题，相关政策体系内部要素的配置方式需要完善与更新。只有政策主体间协同互动、政策措施均衡配置，才能保证系统整体的良性运行，发挥政策协同效用。因此，本章从政策工具和政策目标两个维度分别制定标准并进行量化打分，建立公共信息资源开放政策协同测度模型，探究我国公共信息资源开放政策协同演变的状况，以揭示我国公共信息资源开放政策的现存问题，为政策的制定和完善提供建议。

7.1 政策工具与政策目标量化

7.1.1 政策工具量化

1. 政策工具量化指标及标准

政策工具可以理解为政策措施，是政府为实现某种政策目标而采取的手段。当前，Rothwell 和 Zegveld 提出的供给型、需求型、环境型政策工具分类法被国内外学者广泛采用[105]，本文在采用该分类方法的同时沿用本研究团队对公共信息资源开放政策的研究来界定供给型、需求型及环境型政策工具的内部工具，详细描述及编号见表 7-1。政策工具实质上即为政策措施，其制定得越具体，对其行为主体的约束和影响就越明确。因此，根据政策中政策工具制定的详细程度和执行力度确定了政策工具量化标准。其中，政策工具执行力度是指一部政策在使用某种政策工具时由于要求不同导致的执行力度上的差异。有的政策中仅仅只是提及或涉及要使用某种政策工具去实现某种目标，执行力度较低；但有的政策明确要求要利用某种政策工具去实现目标，并且给出了具体的实施办法，具有较强的执行力度。政策工具制定详细程度是指一部政策采用某种政策工具时是否制定了具体的实施办法及制定的实施办法的详细程度。实施办法制定得越详细，说明可操作性越高，越有利于政策的落实。部分政策工具的量化标准见表 7-2。根据量化标准为各政策工具赋予 5，4，3，2，1 的分值，得分越高表明政策工具制定得越详细，且执行力度较高。

表 7-1　公共信息资源开放政策工具及编码

工 具 类 型	子 工 具	编 号
供给型政策工具	人才机构	11
	资金投入	12
	公共服务	13
	基础设施	14
	数据建设	15
	数据平台规范	16
需求型政策工具	公司合作	21
	政府采购	22
	示范工程	23
	鼓励引导	24
环境型政策工具	目标规划	31
	金融支持	32
	法规管制	33
	税收优惠	34
	管理措施	35

表 7-2　部分政策工具量化标准

得 分	政策工具量化标准
	供给型
	-人才机构
5	建立了专门机构，明确了机构职责，制定了具体表彰惩罚办法、人员考核办法及相关制度
3	明确提出工作职责、加强人员培训及惩罚表彰力度，但均未制定相关实施办法
1	仅提及或涉及上述条款
...	

2. 量化过程

在对公共信息资源开放政策进行量化时，使用 Excel 对采集到的政策进行编码及量化，量化流程见图 7-1。

政策编码 ⇨ 政策工具打分 ⇨ 计算每篇政策的政策工具得分

图 7-1　政策编码及量化流程图

(1) 对收集到的政策进行政策编码。将每部政策中的最小段落定义为一个分析单元，单元编号按照政策内容所在的章节号—序列号，再根据该分析单元的内容匹配相应的政策工具编号，即政策编码方式为政策编号—单元编号—政策工具编号。

(2) 对每部政策的政策力度及所用政策工具的内部子工具进行量化打分。在对政策进行编码的基础上，根据量化标准完成打分。打分时，一部政策存在使用多种不同子工具的情形，团队将根据量化标准对其分别进行打分，样表的编码及量化打分见表 7-3。同时，为了保证政策编码及量化的准确性和有效性，政策编码及量化均分为三组进行，每组三人，结果由组内三人共同讨论决定。若组内讨论达不到一致性，再交由其他两组进一步讨论。

101

表 7-3　公共信息资源开放政策工具编码及量化打分表

政策编号	政策名称	单元编号	政策内容	编　码	子工具得分
1	教育部印发《教育信息化2.0行动计划》	5-1	(一) 加强领导，统筹推进 教育部重点组织制定宏观政策……提升各地区和各级各类学校发展教育信息化的效率、效果和效益	1-5-1-33	3
		5-2	(二) 创新机制，多元投入 各地要切实落实国家关于财政教育经费……提供优质的信息化产品和服务，实现多元投入、协同推进	1-5-2-12	3
		5-3	(三) 试点引领，强化培训 各地要始终坚持试点先行……建立全方位、多层次的长效宣传机制，营造良好的舆论氛围	1-5-3-23	4
		…	…	…	…
…	…	…	…	…	…

(3) 计算每部政策的政策工具及其内部子工具的最后量化结果。首先，计算内部子工具的最后得分。一部政策中存在一种内部子工具有多个得分的情况，此时该部政策相应内部子工具的最后得分为多个分值的算术平均数。然后，计算三类政策工具的最后得分。每部政策中供给型、需求型、环境型政策工具的最后得分为其所含内部子工具最后得分的算术平均数。

7.1.2　政策目标量化

政策目标是制定某项政策所要实现的最终目的。同理可知，公共信息资源开放政策目标的最终目的是为全社会各阶层群体提供高效、客观及全面的政务信息公开服务，满足其在社会生产生活中的信息需求。因此，考量公共信息资源开放政策目标是否有效实现应包括以下几个问题：政府及企事业单位等公共信息资源开放主体是否能够做到全面、高效地公开政务信息？社会各阶层民众等公共信息资源需求主体是否能够无障碍地享受到所需的政务信息公开服务？开放主体提供的政务信息公开服务是否能够使需求主体满意？

因此，以整个公共信息资源开放过程的各个阶段为分析基础考虑政策目标，可从供给、需求及评价三个角度对公共信息资源开放政策目标进行细分。从供给角度出发，可以将公共信息资源开放政策目标解释为政府针对目标规划等顶层设计不够准确、政务信息公开相关的网络及信息化系统不完善、信息技术人才缺乏、数据资源管理不系统等开放主体方存在的问题，制定相应的政策以扩大公共信息资源开放的深度、广度、精度；从需求角度出发，可将公共信息资源开放政策目标解释为政府针对政务信息利用不充分、信息公开服务获得过程中的隐私泄露风险等需求主体方的问题，制定相应的政策以提高公共信息资源的可得性；从评价角度出发，可将公共信息资源开放政策目标解释为政府针对政务信息公开监督评价体系不完善问题，制定相应的政策以提高公众对公共信息资源开放服务工作的满意度。结合《公共信息资源开放试点工作方案》等相关文件的工作要求，最终确定了促进信息公开、促进信息共享、促进信息利用、加强顶层规划及完善监督评价体系等 10 个公共信息资源开放政策目标，如表 7-4 所示。

表7-4 公共信息资源开放政策目标的细分

政策目标划分视角	政 策 目 标
供给角度	加强顶层规划、完善基础设施、加强人才机构建设、加强数据资源管理、促进信息公开、促进信息共享
需求角度	促进信息利用、建立完善制度规范、强化安全保障
评价角度	完善监督评价体系

根据政策中对目标描述的详细程度及是否强制执行等力度大小，为其赋予 1～5 分的目标得分。具体而言，对目标的描述越详细，所实现的目标越明确，则得分越高，反之则越低，其中完善基础设施目标的量化标准如表7-5 所示。

表7-5 公共信息资源开放部分政策目标量化标准

得分	政策目标量化标准
	- 完善基础设施
5	明确提出建设基础设施，并给出了建设的具体内容和办法；强调在财税、人才、技术等方面优先支持基础设施建设，并且制定了具体的支持措施和办法；明确提出强化完善基础设施的建设，并制定了强化完善的具体内容和办法
3	明确提出建设基础设施；强调在财税、人才、技术等方面优先支持基础设施建设；明确提出强化完善基础设施的建设。但均未制定具体实施方案或强制执行
1	仅提及或涉及上述条款
	...

量化过程同政策工具量化方式相同，计算并分类整理打分结果，部分公共信息资源开放政策目标编码及量化得分如表7-6 所示。

表7-6 公共信息资源开放政策目标编码及量化打分表

政策编号	政策名称	单元编号	政 策 内 容	编 码	政策目标得分
93	国家食品药品监督管理总局制定《关于进一步加强食品药品监管信息化建设的指导意见》	93-1	（一）加强关键业务平台和应用系统建设……建设省级以下监管业务平台。其中县级监管业务平台功能原则上由其上级监管业务平台统一实现	93-2-1-14	4
		93-2	（二）加快信息化标准规范体系建设……建立数据采集、处理、分析和利用规范。地方各级食品药品监管部门应积极参与信息化标准规范体系的制定和推广应用	93-2-2-16	4
		93-3	（三）加快建设食品药品监管数据中心……省级局负责本行政区域相关基础数据和其他监管数据的管理，并实现与国家局的交换和共享	93-2-3-14	4
		...	...	...	...
...	...	...	...	...	...

7.1.3　阶段划分调整

政策发布部门是政策来源的主体，图 7-2 表示我国公共信息资源开放政策发布部门间的协同状况。由图 7-2 可知：① 我国公共信息资源开放政策多数为单部门独立发布，部门间联合发布政策的情况较少；② 联合发布的政策数量在 2013 年后呈增长趋势，这说明此后我国政府逐渐注重部门间协调、配合进行公共信息资源开放政策的发布工作。

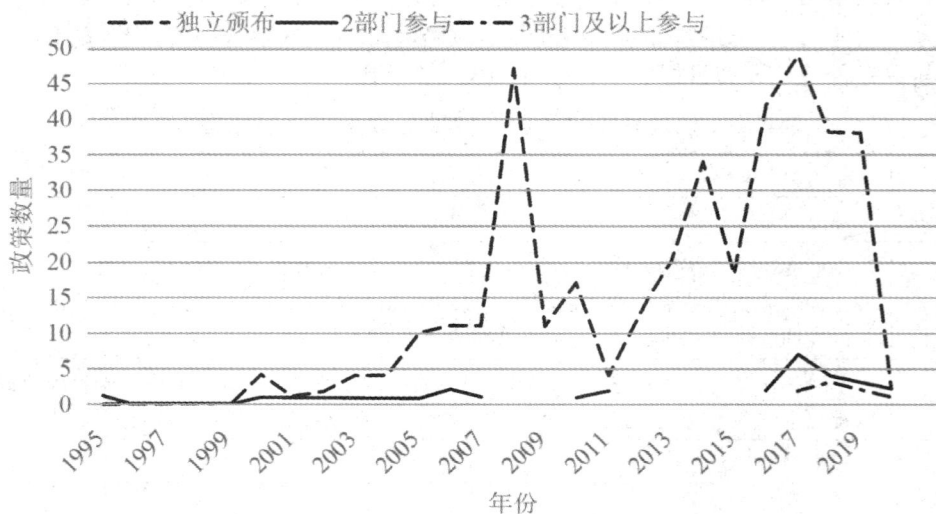

图 7-2　1995—2020 年多主体联合颁布政策数量分布图

根据公共信息资源开放政策数量及发布主体随时序变化的规律，以及中国网络空间研究院的《世界互联网发展报告 2018》中对我国公共信息资源开放全历程的划分，结合我国政府在各年度发布的具有标志性政策文件，本章研究将对公共信息资源开放发展进程进行调整：① 政府上网时期(1995—2002 年)，指政府职能上网，即在网络上成立一个虚拟的政府组织来实现其职能工作，是公共信息资源开放的起步阶段；② 信息公开时期(2003—2012 年)，政府部门及企事业单位等官方组织以法定形式和程序主动将其在日常管理活动中所收集的符合开放授权的、非涉密和非隐私限制的、结构化的、可机读的政府数据开放给公众，使大众可以自由地免费访问和获取数据，并鼓励对数据的加工和重用，公共信息资源开放工作从此进入正轨；③ 信息共享时期(2013—2015 年)，政府将本部门与其他政务部门政务信息资源进行合理配置，协同发挥最大作用，满足公众的政务信息需求，改变以往各政府部门单独进行信息公开的模式；④ 公共信息资源开放时期(2015 年以后)，即公共信息资源开放蓬勃发展期，政务部门及公共单位注重对其所产生或管理的可供社会化再利用的数据集进行开发利用，从而使其社会效益最大化。

7.2　政策工具协同测度分析

政策颁布机构级别和政策类型直接决定着政策本身所具有的法律效力的高低，其很大程度上体现了领导的重视程度，直接影响着政策的实施效果。政策工具是政策由理念转变为现实的桥梁，其不同的设计、组织、搭配及运用进一步形成了政策。政策工具不仅可以有效调节政策的实施，也是推动政府有效实施政策的第一手段。在对每部政策的政策力度及政策工具量化打分的基础上，通过构建协同测度模型对量化数据进行分析，可以揭示我国公共信息资源开放政策工具的协同演变状况。

7.2.1 协同测度模型

政策工具即政策措施，是测度一部政策使用多种政策工具协同实现政策目标的指标。一般而言，使用的政策工具越具体，政策工具的协同程度越高。因此利用公式(7-1)计算各年政策工具两两间的协同度：

$$PTC_i = \sum_{j=1}^{j=N} pe_{i,j} \times pt_{i,j,k} \times pt_{i,j,l} \tag{7-1}$$

式中，i 为年份，$i = [1995，2018]$；N 为第 i 年的政策数量；PTC_i 为第 i 年公共信息资源开放政策的政策工具的协同度；$pe_{i,j}$ 为第 i 年第 j 条政策的政策力度得分；$pt_{i,j,k}$ 和 $pt_{i,j,l}$ 为第 i 年第 j 条政策中第 k 和 l 项政策工具的得分；k 和 $l(k \neq l)$ 表示从供给型、环境型、需求型政策工具或其内部子工具中选取两项工具来考虑政策工具的协同。

7.2.2 政策工具内部协同演变分析

政策中政策工具内部子工具间往往也存在协同使用的状况，不同学者在分析内部子工具的协同使用时主要关注运用最多的两种政策工具与其他工具的协同状况，因此可借鉴公共信息资源开放政策协同研究方法并利用公式(7-1)分别计算子工具间的协同度，由此揭示三类政策工具内部子工具间的协同演变状况。

1. 供给型政策工具内部子工具间的协同演变分析

我国公共信息资源开放政策中供给型政策工具内部子工具的使用占比情况如表 7-7 所示。从表 7-7 中可知，运用最多的两种供给型内部子工具是数据平台规范和人才机构，因此将主要关注其他供给型内部子工具与数据平台规范、人才机构的协同。

表 7-7 供给型政策工具内部子工具的使用频率

内部子工具	数据平台规范	人才机构	基础设施	数据建设	公共服务	资金投入
频率百分比	77.03%	60.78%	60.42%	26.86%	20.49%	14.13%

总体来看，供给型内部子工具间的协同度在不断增长(见图 7-3)，这说明我国公共信息资源开放政策从使用单一供给型子工具转变为综合利用各种供给型子工具。具体来看，2014年以前我国政府更加注重通过基础设施和人才机构协同建设有利于公共信息资源开放的供给体系，而 2014 年以后开始大量增加公共服务、数据建设和数据平台规范等方面的供给，逐渐开始从多个供给面协同推动公共信息资源开放，但始终缺乏对资金投入的协同使用，没有进一步掌握资金投入运用的实质。

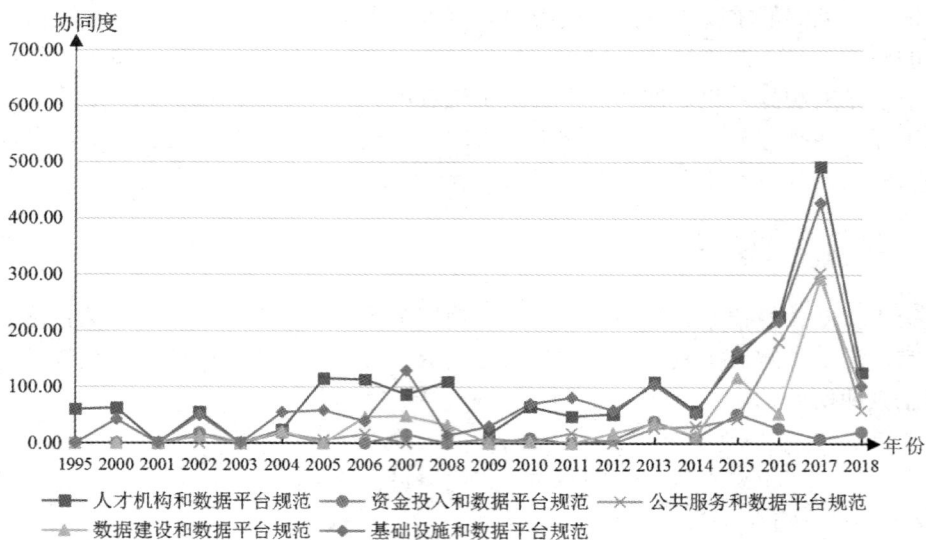

(a)

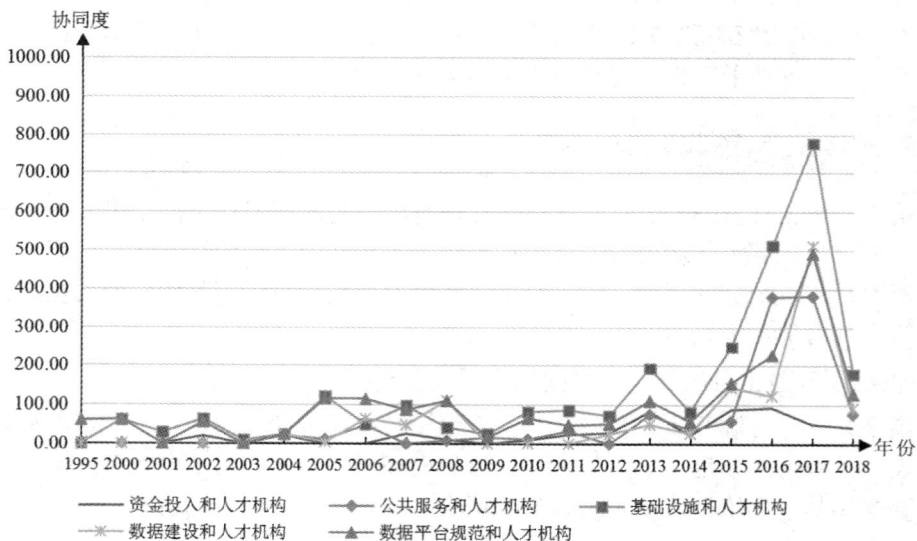

(b)

图 7-3　其他供给型政策工具与数据平台规范、人才机构协同的演变分析

　　进一步对比图 7-3 中两图发现，供给型子工具与数据平台规范的协同程度[见图 7-3(a)]明显小于其与人才机构的协同程度[见图 7-3(b)]，并且其他供给型子工具与数据平台规范的协同程度约为其与人才机构协同程度的 1/2，这表明我国政府非常注重人才机构的建设。

2. 需求型政策工具内部子工具间的协同演变分析

　　我国公共信息资源开放政策中需求型政策工具内部子工具使用占比情况如表 7-8 所示。从表 7-8 中可知，运用最多的两种需求型内部子工具是示范工程和鼓励引导，因此下面将主要关注其他需求型内部子工具与示范工程、鼓励引导的协同。

表 7-8 需求型政策工具内部子工具使用频率

内部子工具	示范工程	鼓励引导	政府采购	公私合作
频率百分比	74.19%	35.48%	8.06%	6.45%

从整体来看，需求型政策工具内部子工具间的协同程度整体偏低，并呈现较大幅度的波动(见图 7-4)。具体而言，我国政府在制定政策的过程中整体上缺乏对需求型政策子工具的协同使用，仅仅较少地关注了鼓励引导、示范工程及政府采购三者之间的协同。此外，示范工程与鼓励引导、政府采购的协同使用在 2015 年呈现出峰值，这主要与《促进大数据发展行动纲要》的颁布密切相关。《纲要》中明确提出要稳步推进公共信息资源开放，而政策的实施路径往往为试点先行再逐步深入扩展，这就导致了峰值的出现。

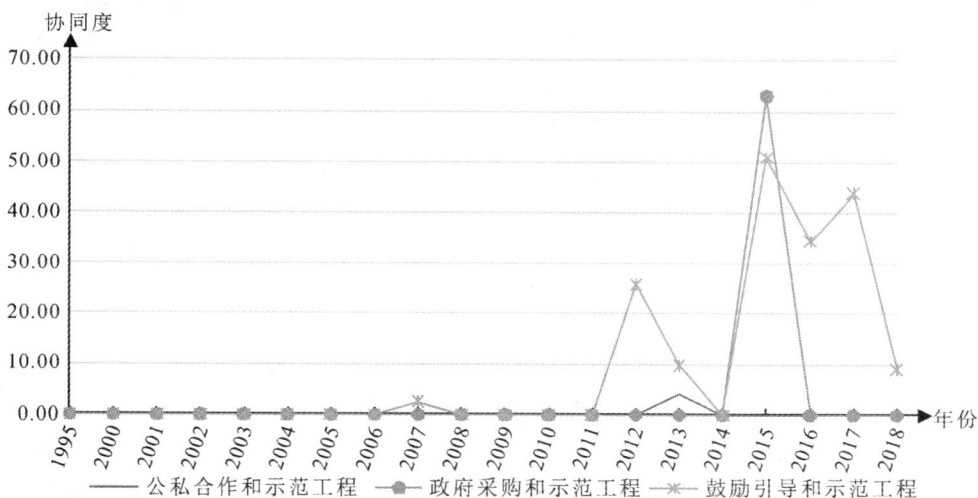

(a)

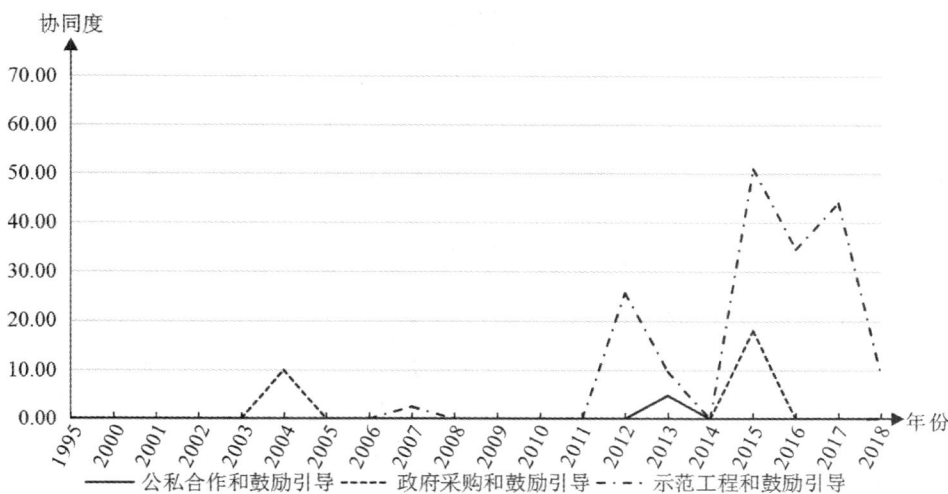

(b)

图 7-4 其他需求型政策工具与示范工程、鼓励引导协同的演变分析

3. 环境型政策工具内部子工具间的协同演变分析

我国公共信息资源开放政策中环境型政策工具内部子工具使用占比情况如表 7-9 所示。从表 7-9 中可知，运用最多的两种环境型内部子工具是法规管制和管理措施，因此下面将主要关注其他环境型内部子工具与法规管制、管理措施的协同。

表 7-9　环境型政策工具内部子工具使用频率

内部子工具	法规管制	管理措施	目标规划	金融支持	税收优惠
频率百分比	86.27%	64.81%	6.44%	6.45%	2.15%

从整体来看，环境型内部子工具间的协同程度略有增加。其中，管理措施与法规管制的协同程度始终较高，其余环境型子工具虽呈现出一定程度的协同，但协同程度几乎没有太大的增幅，并且远低于管理措施与法规管制的协同度(见图 7-5)。这说明政府在制定政策时较多地使用了环境性政策工具中的管理措施和法规管制，倾向于通过较强硬的手段保障公共信息资源开放的环境条件。对于金融支持和税收优惠这样较友好的工具使用较少，这在一定程度上削弱了企业及公众参与的积极性。

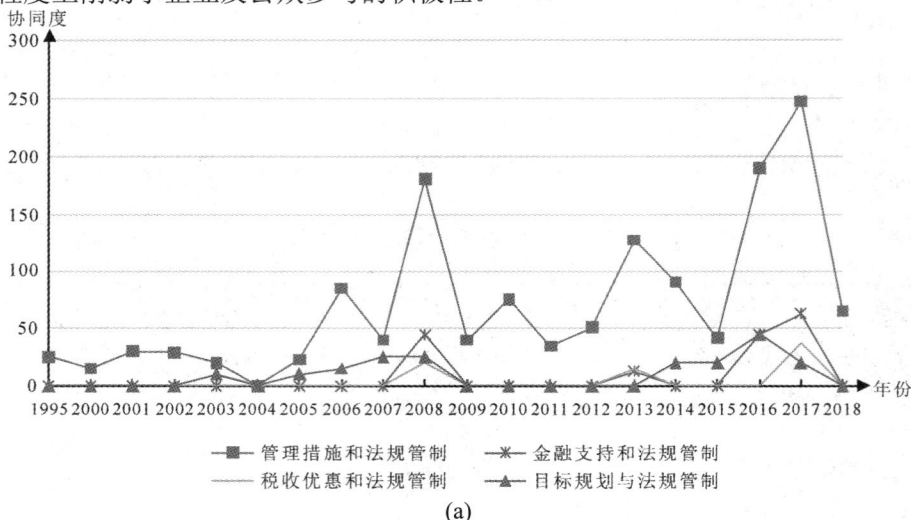

(a)

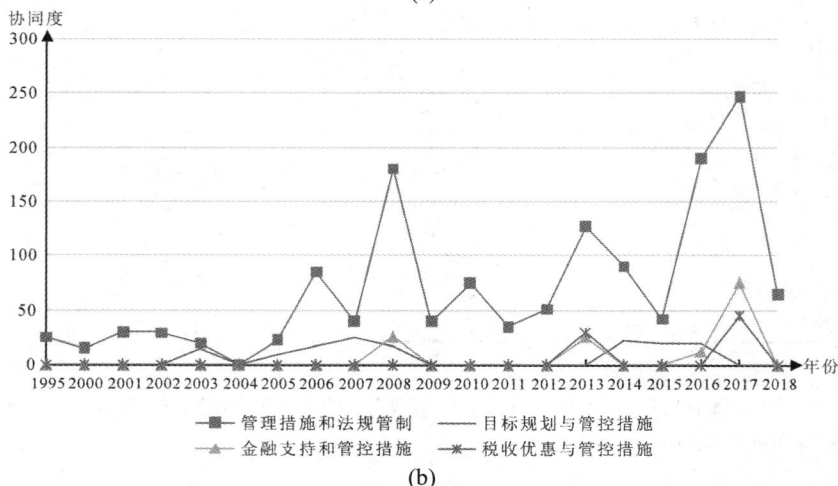

(b)

图 7-5　其他需求型政策工具与法规管制、管理措施协同的演变分析

7.2.3 政策工具间协同演变分析

利用公式(7-1)计算政策工具间的协同度，可视化结果如图 7-6 所示。从图 7-6 中可以看出，政策工具间协同度总体呈不断上升的趋势，这说明我国公共信息资源开放政策正由依靠单一政策工具向综合利用多种政策工具转变。

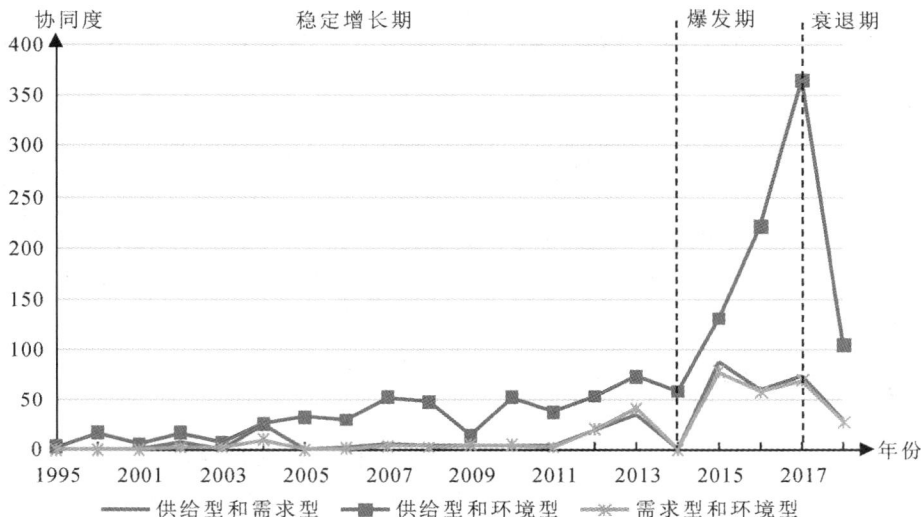

图 7-6　供给型、环境型及需求型政策工具间协同的演变分析

从整体来看，政策工具间的协同演变大致可以分为三个时期，分别为稳定增长期(2014 年以前)、爆发期(2014—2017 年)及衰退期(2017 年以后)，这样的演变过程与政策数量的变化密切相关。2015 年印发的《促进大数据发展行动纲要》中明确指出要稳步推进公共信息资源的开放，促使我国公共信息资源开放政策数量快速增长，且该政策中协同工具的使用明显增加，由此政策工具间协同进入爆发增长期。随后，国务院于 2016 年发布《"十三五"国家信息化规划》，进一步强调了公共信息资源开放的重要性，政策数量的持续增加及政策中工具协同使用综合性的提升促使 2017 年政策工具间协同达到峰值。此后，随着 2018 年我国政府颁布的公共信息资源开放政策的数量明显减少，政策工具间协同逐渐进入衰退期。

通过纵向比较分析发现，供给型与环境型政策工具间的协同度始终保持在较高水平且增幅显著，需求型与其余两种政策工具的协同程度虽然后期有所增加，但增幅较小。这说明我国政府在制定公共信息资源开放政策的过程中能够灵活地协同运用供给型和环境型政策工具，但对于需求型政策工具的协同使用较为欠缺，只是实现了浅层次小范围的协同运用，这一现象与我国公共信息资源开放尚处于起步阶段密切相关。公共信息资源的开放是一个循序渐进的过程，目前我国公共信息资源开放尚且刚刚起步，因此政府积极致力于从供给和环境两个着力面搭建有利于公共信息资源开放利用的保障体系，以期为后期运用需求型政策工具实现公共信息资源的实际应用价值提供必要条件，这就导致当前我国政府更加注重使用供给的直接推动与环境的间接影响相结合的方式来提升公共信息资源开放政策的实施效果。

7.3 政策目标协同测度分析

7.3.1 政策目标协同测度模型

政策目标协同度是表示在一条政策内同时实现多个目标的状况。一般来说，某条政策的政策力度越大且实现的各项目标越明确，那么其政策目标间的协同状况就越好。$\mathrm{PGJ}_{k,l,i}$ 表示 k 目标和 l 目标在第 i 年的协同度：

$$\mathrm{PGJ}_{k,l,i} = \sum_{j=1}^{N} \mathrm{pe}_j \times \mathrm{pg}_{jk} \times \mathrm{pg}_{jl} \qquad i \in [1995, 2020] \tag{7-2}$$

式中，N 表示第 i 年颁布的政策总量，pe_j 表示第 j 条政策的政策力度得分，pg_{jk} 和 pg_{jl} 表示第 j 条政策中第 k 和 l 项政策目标得分，k 和 $l(k \neq l)$ 表示从上文中确定的 10 项政策目标中选取 2 项目标来考虑政策目标的协同。

7.3.2 政策目标协同演变分析

政策目标间的协同状况能够反映政策实施目的间协调配置的合理性。通过统计针对不同政策目标的政策数量占比情况(见图 7-7)可以看出，针对促进信息公开和完善监督评价体系两类目标所颁布的政策数量最多，这说明我国公共信息资源开放最主要的工作目标就是促进信息公开和完善监督评价体系。因此，下面将结合政策目标间的协同测度模型[见公式 (7-2)]，通过探究其他政策目标分别与这两种政策目标间的协同状况，对我国公共信息资源开放政策目标的协同演变状况进行分析。

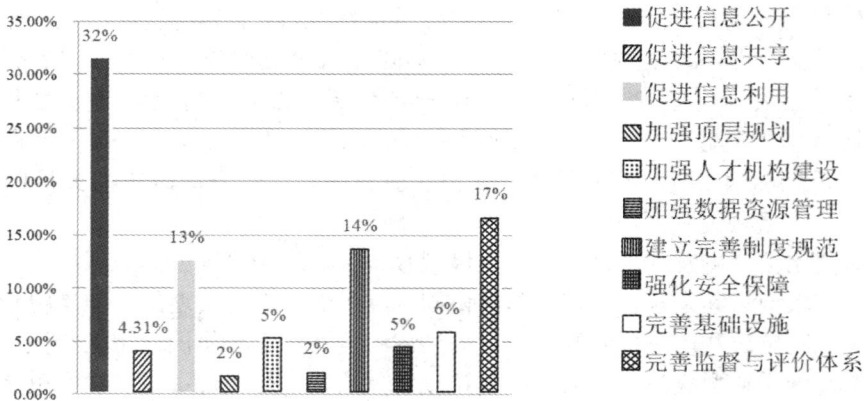

图 7-7　政策目标占比图

依据政策目标打分结果与政策工具协同测度模型，可计算出促进信息公开、完善监督评价体系两项目标与其他政策目标间的协同程度，按照政策发布时间整理结果可分别得到促进信息公开与其他政策目标的协同演变(见图 7-8)、完善监督评价体系与其他政策目标的协同演变(见图 7-9)。

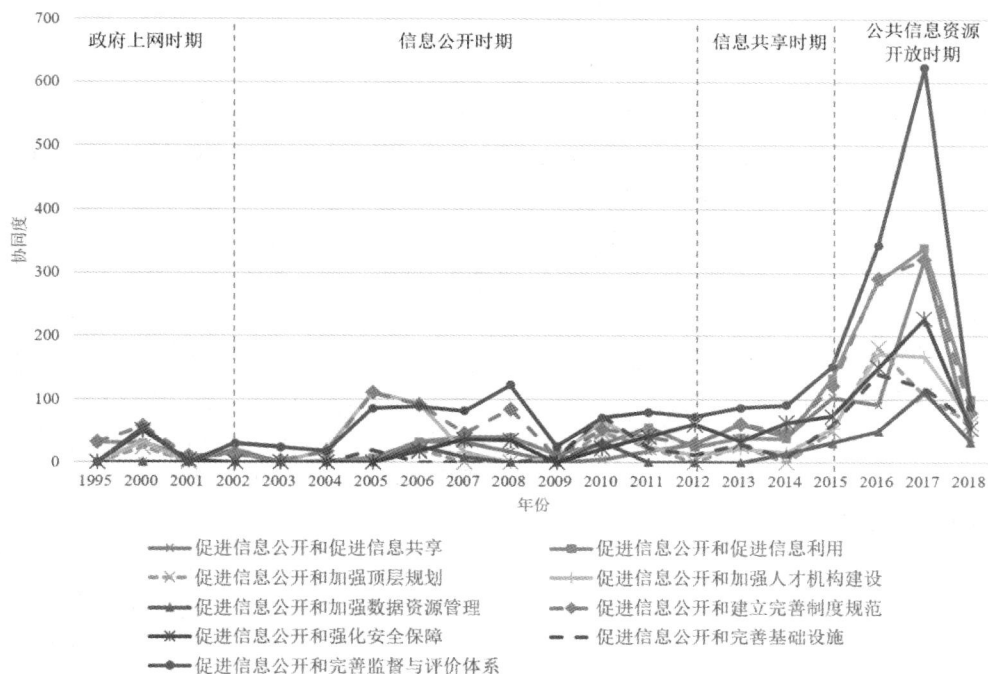

图 7-8 促进信息公开与其他政策目标协同演变图

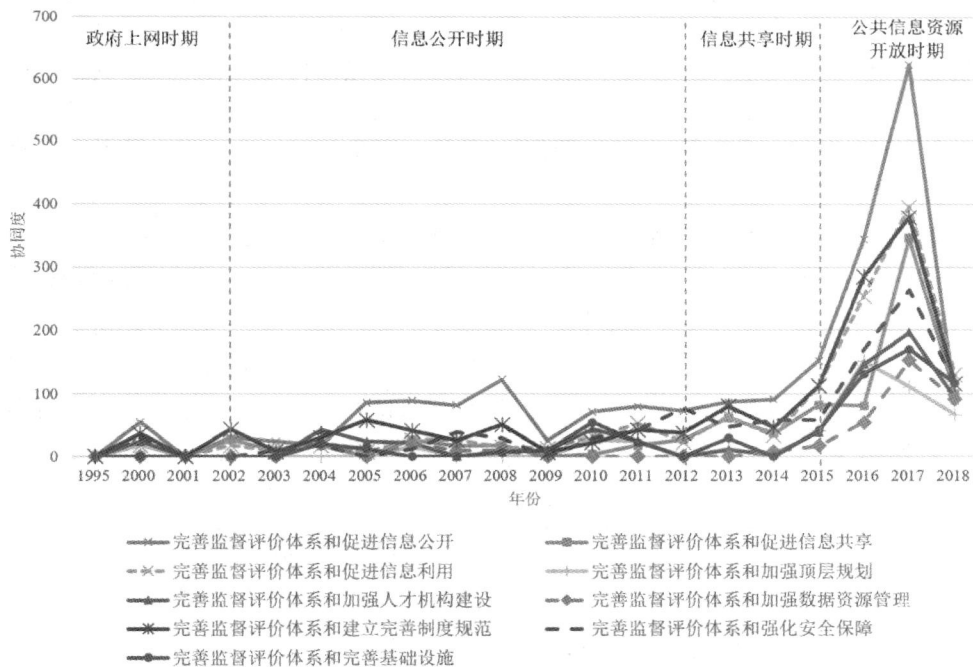

图 7-9 完善监督评价体系与其他政策目标协同演变图

如图 7-8 与图 7-9 所示,促进信息公开、完善监督评价体系目标与其他政策目标均表现出较高的协同度,且随着公共信息资源开放工作的逐步推进呈逐年上升的趋势。这说明,我国政府对公共信息资源开放工作的认识日渐深化,逐渐认识到多元政策目标协同可作为解决政策冲突或重叠问题的有效途径。此外，政策目标间协同程度在不同年份有所波动，各时期的开放目标各有侧重。具体分析如下：

1. 两两政策目标间协同随时间变化趋势分析

(1) 在政府上网时期(1995—2002 年)，促进信息公开与建立完善制度规范目标的协同状态较好，并于 2000 年达到该时期的峰值 57.2；促进信息公开与完善监督评价体系目标的协同程度次之；两种主要政策与完善基础设施目标的协同程度最低。

(2) 信息公开时期(2003—2012 年)，除促进信息共享与完善监督评价体系目标的协同程度有所下降以外，其余政策目标之间的协同程度均进一步加强，其中，完善监督评价体系、加强人才机构建设、建立完善制度规范与促进信息公开目标间的协同关系均显著加强，协同度均达到了该阶段的历史最高峰，量化得分分别为 122.14、110.83 和 110.41。

(3) 信息共享时期(2013—2015 年)，促进信息公开、完善监督评价体系与促进信息共享目标的协同关系均有所加强，而这两项与加强数据资源管理目标间的协同度虽然较之前有一定程度的提升，但总体仍然偏低。

(4) 公共信息资源开放时期(2015 年以后)，完善监督评价体系与促进信息公开、完善监督评价体系与促进信息利用、完善监督评价体系与建立完善制度规范目标的协同关系于 2017 年呈现高峰值，量化得分分别为 623.55、395.05 和 378.42，但总体上政策目标间的协同差异在减小。

这一系列政策目标协同的侧重点演变情况，从侧面反映了我国公共信息资源开放工作重点的转移，即由注重促进信息公开、共享和利用等直接性目标，转变为重视将顶层规划、人才机构建设、基础设施和安全保障等辅助性目标与直接性目标结合使用。这说明我国政府对公共信息资源开放工作的认识日趋成熟，开始注重多方面协同以促进信息开放，政策的制定也逐渐由单一目标转变为针对不同开放阶段的多重目标，全面提升公共信息资源开放的效果。

2. 促进信息公开、完善监督评价体系目标与其他目标协同演变对比分析

通过对比图 7-8 与图 7-9 可发现，促进信息共享、利用等直接性目标与促进信息公开目标的协同程度明显大于其与完善监督评价体系目标的协同程度，而加强顶层规划、人才机构建设、基础设施和安全保障等辅助性目标则与完善监督评价体系目标呈现出更高的协同度。这说明我国政府在制定开放政策时注重同类型目标间的有机配合，使所有目标协调一致，共同推进公共信息资源开放工作。

7.4 政策工具与政策目标协同测度分析

7.4.1 政策工具与政策目标协同测度模型

政策工具与目标协同程度表示在制定一条政策时，同时使用某项(或某几项)政策工具来促进政策目标实现的情况。一般来说，政策力度越大，同一条政策中使用的工具越具体并且实现的目标越明确，那么其政策工具与目标的协同状况应越好。$PTGJ_{m, n, i}$ 表示 m 工

具和 n 目标在第 i 年的协同度：

$$\text{PTGJ}_{m,n,i} = \sum_{j=1}^{N} \text{pe}_j \times \text{pt}_{jm} \times \text{pg}_{jn} \qquad i \in [1995, 2020] \qquad (7\text{-}3)$$

式中，pt_{jm} 表示第 j 条政策中第 m 项政策工具的得分，其中 m 指供给型工具、需求型工具和环境型工具中的一项；pg_{jn} 表示第 j 条政策中第 n 项政策目标的得分，其中 n 表示上文中确定的 10 项政策目标中的任意一项目标。

7.4.2　政策工具与政策目标协同演变分析

政策目标需要通过政策工具来实现，其实施效果的有效程度取决于政策工具的使用是否恰当与有力。因此，对不同类型政策工具与政策目标间的协同使用情况进行分析是非常有必要的，下面将通过政策目标与政策工具的协同测度模型[见公式(7-3)]分析不同类型政策工具与政策目标间的协同情况。

1. 供给型政策工具与政策目标协同演变分析

总体来看，供给型政策工具与政策目标间一直处于较高的协同状态，且整体呈现上升的趋势，如图 7-10 所示。这说明我国政府注重通过政策工具作用于政务信息供给端，从而直接推动公共信息资源开放。

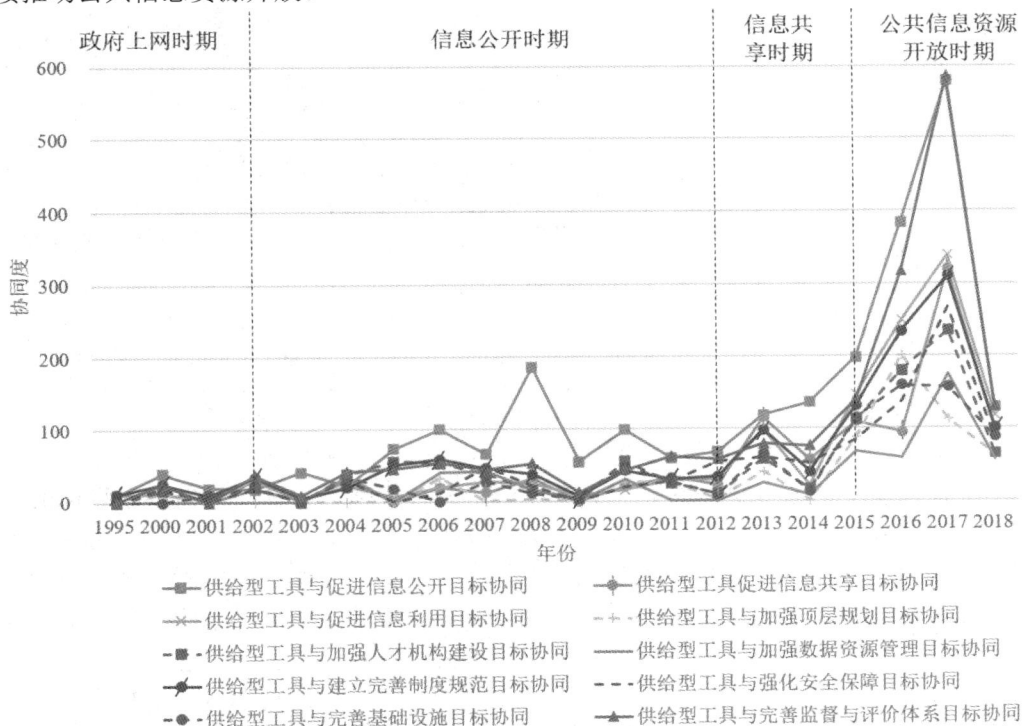

图 7-10　供给型政策工具与政策目标协同演变分析

图中供给型工具与促进信息公开目标间的协同程度一直高于其与其他政策目标的协同度，并在 2008 年出现较大的波动，这说明我国政府在促进信息公开目标实现的过程中注重使用供给型政策工具。具体来说，2008 年 5 月实施的《中华人民共和国政府信息公开条例》明确规定要加强基础设施和人才机构等供给型工具的使用，加大主动公开政府信息的工作力度，提升公共信息资源开放的效果。2015 年以后，供给型政策工具与各个政策目标的协同度均有了不同程度的提升，且在 2017 年达到峰值，2017 年 5 月国务院办公厅颁布《政务信息系统整合共享实施方案》，文件中提出应加强基础设施、公共服务和数据平台等供给型工具的使用，促进国务院、全国人大等高层级部门与各省市地方政府等基层部门之间信息系统的互联互通，促进公共信息资源开放。

2. 需求型政策工具与政策目标协同演变分析

从总体来看，需求型政策工具与政策目标间的协同程度一直处于偏低状态，且波动不明显，仅在 2015 年后出现较小的提升，如图 7-11 所示，这说明我国采用需求型政策工具来促进政策目标的方式较少。

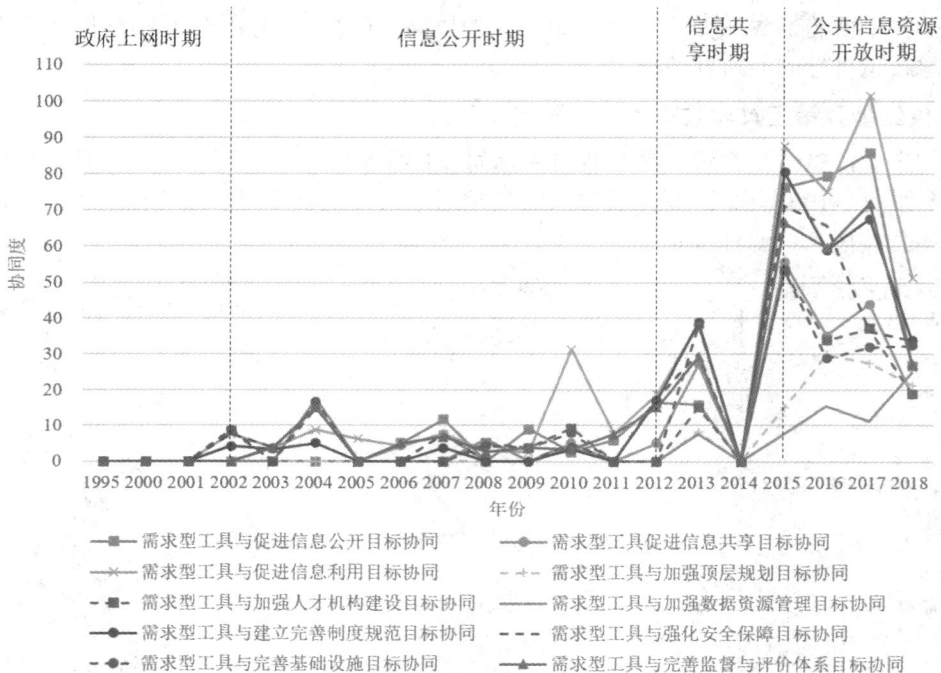

图 7-11　需求型政策工具与政策目标协同演变分析

图中需求型工具与促进信息利用目标间的协同程度略高于其与其他政策目标的协同程度，这说明我国政府通常采用需求型政策工具来促进公众对政务信息的利用率。具体来说，2017 年 5 月国务院办公厅印发《政务信息系统整合共享实施方案》，其中提到应通过政府与社会企业联合建设等，用以支撑政府业务应用的各类信息系统，从而扩大其对政务信息的需求。在此基础上，2018 年 1 月国务院又发布了《公共信息资源开放试点工作方案》，其中以试点形式具体部署了各试点城市公共信息资源开放的具体任务，要求充分调动政府、企业组织、公众等使用数据的积极性，促进全社会对政府数据更广泛、更深入的需求。

3. 环境型政策工具与政策目标协同演变分析

从整体来看，与供给型、需求型政策工具与政策目标的协同相比较，环境型政策工具与政策目标的协同程度适中，如图 7-12 所示。这说明我国政府在制定政策目标时并未忽视对环境型政策工具的使用。

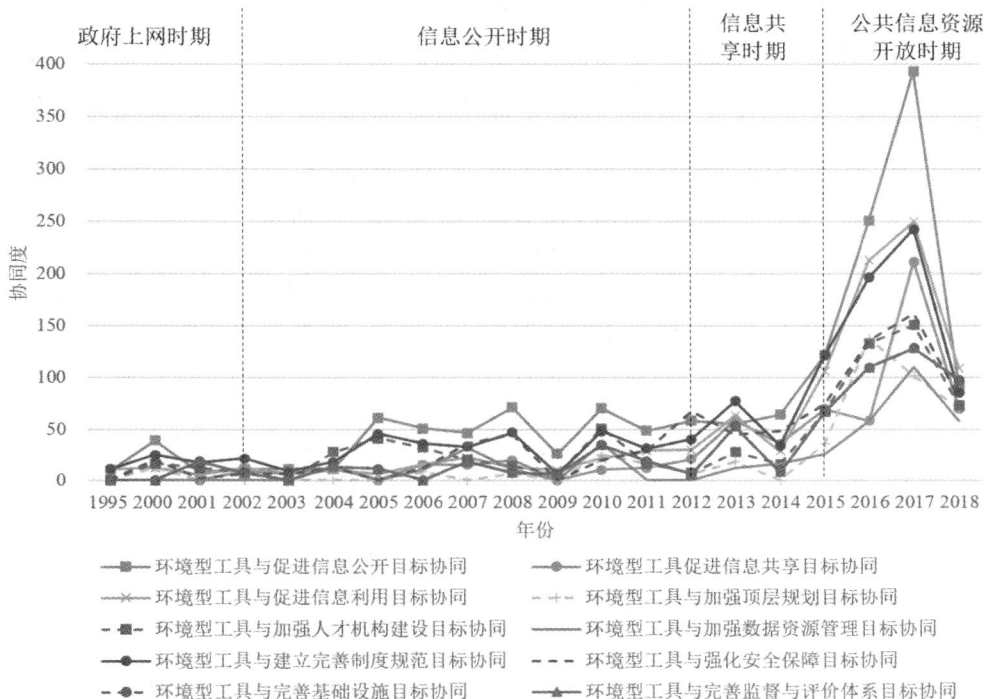

图 7-12　环境型政策工具与政策目标协同演变分析

图中环境型工具与促进信息公开目标一直呈现较高的协同度，这说明我国政府在制定政策的过程中较多地使用了环境型政策工具来为促进政府信息公开提供有利的发展环境。具体来说，2017 年 5 月发布的《工业和信息化部 2017 年政务公开工作实施方案》中提到，应通过减税、降费等优惠措施减轻企业与民众获取公共信息资源的成本，并发布具体的法律法规保障信息公开工作的推进。此外，2018 年 2 月颁发的国务院办公厅关于推进社会公益事业建设领域政府信息公开的意见》中指出，可通过畅通群众投诉举报渠道、建立监督检查情况定期通报制度等措施，为促进信息公开工作营造良好氛围。

本 章 小 结

本研究构建了公共信息资源开放政策协同测度模型，从政策工具协同、政策目标协同、政策工具与政策目标协同三个维度探究了我国公共信息资源开放政策协同演变状况，揭示了我国公共信息资源开放政策存在的问题：

(1) 我国公共信息资源开放政策已由依靠单一政策工具转变为综合利用多种政策工具；

(2) 我国公共信息资源开放政策工具间的协同度均有所提升；

（3）我国公共信息资源开放政策中三类政策工具内部子工具间的协同度差异较大；

（4）政策目标内部协同度逐年上升；

（5）政策工具与政策目标协同差异大。

基于此，本研究从政策协同视角提出未来我国公共信息资源开放政策体系建设的建议：

（1）进一步强化需求型政策工具的协同使用，充分发挥其拉动力。在后续制定政策的过程中，政府应积极协同使用需求型政策工具，这样既可以通过示范工程带动更多地区加快公共信息资源开放的步伐，也可以通过政府采购和公司合作扩大市场需求，有力拉动开放进程。

（2）政府在后续制定政策的过程中要注重优化政策工具内部协同使用的状况，对于供给型内部子工具，要更多地关注资金投入与其他工具的协同使用。

（3）做好政策工具与目标间协同，提高政策制定的科学性。政府在后续制定公共信息资源开放政策目标时，相关部门应做好顶层设计，以目标协同为基础，构建开放政策总体目标，加强政策目标间的协同度，实现体系化推进公共信息资源的开放。

第三篇

实践典范篇

第八章

政府数据开放的国外实践

政府数据开放既是政府治理活动的重要责任，也是民众的基本诉求。随着互联网的深入发展，数据资源在经济和社会发展中占据着越来越重要的地位，全球公众对开放政府数据的呼声愈来愈高，推动着各国政府机构的政府数据开放进程。自 2009 年美国奥巴马政府颁布《开放政府指令》后，世界范围内掀起了政府数据开放的浪潮。在经历了萌芽期、蔓延期的发酵后，政府数据开放逐步向欧洲国家扩散，并深入亚洲、美洲直至全世界范围内的国家及地区，处于横纵拓展的急速发展期。随着数据开放范围的扩大、数据集和主体数量的增加，各国政府在开放的形式、途径方面不断创新，呈现出各自的特色，使政府数据开放更具广度和深度，政府数据开放带来的收益也在不断增加。

8.1 开放平台的规范化

国外政府数据开放平台做得较为完善的国家包括美国、澳大利亚、英国、日本、新西兰、加拿大等。其中，作为世界上发起政府数据开放运动的先驱，美国政府数据开放网站 data.gov 于 2009 年正式上线，也随之引起了较大的社会反响[109]。英国政府开放数据的步伐稍晚于美国，2010 年英国政府数据网站 data.gov.uk 正式投入使用。

8.1.1 美国政府数据开放平台

美国政府数据开放平台 data.gov 的内容涵盖了美国联邦政府产生和收集的所有数据集，data.gov 是联邦机构向市民、企业、研究人员等免费公开其所有数据库的集成性网站，该网站的数据主要由联邦政府授权机构进行采集与整理，还以地图索引的方式链接各州政府公开的数据集。截至 2022 年 7 月，data.gov 平台上拥有 335 221 个数据集，实现了数据的一站式整合。

该平台上的数据主题涉及公共安全、教育、农业、能源、海洋等 14 个领域，数据类型包括 HTML、JPEG、PDF、XML、ZIP 等。据联邦政府要求，为了使用户使用政府数据更为方便，该网站不仅公布了原始数据，还向公众提供了数据分析工具和格式转换工具[110]，允许平台数据与开发者软件交互操作，做到数据的高度开放和有效利用。此外，美国政府还鼓励企业利用政府数据开发特色应用。以最常被开发的政府数据——地理信息为例，data.gov 提供标准的应用程序接口，使应用商可以便利地提取地理数据，开发地理信息服务的可视化应用。美国政府数据开放平台主页如图 8-1 所示。

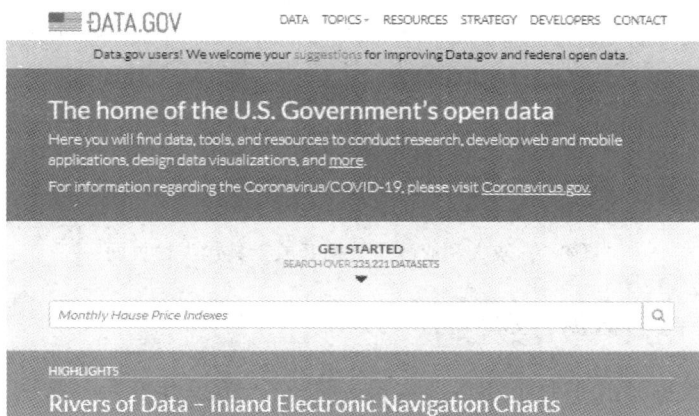

图 8-1　美国政府数据开放平台主页

8.1.2　澳大利亚政府数据开放平台

澳大利亚政府数据开放平台是 data.gov.au，建立于 2009 年，截至 2022 年 7 月，提供开放数据集 106 979 个，下载格式包括 SHP、CSV、WMS、WFS、PDF、XLS 等可机读格式，数据来源是本国政府部门。平台提供数据集、数据请求、数据分析、应用案例以及地图服务等功能，可以帮助用户更加便捷地获取并使用数据。澳大利亚政府数据开放平台主页如图 8-2 所示。

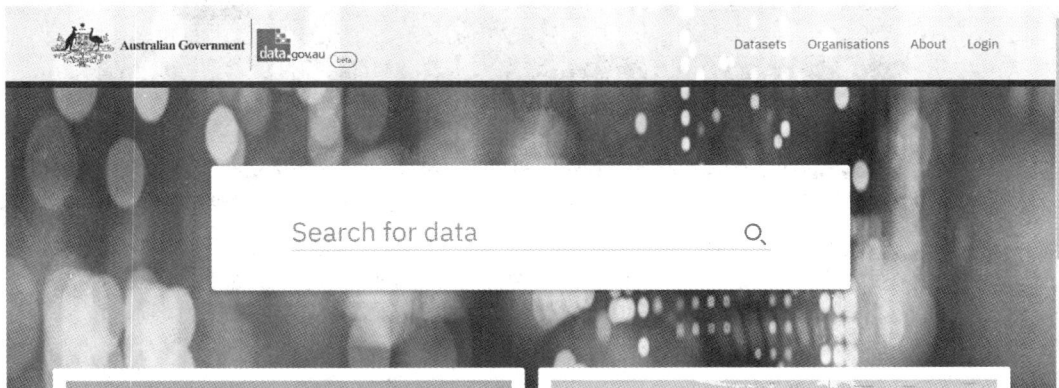

图 8-2　澳大利亚政府数据开放平台主页

平台提供了商业、经济、环境、科学等 10 项主要数据标签，包括数据集、地球科学、海洋、地质学等，在应用类目下提供了 42 个关于数据开放的应用软件。其中工具包类目下不仅为用户提供了相应的技术与法律政策上的应用支持，以协助用户对数据开放的开发使用，还通过统计模块向用户开放了网站整体运行情况。澳大利亚政府数据开放工具包类目页面如图 8-3 所示。

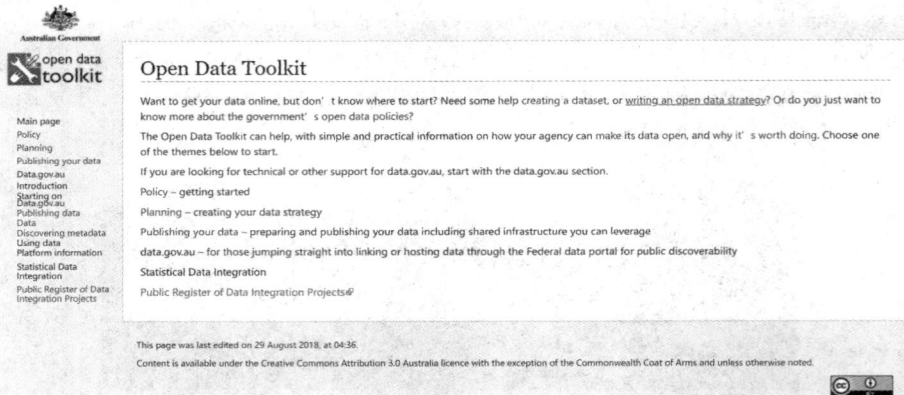

图 8-3　澳大利亚政府数据开放工具包类目页面

8.1.3　新西兰政府数据开放平台

新西兰政府数据开放平台是 data.govt.nz，建立于 2009 年 9 月。截至 2022 年 8 月，已有 181 个机构的 31 210 个数据集得到开放，涵盖土地、环保、健康、交通、教育、人口等 40 类主题分组，数据不定期更新。政府通过平台分享公共数据，市民和企业等用户可以通过平台查找并利用公共数据、数据管理、公共部门的开源软件等内容。新西兰政府数据开放平台主页如图 8-4 所示。

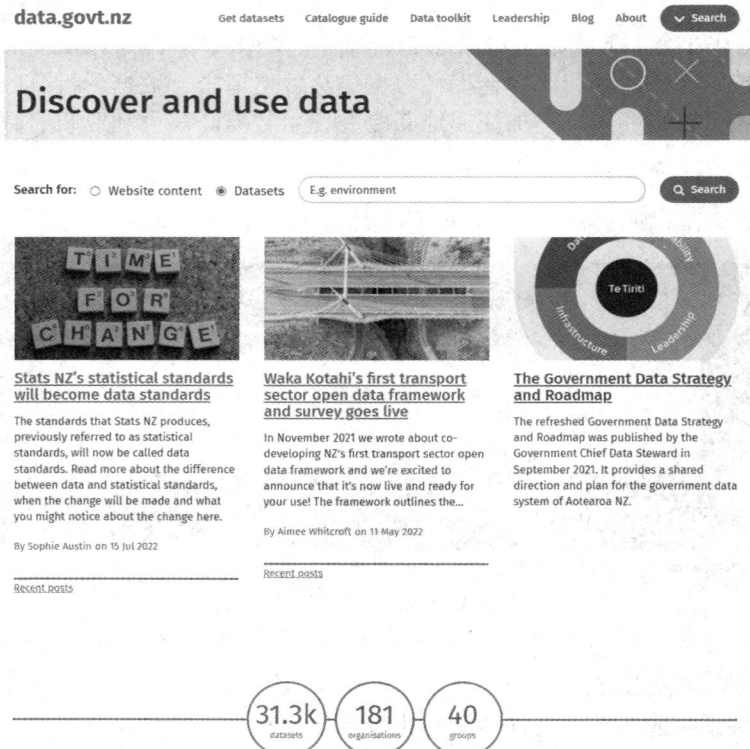

图 8-4　新西兰政府数据开放平台主页

平台的功能不仅在于发布数据，还提供关于数据开放的信息，如统计数据、数据开放报告等。此外，新西兰政府通过博客来报告数据开放的进展并分享数据开放的经验，提供数据利用的示范案例。新西兰政府数据开放平台博客功能如图 8-5 所示。

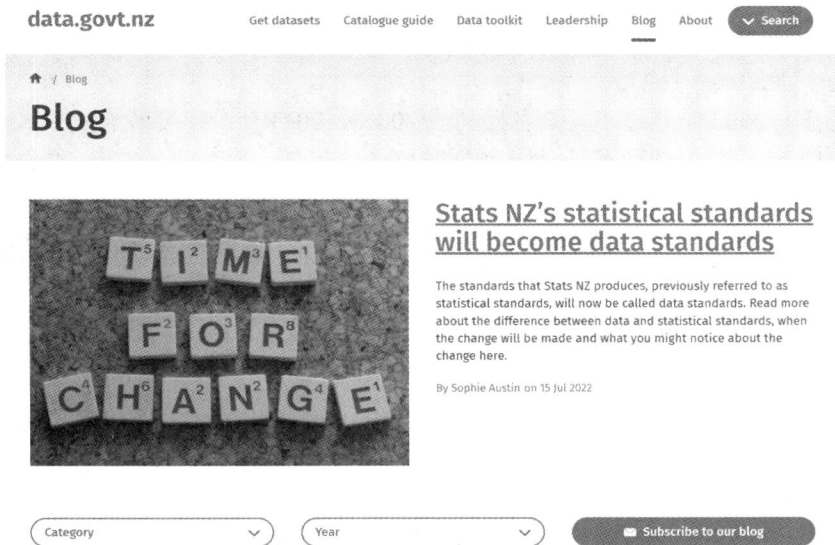

图 8-5　新西兰政府数据开放平台博客功能

8.2　保障措施的完善化

8.2.1　主要国家数据开放政策

美国于 2009 年兴起数据开放运动。2009 年 1 月 21 日，时任美国总统的奥巴马发布了《透明和开放政府备忘录》；同年 12 月，制定了《开放政府指令》。2010 年 3 月，美国预算管理办公室发布了 M-11-02《隐私保护指令》，该指令明确地表达了开放政府数据的必要性。2011 年，美国政府发布《联邦政府云计算战略》。2012 年 5 月，美国联邦政府发布了《数字化政府政策》。2014 年 5 月，美国发布了《美国数据开放行动计划》，该计划在较为系统的政策框架基础上，对数据开放工作进行了全面总结，并提出了改进与完善的四项举措。2017 年 5 月，美国总统特朗普签署总统令《增强联邦政府网络与关键性基础设施的网络安全》。2018 年 9 月，美国国防部发布《国家网络战略》，该战略放宽了使用数字武器保护国家的规定，允许军方和其他机构进行网络操作。2022 年 6 月，美国参议员提出了《健康和位置数据保护法》(Health and Location Data Protection Act)，禁止出售美国人的位置和健康数据，将数据安全问题再次推向高峰。

英国政府数据开放起步晚于美国，但发展迅速。2009 年 12 月，英国发布由财务部提交的《迈向第一线：更聪明的政府》，提出把开放政府数据和加强政府透明度作为国家首要战略。2010 年，内阁办公室发布了《联合政府：我们的政府计划》。2011 年 9 月，发布《开放政府伙伴关系英国国家行动计划 2011－2013》，英国政府做出了包括开放数据、政府诚信、财政透明度、向公民授权等 21 项承诺。2013 年 6 月，八国集团首脑签署了《G8 开放数据宪章》；同年 11 月，英国政府颁发了《G8 开放数据宪章英国行动计划 2013》。2014 年，英国发布了《英国开放数据路线图 2015》。2015 年，英国发布了《国家信息基础设施实施文件》，并于随后几年相继发布了《英国开放政府国家行动计划 2016－2018》和《开放政府国家计划 2019－2021》。

印度政府于 2005 年通过了《信息权利法 2005》。2011 年，印度政府发布《信息技术法 (2011)》。2012 年印度内阁批准了《国家数据共享与获取政策》，同年知识委员会发布《电子政务建议》，国家信息中心制定《国家数据共享与获取政策实施指导意见》。2015 年，印度内阁经济事务委员会审查通过了《国家超级计算机计划》，该计划为"数字印度"和"印度制造"提供技术支持。

8.2.2　主要国家数据开放机构

美国政府数据开放主要由总务管理局统一管理，负责相关政策及法规的制定，并向各机构执行数据开放提出建议和指导。总务管理局通过下属的公民服务与创新技术办公室建设和维护集成性政府数据开放平台 data.gov，统一发布各种有效数据。另外，美国总务管理局下设公民服务与创新技术办公室、管理与预算办公室、信息自由法案办公室、信息政策办公室辅助其进行国家数据管理。

英国政府数据开放的领导机构是内阁办公室，负责各部门的协调、监管以及相关政策的制定。为实施政府数据开放，英国政府建立了许多专门机构来负责处理不同的事务，如《2011 秋季声明》和《关于开放数据措施进一步细节的秋季声明 2011》提出建立开放数据研究所、数据战略委员会以及公共数据小组等。

新西兰政府专门设立了 3 个职责重点不同的政府数据开放治理小组(政府数据开放首席执行官小组、开放政府数据指导小组、开放政府数据秘书处)和 1 个专业信息官团队(政府首席信息官团队)来规范并监督各政府部门数据开放与发布的行为。

8.2.3　主要国家数据开放规范标准

美国各级政府非常重视开放政府数据的元数据标准化工作，目前国家数据门户的元数据方案已建立了对 DCAT 和 Schema.org 的映射，并且在方案中对元数据字段进行了详细解释。美国政府开放数据平台采用的元数据方案，对数据集进行了全面描述，尽量提供可规范描述属性内容的标准化数字符号标识，这些都大大增强了数据资源描述的规范性，方便用户在平台上搜寻、检索所需的数据，也可以减少用户在使用数据前的数据预处理工作，提高用户在使用数据时的效率[111]。

韩国公共数据采用机器可读格式，并以其他便于用户存取的各种技术来确保数据可获取性和可存取性[112]。韩国开放数据平台的《开放数据标准指南》规定：根据其项目和属性来对数据目录进行标准化；数据类型是 CSV、JSON、XMLEtc 等可机读格式，对于 HWP 和 XLS 格式的文件，则会被转换为 CSV 格式；开放数据命名规则是"提供者+数据名+数据+文件"；"开放数据门户登记"则是由拥有该数据的部门进行。

8.3 政府数据开放的挑战

(1) 高质量、高价值数据开放有待增强。

政府数据开放面对的群体包括企业、社会公众和政府自身，要想让用户对数据进行个性化的加工和再利用，其前提必须是对数据进行充分的公开开放，同时保证需求端的易操作性、可机读性，以及数据的高质量和高价值。2017 年全球开放数据晴雨表显示，只有 7%的数据是完全开放的，每两个数据集中只有一个是机器可读的，只有 1/4 的数据集具有开放许可。目前开放的政府数据通常是不完整的、过时的、低质量的和零散的。在晴雨表统计的 115 个政府中，有 79 个拥有开放的政府数据门户，但最完整的数据通常来自官方的开放数据门户网站以外。在这些国家，61%的最全面的数据集由其他政府机构发布[113]。可见，目前还存在大量政府数据尚未公开的情况，即使是开放的数据也达不到高质量、高价值的要求，无法满足所有公众的需求。

(2) 数字鸿沟尚未弥合。

数字鸿沟是指在全球数字化进程中，不同国家、地区、行业、企业、社区之间，由于对信息技术的拥有程度、应用程度以及创新能力的差别而造成的信息落差及贫富进一步两极分化的趋势[114]。弥合数据鸿沟、缩小信息差别是全球均衡发展的内在要求，更是政府在数据开放过程中肩负的重大责任。如果政府所收集的信息持续忽视部分公众的需求，其数据开放的成效会大打折扣。《2018 年联合国电子政务调查报告》显示，尽管许多国家在政府开放发展方面取得了重大进展，但数字鸿沟依然存在，这将危及 2030 年可持续发展议程中"不让任何一个人掉队"的原则。因此，越来越多的国家在为消除数字鸿沟做出努力。例如，目前向低收入群体提供在线服务的国家数量翻了两倍(120 个国家)，为青年、妇女、移民、难民、老年人和残疾人提供在线服务的国家都几乎翻了一倍，分别达到了 144、135、126、128、128 个国家。《2020 年联合国电子政务调查报告》显示，已有 80%的成员国向这些特殊群体提供数字服务，努力不让任何一个人掉队。除了为弱势群体提供在线服务外，许多国家还制订了数字素养培养计划，通过数字援助帮助那些无法自行获取在线服务的社会成员。例如，新加坡政府制订了 Silver Infocomm Initiative(SII)计划[115]，旨在解决老年人缺乏教育或数字技能的问题。葡萄牙政府同样启动了 Citizen Spots 计划来帮助具有网络障碍的公民。

(3) 数据更新维护有待加强。

政府数据开放在数据的动态更新与维护方面有待提高[33]。从各国政府数据开放的发展历程来看，开放只是基础，维护和利用才是提升数据价值的关键。同时，政府对于已公开数据的保管也比较薄弱，缺乏有效的数据保管机制，即缺少特定的机构对所有上传的信息进行保护、管理与监督。对于公众如何使用这些数据、数据是否被不当使用或是否受损害等情况，政府无法获知与有效地监督。

(4) 隐私与安全面临巨大挑战。

2021 年全球共有 30.8 万个包含敏感资产的数据库被暴露在互联网上，2022 年一季度新发现的公开数据库更是多达 9 万个，增速迅猛；超过 30%(约 93 600 个)的暴露数据库位于美国，中国的暴露量位列第二，共 54 700 个。国家网络安全和个人隐私安全都面临着巨大的挑战。网络谣言、网络文化渗透、网络关键信息窃取、网络恐怖主义等都会对国家网络安全产生威胁[116]，国际社会应当加强网络空间治理的对话、协商与合作，即对各国的网络主权和国家安全进行保护，同时共同努力推进国际网络空间的共治和共享。2018 年 9 月 20 日美国发布的《国家网络战略》中指出，要管控网络安全风险，提升国家信息与信息系统的安全与韧性、识别、反击、破坏、降级和制止网络空间中破坏稳定和违背国家利益的行为，保持互联网的长期开放性、互操作性、安全性和可靠性。为了保障网络安全，维护网络空间主权、国家安全、社会公共利益，保护公民、法人和其他组织的合法权益，日本内阁网络安全中心于 2021 年 9 月 28 日通过，2022 年 2 月 1 日发布了最新的《网络安全战略》的彩色手册版，从中长期的观点出发，叙述了将要实施的各项措施的目标和实施方针。

(5) 政府数据开放法律仍需健全。

制度是数据开放的前提，数据开放进程需要在相关政策及法律法规的指导下有序进行[117]。因此，应制定数据开放原则和机制规范、数据分级分类标准、数据发展及使用的责任与权益等数据开放过程中的标准规范，加快制定数据安全、网络安全、隐私保护方面的法律法规，规范数据使用，健全信息安全保护制度，加强隐私保护。目前，部分政府数据开放领先的国家已经制定了针对性的法律法规来规范政府数据开放。以美国为例，其采用了成文立法和政策保障双重工具来推进政府数据开放，以法规形式保障公民的数据权，规制政府数据开放的原则及范围，相关法规包括《信息自由法》《隐私权法》《阳光下的政府法》《电子信息自由法》《数据质量法》《开放政府数据法》等。英国、日本政府也在不断完善开放政府数据的政策法规体系，循序渐进地引导和支持数据开放。

(6) 政府协作能力有待提高。

政府是各类公共数据资源的集大成者，数据资源的全面搜集与保存主要依靠政府来完成，但数据的深度挖掘与价值开发仅仅依靠政府的力量是无法完成的，政府必须提高自身与公民或其他组织团体进行协作共赢的能力，充分利用全社会的创新能力释放政府数据开放的潜在价值[5]。例如，依托政府门户网站建设数据开放平台的模式不仅增加了用户操作的烦琐程度，并且很容易使政府信息公开栏目与数据开放栏目存在交集，不利于用户体验及数据信息的获取。这种建设模式随意性较大，极易造成大量数据资源浪费，同时也无法解决数据开放口径不统一、数据共享难的问题。如何在政府数据开放过程中通过协作共赢释放数据的巨大价值、在满足社会利益的同时降低政府自身成本、提高公共管理能力，是政府面临的又一大挑战。

本 章 小 结

国外政府数据开放进程如火如荼，各国在政府数据开放的标准、形式、主体、职责等方面不断创新与改革，呈现出一定的地域特点，使全球政府数据开放更具广度和深度。

首先，政府数据开放平台作为公共数据开放的重要载体，不断向规范化发展。自 2009 年美国最先上线政府数据开放平台以来，澳大利亚、英国、日本、新西兰等国家也陆续进行政府数据开放平台的建设，目前各国政府的数据开放平台发展日趋成熟，主要体现在数据集和主体数量不断增加、数据功能和开放范围不断扩大、平台集成和整合能力不断提升等方面。

其次，各国政府对数据开放的保障措施逐步完善。一方面，各国相继出台数据开放的相关政策，对政府的数据开放工作提出指导性意见，还制定了更为完善的国家数据开放规范标准；另一方面，各国加快统一的国家数据开放机构的建设，增强相关人才培养与支持力度，保障国家数据的管理。

尽管如此，国外政府数据开放仍面临着一定的挑战。政府数据开放不完全、不标准等问题制约了开放质量，已开放的数据也存在不完整、过时、低质量和零散的现象，高质量、高价值的数据开放有待进一步增强。另外，数字鸿沟尚未弥合、数据更新维护有待加强、隐私与安全仍需保障、政府数据开放法律仍需健全、政府协作能力有待提高等现象，都是政府当前面临的挑战。

第九章

公共信息资源开放的国内实践

在全球政府数据开放运动的影响下，我国加强了公共信息资源开放领域的政策法规的指导，各地政府也积极推进政府数据开放平台的建设，共同追赶数据开放的浪潮。在经历了政府上网时期、政府信息公开时期、政府信息共享时期后，我国正式进入公共信息资源开放时期。目前国家公共信息资源开放战略已经逐步明确，相关开放工作正迅速展开，在提升政府治理能力、促进产业发展和提高公共服务水平方面的应用已初见成效。

9.1 公共信息资源开放历程

我国公共信息资源开放起步较晚，是一个持续不间断的动态过程。开放工作的重点与开放程度均随着信息技术的不断革新而逐渐改变，展现出不同的发展特征。按照公共信息资源开放工作的内容、范围、程度、机制等属性，可将我国公共信息资源开放进程大致分为政府上网时期、政府信息公开时期、政府信息共享时期和公共信息资源开放时期四个时期。

9.1.1 政府上网时期

政府上网即政府职能上网，指在网络上成立一个虚拟的政府来实现政府的职能工作。我国政府上网从 20 世纪 90 年代末正式拉开帷幕。

1998 年 4 月，青岛市在互联网上建立了我国第一个严格意义上的政府网站——青岛政务信息公众网，该网站初步实现了网络发布信息、网络收集信息、网上办公等功能。1999年 1 月，"政府上网年"的第一幕正式拉开，由中国电信和国家经贸委经济信息中心牵头，联合 40 多个部委(办、局)信息主管部门，在北京召开了"政府上网"工程启动大会，开通了"政府上网"工程的主站点 www.gov.cninfo.net 和门户站点 www.gov.cn。1999 年，"数字北京"工程计划建立首都信息平台，用以实现电子政务、电子商务、信息化社区、科技信息网和远程教育等。随后各级政府逐步建立了各自的门户网站，用于公布政府部门的名称、职能、机构等信息。政府上网一定程度上方便了群众了解政务相关信息，为后续政府信息公开与共享打下坚实的基础[118]。

截至 2021 年 12 月，全国正在运行的政府网站共 14 566 家。其中，中国政府网 1 家，国务院部门及其内设、垂直管理机构政府网站 890 家，省级政府网站 1 660 家，市级及以下行政单位政府网站 12 015 家。

9.1.2　政府信息公开时期

在法律上，政府信息公开是指国家行政机关和法律、法规、规章授权和委托的组织，在行使国家行政管理职权的过程中，通过法定形式和程序，主动将政府信息向社会公众或依申请而向特定的个人或组织公开的制度[119]。政府上网的同时伴随着信息公开，因此信息公开贯穿政府信息化建设的全过程。

2004 年 3 月，国务院印发《全面推进依法行政实施纲要》，把行政决策、行政管理和政府信息公开作为推进依法行政的重要内容。2007 年 5 月，国务院制定了《中华人民共和国政府信息公开条例》，规定了各个政府部门的职责，信息公开的范围、方式及程序，使政府信息公开的工作制度化、法律化。2008 年 5 月，《中华人民共和国政府信息公开条例》正式实施，标志着政府信息公开工作进入了高潮，政府信息公开工作不断深化，各级政府不断扩大信息公开范围，加强主动公开政府信息的工作力度。2011 年，国务院各部门主动发布信息近 150 万条，地方省一级政府主动发布信息约 2 880 万条，同时各地、各部门及时受理信息公开申请的要求，比如"三公经费"问题、预算问题等。截至 2022 年 7 月，全国 31 个省(自治区、直辖市)及新疆生产建设兵团已全部公布省级政府部门权力清单和责任清单。

9.1.3　政府信息共享时期

政府信息共享指的是政府按照相关法律法规的规定，将其拥有的信息及资源在空间上进行更合理的配置，即通过协调信息资源在时间、区域、部门等数量上的分布，更加合理地布局信息资源，从而使政府信息在既定的资源约束条件下能够最大限度地满足公众的信息需求，同时也使得政府存量信息资源能够发挥最大的作用，包括因履行职责需要使用其他政务部门政务信息资源和为其他政务部门提供政务信息资源的行为。

随着我国政府上网与政府信息公开的发展，政府信息共享工作被提上日程。2003 年，国务院信息化工作办公室、海关总署、国家税务总局等八部门决定，在进出口领域开展企业基础信息交换试点；此后从中央到地方，各职能部门陆续提出了不同领域的政府信息共享要求。2013 年 4 月 12 日，国家发展和改革委员会联合其他六部委印发《关于进一步加强政务部门信息共享建设管理的指导意见》，这标志着我国政府信息共享阶段发展的正式开始。

2016 年 9 月，国务院正式印发了《政务信息资源共享管理暂行办法》，提出"以共享为原则，不共享为例外"的原则，界定了信息共享的范围和责任，对信息共享工作的管理、协调、评价和监督等均作出了明确规定和要求。2017 年 5 月，国务院办公厅印发《政务信息系统整合共享实施方案》，围绕政府治理和公共服务的紧迫需要，以最大程度利企便民，让企业和群众少跑腿、好办事为目标，提出了加快推进政务信息系统整合共享、促进国务院部门和地方政府信息系统互联互通的重点任务和实施路径。2018 年 5 月，国务院总理李克强主持召开国务院常务会议，明确指出到 2019 年，使网上可办的省级、市县级政务服务事项分别不低于 90%、70%，这预示着我国政府信息共享将迎来新的篇章与突破。

自各政策实施以来，各地方政府积极探索并大胆突破，开展了大量卓有成效的工作，具备了广泛开展政务信息共享的充分条件。例如，多部委共建共享了人口基础信息库、法人单位基础信息库、自然资源和空间地理基础信息库、宏观经济信息数据库四个国家基础信息数据库，为政府信息共享和跨部门协作提供了保障。国家人口基础信息库由公安部牵头，教育部、民政部、人力资源和社会保障部、卫生和计划生育委员会共建，已存储包含13 个数据项的有效人口信息 13.99 亿，其中 7 项数据的采集率达到 100%，初步实现了对我国人口基础信息的统筹管理，破解了以前相关部门各自采集维护的出生、死亡等信息的真实性、有效性难题。国家发展和改革委员会通过信用信息共享、12358 价格监管、投资项目在线审批监管、公共资源交易等四大平台建设，有力贯彻了"放管服"改革部署，激发了市场活力和社会创造力。

9.1.4 公共信息资源开放时期

公共信息资源是指政务部门和公共企事业单位所产生或管理的[120]，具有原始性、可机器读取、可供社会化再利用等特征的数据集，对其进行开发利用将会带来巨大的综合效益。

随着政府上网、政府信息公开及政府信息共享阶段的不断推进，公共信息资源开放已日益成为政府与社会公众普遍关注的热点。2013 年印发的《国务院关于促进信息消费扩大内需的若干意见》中提出了公共信息资源开放的有关概念，并对制定公共信息资源开放共享管理办法、加快启动政务信息共享国家示范省市建设等工作作出了相应部署，这标志着我国政府公共信息资源开放阶段的正式到来。

2015 年 8 月 31 日，国务院印发《促进大数据发展行动纲要》，要求大力推动政府信息系统和公共数据互联共享。2017 年 2 月 6 日，中央全面深化改革领导小组第三十二次会议审议通过《关于推进公共信息资源开放的若干意见》，推进了公共信息资源开放工作。2018年 1 月发布了《公共信息资源开放试点工作方案》，该方案以试点形式具体部署了公共信息资源开放的任务。北京、上海、浙江和贵州 4 个试点地区依托各省级公共信息资源开放平台开放了一批数据，形成了有效的制度规范和可以借鉴推广的做法经验，起到了辐射带动和示范引领的作用。2022 年 6 月，国务院印发《关于加强数字政府建设的指导意见》，强调进一步推进全国一体化政务大数据体系建设，加强数据治理，依法、依规促进数据高效共享和有序开发利用，充分释放数据要素价值，构建开放共享的数据资源体系。

从整体来看，我国公共信息资源开放工作稳步进行并逐步深化。具体表现在：

(1) 参与部门不断增加，开放主体积极配合。例如，截至 2022 年 7 月，北京市的公共信息资源开放部门已扩展到 96 个，上海市已扩展到 50 个。

(2) 开放范围陆续扩大，开放类型逐渐丰富。当前公共信息资源开放的范围包括道路交通、资格资质、学校信息、卫生医疗等公共信息资源；开放数据的类型包括原始数据、加工数据、数据服务 API 和可直接使用的数据应用等多种形式。

(3) 地方开放平台顺利运行，服务功能集中呈现。例如，上海市政府数据服务网于 2012年 6 月上线，成为我国内地首个政府数据开放平台。2017 年 1 月 18 日，贵阳市政府数据开放平台正式上线试运行，首批面向社会免费开放 634 个数据集以及 101 个 API 资源，基本涵盖贵阳市级所有政府部门及相关直属事业单位共 50 余个部门。截至 2021 年 10 月，我国省市级政府数据开放平台已有 193 个。

(4) 公共信息资源开放成效显著，数据利用及数据配置有较大突破。随着公众对各类公共产品需求水平的快速提升,公共产品供给领域内政府—市场—社会关系发生显著变迁,政府数据开放以促进数据开发利用为首要目标,政府负责扮演数据要素供应方,通过向社会供给公共数据资源,支撑成品化公共产品的合作供给以及公共数据资源所蕴藏经济价值的释放。因而,在政府治理、产业发展以及公众服务领域有了较大的突破。

9.2 我国地方政府数据开放平台

目前我国尚未建立国家级政府数据开放平台,但省市级的政府数据开放平台的建设速度迅猛。截至 2021 年 10 月,我国已有 193 个省级和城市的地方政府上线了数据开放平台,其中省级平台 24 个(含省、自治区和直辖市,不包括港澳台),城市平台 169 个(含副省级与地级行政区)。与 2020 年下半年相比,新增 51 个地方平台,平台总数增长超三成。这些平台符合政府数据开放的基本特征,是中国政府数据开放的先行者。具体平台名称、所属地方政府和域名如表 9-1 所示。

表 9-1 中国地方政府数据开放平台(部分)

序号	平 台 名 称	地 点	层级	平 台 域 名
1	北京市公共数据开放平台	北京市	省级	https: //data.beijing.gov.cn/
2	开放广东	广东省	省级	https: //gddata.gd.gov.cn/index
3	贵州省政府数据开放平台	贵州省	省级	http: data.guizhou.gov.cn/home
4	江西省政府数据开放网站	江西省	省级	https: //data.jiangxi.gov.cn/
5	浙江省人民政府	浙江省	省级	http://data.zjzwfw.gov.cn/jdop_front/index.do
6	山东公共数据开放网	山东省	省级	https: //data.sd.gov.cn/
7	上海市公共数据开放平台	上海市	省级	https: //data.sh.gov.cn/index.html
8	青岛公共数据开放网	山东省青岛市	副省级	http://data.qingdao.gov.cn/qingdao/index? siteCode= 370200000000
9	贵阳市政府数据开放平台	贵州省贵阳市	副省级	https: //data.guiyang.gov.cn/city/index.htm
10	深圳市政府数据开放平台	广东省深圳市	副省级	http: //opendata.sz.gov.cn/
11	哈尔滨市公共数据开放平台	黑龙江省哈尔滨市	副省级	http: data.harbin.gov.cn/oportal/ index
12	武汉市公共数据开放平台	湖北省武汉市	副省级	https: //data.wuhan.gov.cn/
13	厦门市大数据安全开放平台	福建省厦门市	副省级	https: //data.xm.gov.cn/opendata/index.html#/
…	…	…	…	…

9.2.1 省级政府数据开放的成效

1. 上海市政府数据开放平台

上海市作为最早开展政府数据开放工作的地方政府,自 2012 年 6 月上海市政府数据服务网正式上线试运行以来,截至 2022 年 7 月,平台共提供 13 个开放数据领域,包括资源环境、教育科技、道路交通、卫生健康、民生服务、城市建设及信用服务等,共开放数据集 5 464 个，开放的数据项总量达到 2 021 483 024 条。该平台除了提供数据之外，上海市政府还通过平台将一些基于数据挖掘和分析的结果及服务提供给公众，例如数据图谱、典型应用等，便于用户更加清楚地了解数据开放状况并更有效地利用数据。上海市公共数据开放平台主页如图 9-1 所示。

图 9-1　上海市公共数据开放平台主页

上海市公共数据开放平台提供的"数据图谱"栏目是对开放的政府数据情况进行统计分析的结果，并以可视化的图谱形式进行展示，用户可以清楚地了解到目前政府数据开放的情况以及被利用的状况。上海市公共数据开放平台"数据图谱"页面如图 9-2 所示。

图 9-2　上海市公共数据开放平台"数据图谱"页面

2. 贵州省政府数据开放平台

贵州省作为公共信息资源开放的试点地区，其建立的政府数据开放平台一直是其他省份效仿的典范，也取得了斐然的成绩。贵州省政府数据开放平台采用"专有式"进行开放，即开放数据统一汇聚在一个专门的平台上进行开放，数据汇集展示于平台首页。并且，平台提供两种可视化展现的方式，分别为展现平台数据之间关联性的数据图谱、展现平台数据的开放和访问情况，如数据开放量最多的部门和主题。对平台数据进行可视化展现，有利于用户更为直观形象地了解平台数据情况，如图 9-3 所示。

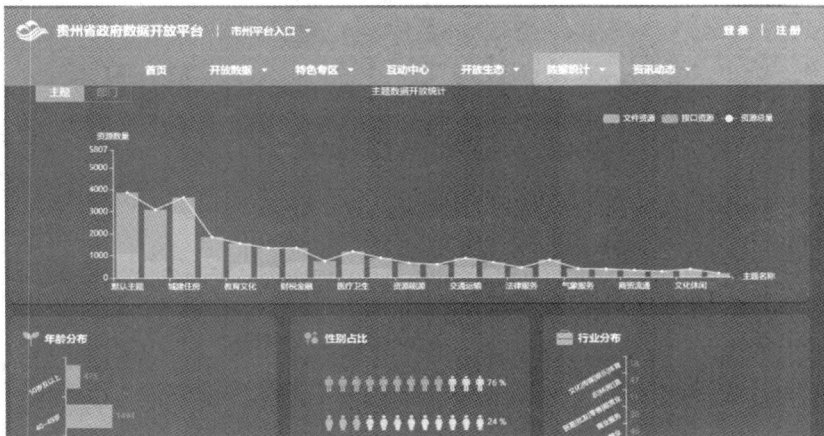

图 9-3 贵州省政府数据开放平台数据统计

9.2.2 地级市政府信息公开的状况

政府信息公开实施的效果主要由政府网站的目录覆盖能力反映。目录覆盖能力基于国家相关政策法规要求界定服务的边界与范围，即政府各目录清单的完备度和准确度。衡量国家信息公开目录覆盖效果的前提在于政府是否通过互联网提供了目录清单入口。目录清单包括责任清单、权力清单、政府信息公开目录与公共服务清单四个维度。通过统计各个政府网站是否提供了各类清单、各类清单的互联网入口名称是否规范、清单是否按照分类引导、清单包含的信息是否全面四个方面来描述政府信息公开状况。而 32 个省级政府网站(包括新疆生产建设兵团)均按照国务院要求提供了权责清单。

根据《中国地方政府互联网服务能力发展报告(2018)》的统计可知，政府网站目录覆盖能力满分 12 分，最高分 11.02 分，最低分 1.80 分。在我国 333 个地级市政府网站中，长春市、大连市、白山市等目录覆盖能力相对较高，全国目录覆盖能力平均得分 7.59 分，206 个地区的目录覆盖能力超过了全国平均水平，占比 61.86%，这表明大部分地级市政府能够按照国家相关规定提供较为完善的责任清单、权力清单、政府信息公开目录与公共服务清单。然而，我国地级市政府目录覆盖能力均值的得分率仅为刚好及格，因此地级市政府仍需进一步加强目录覆盖能力的建设。在目录覆盖能力的四个维度中，政府信息公开目录覆盖能力得分率最高，为 91.07%；权力清单与责任清单覆盖能力得分率相对较高，分别为66.71%、64.11%；公共服务清单覆盖能力得分率最低，为 31.12%。

地级市政府网站目录清单入口的建设要求应与省级一致，保障公众方便快捷地查询数据。咸阳市人民政府网站所提供的信息公开目录入口和信息公开目录分类如图 9-4 所示。

图 9-4　咸阳市人民政府网站信息公开目录入口

9.3　公共信息资源开放的势头

9.3.1　公共信息资源开放战略

自 2013 年颁发的《国务院关于促进信息消费扩大内需的若干意见》中提出了公共信息资源开放的有关概念以来，我国政府公共信息资源开放战略逐步明确。2015 年 8 月 31 日，国务院印发了《促进大数据发展行动纲要》，明确要求加快政府数据开放共享，推动资源整合。其要求到 2018 年底前，我国计划建成国家政府数据统一开放平台。2017 年 2 月 6 日，中央全面深化改革领导小组第三十二次会议审议通过的《关于推进公共信息资源开放的若干意见》，提出着力推进重点领域公共信息资源开放，释放经济价值和社会效应；还要坚持全面部署和试点带动相结合，依法有序推进改革。2018 年 1 月，中央网信办、国家发展和改革委员会、工业和信息化部联合印发《公共信息资源开放试点工作方案》，将我国公共信息资源开放的要求更加具体和深入化。其确定在北京、上海、浙江、福建、贵州五地开展公共信息资源开放试点，要求试点地区结合实际制定具体的实施方案，从建立统一开放平台、明确开放范围、提高数据质量、促进数据利用、建立完善制度规范和加强安全保障六方面积极有序地开展相关工作，着力提高开放数据质量，促进社会化利用，探索建立制度规范，形成可复制的经验，逐步在全国范围加以推广。

2020 年 4 月，中共中央、国务院印发《关于构建更加完善的要素市场化配置体制机制的意见》，推进政府数据开放共享。要求优化经济治理基础数据库，加快推动各地区各部门间数据共享交换，制定出台新一批数据共享责任清单，研究建立促进企业登记、交通运输、气象等公共数据开放和数据资源有效流动的制度规范。2021 年 6 月由全国人大常委会通过，于同年 9 月开始施行的《中华人民共和国数据安全法》提出，国家要制定政务数据开放目录，构建统一规范、互联互通、安全可控的政务数据开放平台，推动政务数据开放利用。2022 年 1 月，国务院印发《"十四五"数字经济发展规划》，提出统筹公共数据资源的开发利用，推动基础公共数据安全有序开放，构建统一的国家公共数据开放平台和开发利用端口，加强资源共享和数据开放，推动线上线下相结合的创新协同、产能共享。

9.3.2　公共信息资源开放工作

2012 年上半年，上海市推出我国内地第一个政府数据开放平台，截至 2021 年 10 月，我国已陆续上线 193 个符合政府数据开放基本特征的省级及地级市平台，其中包括 24 个省级平台和 169 个地市级平台。现就北京市、上海市、浙江省、贵州省、福建省这 5 个试点地区以及深圳市探索公共信息资源开放的推进情况进行论述。

1. 统一开放平台的建立

以域名格式 xxxdata.gov.cn 作为数据开放平台的判断依据，截至 2022 年 7 月，五个试点地区都已建立了数据开放平台。平台包括了数据集开放、数据的动态展示、平台可视化展示、便捷搜索、互动交流以及工具服务等功能。上述六地区的数据开放平台网址如表 9-2 所示。

表 9-2　六省市数据开放平台网址

省市名称	数据开放平台网址
北京	data.beijing.gov.cn/
上海	data.sh.gov.cn/
贵州	data.guizhou.gov.cn/home
浙江	data.zjzwfw.gov.cn/jdop-front/index.do
福建	data.fujian.gov.cn/
深圳	opendata.sz.gov.cn/

1) 平台的数据集开放功能

数据集采用专有式和嵌入式两种形式进行开放。北京市、上海市、贵州省、福建省和深圳市的平台形式为专有式，即指将开放数据统一汇聚在一个专门的平台上进行开放，数据汇集展示于平台首页。而浙江省为嵌入式，即指将其开放数据统一汇聚为一个栏目板块，嵌入在浙江政务服务网中，因此在平台首页并无数据汇集。

2) 平台的数据动态展示功能

政府数据开放平台在首页或数据目录页醒目位置展示数据更新和下载动态，可提示用户有关数据集、API 接口和 App 应用的最新情况。北京市的数据平台首页展示了最新数据、访问量和好评度板块，如图 9-5 所示。在六省市中，上海市和浙江省涉及的动态展示条目最多，产品(数据)、接口、应用三类资源分别展示了最新更新、使用最多(访问量)、优评(好评度)3 个类别；另外，贵州省、北京市和深圳市的动态展示条目为 4 个，福建省为 3 个。通过动态展示，用户可以直观地看到自己想要的数据集并点击下载。

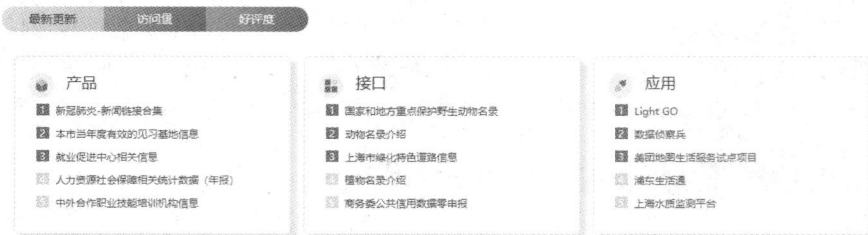

图 9-5　北京市公共数据开放平台动态展示

3) 平台的可视化展现功能

北京市、上海市、浙江省、贵州省、福建省和深圳市的数据开放平台提供了两种可视化展现的方式，分别为展现平台数据之间关联性的数据图谱、展现平台数据开放和访问的情况，如数据开放量最多的部门和主题。如图 9-6 所示，深圳市政府数据开放平台提供了接口更新、目录更新统计和词云等功能。对平台数据进行可视化展现，有利于用户更为直观形象地了解平台数据情况。

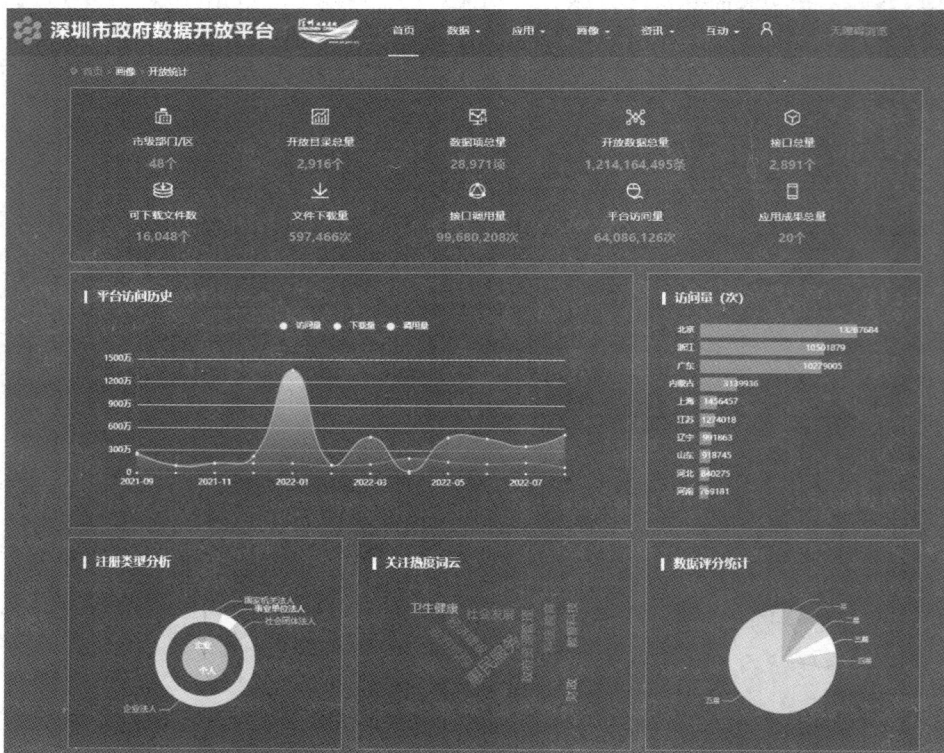

图 9-6　深圳市政府数据开放平台数据图

4) 平台的便捷搜索功能

便捷搜索功能指政府数据开放平台提供了便捷的引导搜索功能，以帮助用户发现目标数据。六省市的数据开放平台皆提供了便捷搜索功能，通过搜索关键词即可搜索到相应的数据集。所有数据开放平台均提供了高级搜索功能，可以通过设置多个筛选条件进行更为精确的搜索，如图 9-7 所示。各地方政府数据开放平台都提供了多种数据分类搜索导航方式，常见的有按主题、按机构分类，上海市的搜索导航中还加入了综合评分，以供用户根据评分进行搜索。

图 9-7 北京市公共数据开放平台高级搜索功能

5) 平台的互动交流功能

互动交流功能是指政府数据开放平台提供了便于用户与数据提供方进行双向沟通的功能，主要包括调查问卷、数据需求和咨询建议。六个省市的数据开放平台都提供了社会参与公共信息资源开放的互动交流功能，上海市和贵州省的数据平台还采用了星级评价和文字评价两种途径展现用户对于数据集的评分与意见，且允许用户无须注册便可对数据集直接进行评价，如图 9-8 所示。互动交流增强了平台与用户、用户与用户之间的互动性，这样平台就能够及时响应用户的数据需求，有利于提高数据质量。

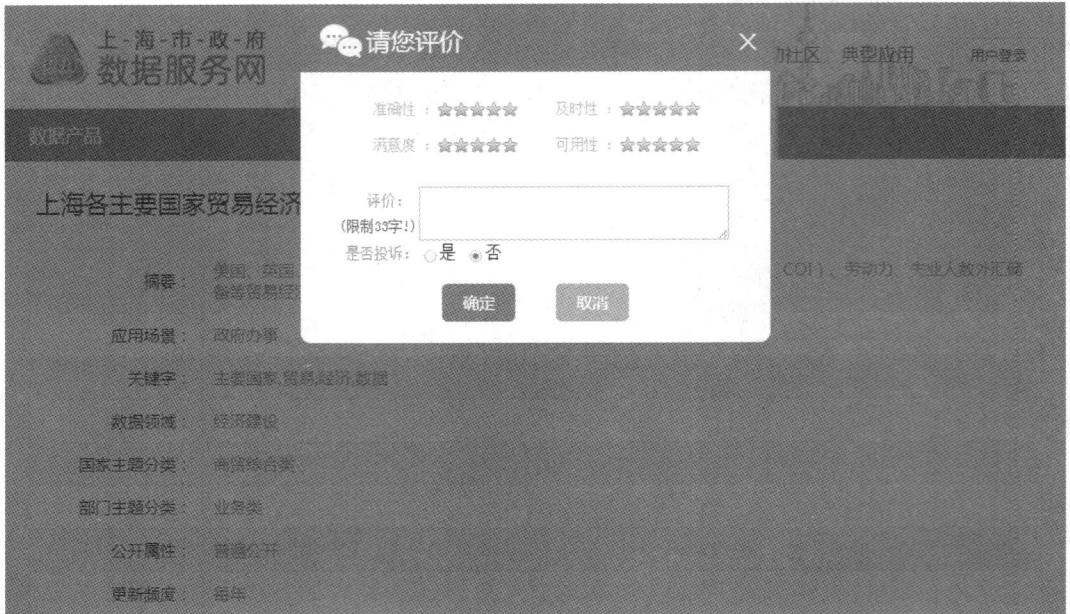

图 9-8　上海市政府数据服务网评价功能

6) 平台的工具服务功能

平台的工具服务功能是为政府数据开放平台提供基本工具，以帮助用户对数据集进行分析和开发。政府数据开放平台除了要向用户提供原始数据外，还要提供基本工具帮助用户对数据进行分析和开发。在六个省市中，贵州省、上海市和北京市提供了一定的工具，包括可视化分析工具和开发工具，这三个省市平台工具提供的具体情况见表 9-3。

表 9-3　三省市平台工具提供

省市名称	提 供 工 具
贵州	开发者工具：云服务器(ECS)，关系型数据库服务(RDS)，开放存储服务(OSS)，负载均衡(SLB)，消息队列(MQ)，视频云服务(VCS)
上海	开发工具 Eclipse，轻量级服务器 Tomcat 以及 Java 开发工具包 JDK
北京	开发者工具：　UrlEncode，MapDown，API，NATIVE/ASCII，jQuery 数据分析工具：Spark，Storm，SPSS，Weka，RapidMiner，… 数据搜索工具：Solr，Lucene，… 数据可视化工具：ECharts，Tableau，…

2. 开放范围的明确

《公共信息资源开放试点工作方案》指出，凡是不涉及国家秘密、商业秘密、个人隐私以及法律法规规定的不得开放的公共信息资源，都应逐步纳入开放范围。对非涉密但敏感的数据，要对原始数据进行脱敏加工后开放。在六个省市中，各地方政府对不同领域的信息资源进行了一定的开发，包括经济建设、资源环境、教育科技、道路交通和民生服务等领域，福建省的数据平台涉及的数据领域最多，为 26 个数据领域。表 9-4 为六省市截至 2022 年 8 月的数据开放领域范围。

表 9-4 六省市数据开放领域及资源量

省市名称	数据领域条目(括号中为条目数量)
北京	经济建设(634)、信用服务(13)、财税金融(242)、旅游住宿(120)、交通服务(156)、餐饮美食(14)、医疗健康(374)、文体娱乐(381)、消费购物(40)、生活安全(58)、宗教信仰(12)、教育科研(572)、社会保障(413)、劳动就业(53)、生活服务(360)、房屋住宅(165)、政府机构与社会团体(8 616)、环境与资源保护(348)、企业服务(314)、农业农村(117)
上海	城市建设(694)、经济建设(683)、民生服务(594)、公共安全(458)、教育科技(406)、卫生健康(386)、资源环境(362)、文化休闲(240)、道路交通(230)、机构团体(199)、信用服务(182)、社会发展(158)、其他(1)
深圳	综合政务(243)、经济管理(208)、国土资源&能源(55)、工业&交通&邮政(205)、信息产业(62)、城乡建设&环境保护(328)、农业&水利(59)、财政(169)、商业&贸易(88)、旅游&服务业(108)、气象&水文&测绘&地震(121)、政法&监察(150)、科技&教育(216)、文化&卫生&体育(402)、军事&国防(34)、劳动&人事(149)、民政&社区(181)、文秘&行政(123)、综合党团(1)
贵州	默认主题(2 459)、城建住房(1 242)、生活服务(1 106)、教育文化(999)、机构团体(963)、财税金融(820)、工业农业(792)、市场监管(715)、医疗卫生(647)、生态环境(510)、资源能源(465)、安全生产(444)、社保就业(413)、交通运输(375)、公共安全(319)、法律服务(310)、商贸流通(218)、地理空间(180)、科技创新(173)、气象服务(163)、文化休闲(128)、信用服务(111)
浙江	安全生产(23)、财税金融(63)、城建住房(77)、地理空间(17)、法律服务(32)、工业农业(98)、公共安全(39)、机构团体(67)、交通运输(61)、教育文化(200)、科技创新(30)、气象服务(22)、商贸流通(53)、社保就业(13)、社会救助(5)、生活服务(43)、生态环境(109)、市场监督(158)、信用服务(63)、医疗卫生(77)、资源能源(24)、其他(72)
福建	教育科技(202)、地理空间(70)、公共服务(182)、信用服务(135)、财税金融(118)、法律服务(40)、工业农业(191)、海洋服务(26)、卫生健康(60)、医疗保障(19)、统计服务(68)、闽台和海外合作(4)、机构团体(90)、社会救助(46)、资源能源(136)、商贸流通(17)、气象服务(30)、生活服务(464)、城乡建设(265)、社保就业(76)、安全生产(44)、文化旅游(43)、交通运输(139)、公共安全(41)、生态环境(180)、市场监管(101)

截至 2022 年 7 月，六省市数据开放平台的数据集和开放部门数量统计如图 9-9 和图 9-10 所示。其中，北京市数据领域中政府机构与社会团体的数据资源最多，为 8 616 个数据集。

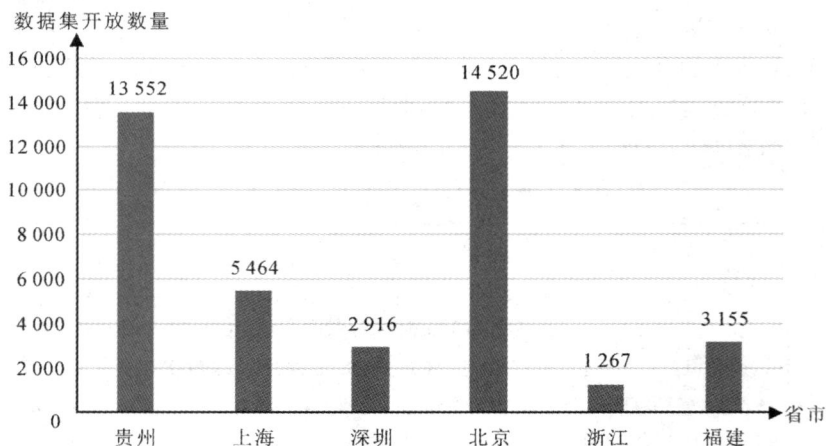

图 9-9　六省市数据开放平台数据集开放数量

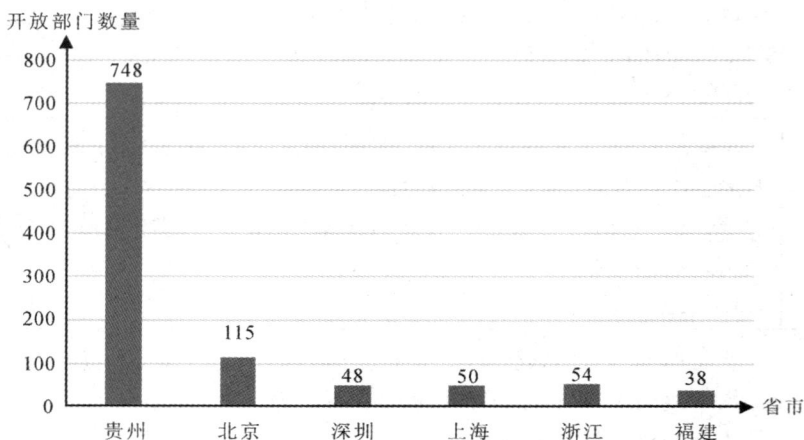

图 9-10　六省市数据开放平台开放部门数量

3. 数据质量的提高

要提高开放数据的质量，就需提升数据的完整性、准确性、有效性、时效性和机器可读性。提升数据的机器可读性是提升数据质量的重要环节，因为只有保障开放数据机器可读，数据才能通过算法进行分析，实现数据的价值。在六个省市中，数据集的下载格式都采用可机器读取的格式，如 CSV、XLS 等。六省市数据开放平台数据下载格式如表 9-5 所示。

表 9-5　六省市数据开放平台数据下载格式

省市名称	下 载 格 式
北京	XLS，CSV，JSON
上海	XLS，XLSX，CSV，API
贵州	XLS，XLSX，CSV，DOCX，PDF
浙江	XLS，API，DOC，PDF
深圳	XLS，CSV，DOC，PDF，DOCX，RAR
福建	XLS，JSON，CSV，RDF，XML

为了公众的便捷获取和开发利用，以上各试点省市均提供了数据接口和应用的开放服务，可用 API 接口下载的数据集占开放数据集总量的比例如表 9-6 所示，这满足了《公共信息资源开放试点工作方案》要求的比例不低于 30% 的准则。

表 9-6 六省市数据开放平台可用 API 接口下载的数据集占开放数据集总量比例

省 市 名 称	比 例
北京	82.34%
上海	42.66%
贵州	73.67%
浙江	50.67%
深圳	99.14%
福建	62.22%

六省市的数据开放平台均提供了评价及纠错功能，以便及时响应用户数据需求和建议，加强开放数据的审核和更新，用以保证数据的完整性和时效性。通过浏览六个省市数据开放平台发现，所有省市的最新数据都及时更新，如图 9-11 所示。

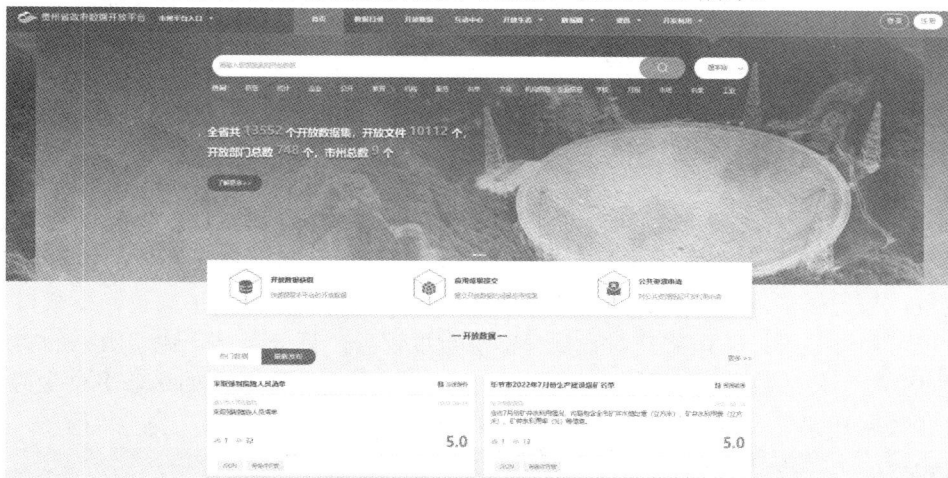

图 9-11 贵州省政府数据开放平台最新数据

4. 数据利用的深化

根据国家法律法规和部门规章等相关规定，各省市需积极推动公共信息资源的开发利用，支持引导基础好、有实力的机构、个人和社会力量利用开放数据开展应用规范，带动各类社会力量开展数据增值开发，积极营造全社会广泛参与和开发利用公共信息资源的良好氛围。当前，开放政府数据的应用成果主要分为三种类型：App 应用、传播产品和研究成果。各省市政府数据开放平台数据利用成果的类型主要是 App 应用，只有贵阳开设的"数据无限"栏目是数据利用成果的传播产品类型，而研究成果类型缺失。上海、贵阳等政府数据开放平台展示的 App 应用在开发时所利用的开放数据涵盖的领域和主题在不断增多，涉及民生服务、经济建设、社会发展、气象环保、道路交通、教育科技、卫生健康和公共安全等，如图 9-12 所示。

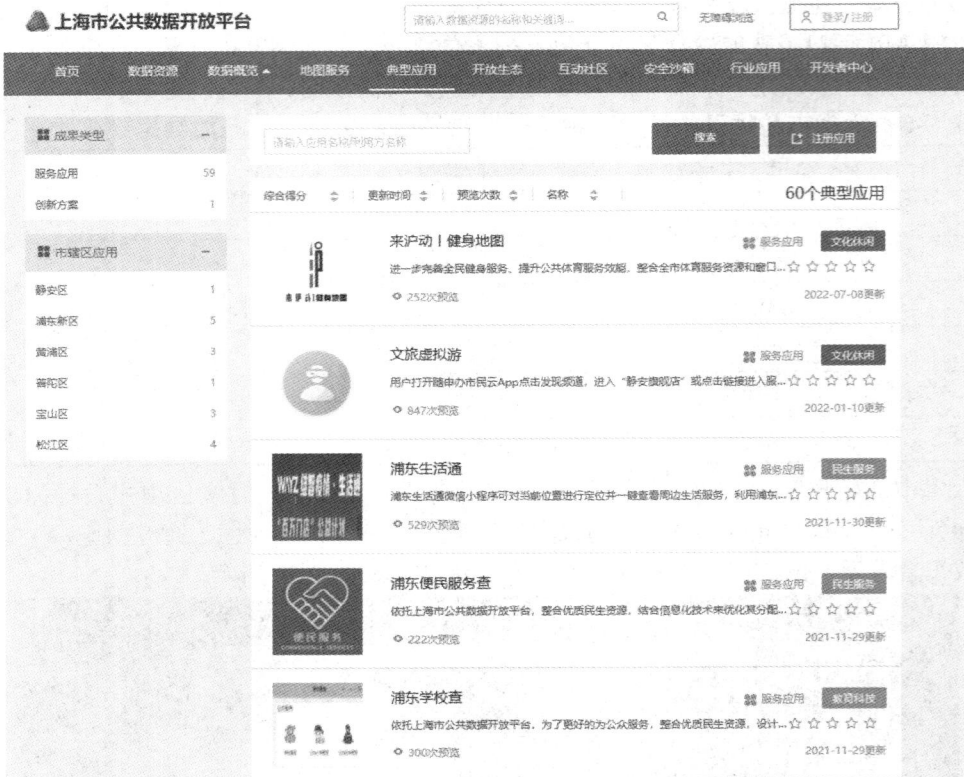

图 9-12　上海市公共数据开放平台典型应用展示

　　开放数据的利用成效主要体现在三个方面，一是公众利用政府开放的数据所开发的 App 数量，数量越多，说明开放数据的利用效果越好；二是数据的下载量，下载量越高，说明数据可用性越强；三是用户对数据集的满意度评分，评分越高，说明数据的实用性越强。比如上海市公共数据开放平台展示了 59 个应用，预览次数最多的是普惠金融应用。贵州省政府数据开放平台展示了 19 个应用，如图 9-13 所示。

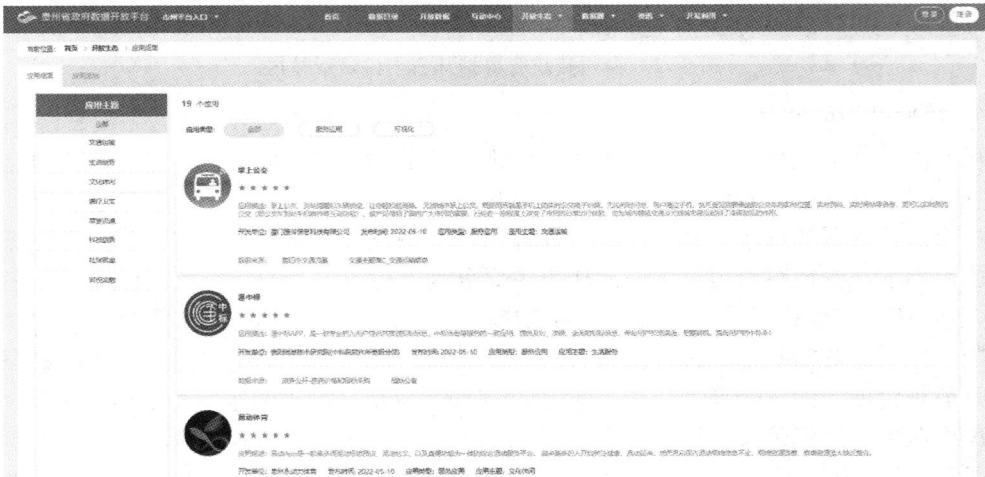

图 9-13　贵州省政府数据开放平台数据下载量和应用调用量 Top10

5. 制度规范的完善

2013 年颁发的《国务院关于促进信息消费扩大内需的若干意见》中提出了公共信息资源开放的有关概念，标志着我国政府公共信息资源开放阶段的到来。此后，中央及各省市人民政府围绕全面推进政府信息资源共享和开放发布了一系列政策和制度来推动和深化公共信息资源开放。2017 年 2 月，中央全面深化改革领导小组审议通过了《关于推进公共信息资源开放的若干意见》，要求着力推进重点领域公共信息资源开放，释放经济价值和社会效应。2017 年 5 月，国务院办公厅印发《政务信息系统整合共享实施方案》，明确要求推动开放，加快公共数据开放网站建设，向社会开放政府部门和公共企事业单位的原始性、可机器读取、可供社会化再利用的数据集。与此同时，各省市在近几年纷纷出台相关政策来推动公共信息资源开放，如表 9-7 所示。2018 年，随着贵州省被列为国家公共信息资源开放的试点地区，相关政策文件得到进一步深化，其所辖市也发布了相关政策文件，如《贵阳市政府数据共享开放实施办法》。

表 9-7　五省市部分公共信息资源开放政策列表

省市名称	政 策 名 称	发布时间
北京市	《北京市深化政务公开促进政策服务工作办法》	2022-07
	《北京市人民政府关于印发〈2022 年市政府工作报告重点任务清单〉的通知》	2022-01
上海市	《2021 年上海市公共数据治理与应用重点工作计划》	2021-03
	《上海市公共数据资源开放 2020 年度工作计划》	2020-04
浙江省	《浙江省人民政府关于深化数字政府建设的实施意见》	2022-08
	《浙江省数字基础设施发展"十四五"规划》	2021-05
	《浙江省公共数据开放与安全管理暂行办法》	2020-06
贵州省	《贵州省"十四五"数字政府建设总体规划》	2021-11
	《贵州省大数据标准化体系建设规划(2020—2022 年)》	2020-06
深圳市	《深圳市破产事务管理署关于印发〈深圳市个人破产信息登记与公开暂行办法〉的通知》	2022-01
	《深圳市 2017 年推进"互联网+政务服务"改革工作计划要点》	2017-03
福建省	《福建省工业和信息化厅办公室关于印发 2022 年政务公开工作主要任务的通知》	2022-07
	《福建省财政厅转发〈政府和社会资本合作（PPP）综合信息平台信息公开管理办法〉的通知》	2022-01

6. 安全保障的强化

各地方政府按照《公共信息资源开放试点工作方案》的相关要求，切实加强了公共信息资源开放的安全保障工作。建立健全了公共信息资源开放安全管理制度和保密审查制度，落实了各项安全保护措施；建立健全了公共信息资源开放应急工作机制，制定了应急预案。同时，鼓励各地区积极探索切实可行的安全保障措施，创新评估方式方法，实现公共信息资源开放、信息安全和公共利益的协调发展。六省市在近几年纷纷出台相关政策来加强公共信息资源开放的安全保障，如表 9-8 所示。

表 9-8　六省市部分公共信息资源开放安全保障政策列表

省市名称	政　策　名　称	发布时间
北京	《北京市人民政府关于印发〈2021 年市政府工作报告重点任务清单〉的通知》	2021-02
上海	《上海市政府信息公开规定》	2020-04
	《上海市人民政府办公厅关于印发〈2021 年上海市公共数据治理与应用重点工作计划〉的通知》	2021-03
浙江	《浙江省公共数据开放与安全管理暂行办法》	2020-06
	《浙江省旅游局关于切实做好"十九大"期间网络与信息安全工作的通知》	2017-09
贵州	《贵州省气象预报预警信息发布与传播管理办法》	2020-03
福建	《福建省自然资源厅政府信息公开指南》	2022-05
深圳	《深圳市人民政府关于加快智慧城市和数字政府建设的若干意见》	2021-01

9.4　公共信息资源开放应用的成效

我国公共信息资源开放应用工作正处于稳步推进阶段，其应用成效主要体现在政府治理、产业发展及公共服务三个方面。

1. 提高政府治理能力

政府对开放的公共信息资源进行开发、挖掘和利用能有效提升政府治理能力，例如贵州的"数据铁笼"计划和"智慧消防"项目。

"数据铁笼"计划于 2015 年 11 月在贵阳试点，旨在依托大数据产业优势，使权力运行全程数据化，倒逼行政权力部门认真履职、规范执法、优化服务，从而提高政府治理效能。"数据铁笼"是贵阳市政府运用开放数据探索治理现代化的实践，通过对各部门数据的采集融合和分析应用，构建风险防控和廉政建设的"铜墙铁壁"。同时，建立用数据说话、用数据决策、用数据管理和用数据创新的全新机制，对在权力运行过程中产生的数据进行融合分析，寻找异常，及时发现和控制可能存在的风险，实现"把权力关进制度笼子"的目标，最终实现对权力的有效监督，提升政府治理能力。

2016 年 3 月，贵州省公安消防总队的"云上贵州·智慧消防"在贵阳市进行试点。该平台通过整合来自 119 接警处系统及政府、行业部门的数据，为精准调度、快速出警、科学处置提供数据支撑，实现消防实时指挥，增强消防部队的警情处置能力。其利用消防大数据平台，迅速判断警情位置，快速实现对火警周边人流量和火警影响人群的分析，为评估火警危害和制订人员疏散计划提供依据；快速找到火警附近的消防中队、消防水源、消防联动单位等消防力量和资源，实时快速评估和动员周边消防警力；利用实时交通路况数据，结合道路监控信息，为出警的消防队快速制定到达灾害现场的最优路线；结合火警周边的医院位置数据，与医疗机构联动，以最快速度将伤员送到周边医院进行抢救；在抢险救灾的过程中，消防指挥中心还可以根据消防大数据平台上整合的实时天气状况、警力使用情况以及 4G 图传、移动卫星站实时上传的火警现场视频等数据，对一线消防指战员进行应急指挥调度。利用消防大数据平台，消防变得更为"智慧"。大数据正逐渐成为消防调度指挥的千里眼、顺风耳、智多星。

2. 激发产业发展活力

公共信息资源开放有利于释放数据的价值，为数字经济发展注入强劲的发展动力，激发相关产业的发展活力。一方面，公共信息资源开放助推数字经济与实体经济融合发展，推进传统产业加速向数字化、网络化、智能化发展；另一方面，公共信息资源开放促进大数据与云计算、物联网、人工智能等新技术结合，催生数字经济新产业、新业态、新模式。

(1) 公共信息资源助力传统产业发展。通过公共信息资源开放，引导信息资源开发利用，能为产业技术改造提供必要的信息支持。水务行业是社会赖以生存与发展的基础性传统行业，其包括水资源开发、水的供应、水的输送、污水回收及处理等环节。公共信息资源开放提高了水务行业信息资源整合和开发利用的水平，促进水务行业信息资源共享，给传统产业注入新活力。上海市政府提出建设"数字水务"，推出了全国首款供水信息手机查询软件——阿拉自来水，使以往对公众不可见的水质信息一目了然，"计划停水"和"计划换表"服务帮助公众及早安排自家的生活，减少停水或换表造成的影响，提高了传统行业的服务水平。

(2) 公共信息资源开放催生新产业。公共信息资源开放催生出一系列以信息内容整合分析为重点的新兴产业，如企查查、天眼查和启信宝，这类企业通过整合挖掘公共信息资源，为企业和个人提供多种信息服务。企查查为用户提供快速查询企业工商信息、法院判决信息、关联企业信息、法律诉讼、失信信息、被执行人信息、知识产权信息、公司新闻、企业年报等服务。其终端所有企业工商信息均实时同步更新，汇集了目前国内市场中的 80 个产业链、8 000 个行业、6 000 个市场以及 8 000 多万家企业的数据。通过企查查，用户能够实时查询与企业相关的工商登记信息、年报、股东信息、投资人信息、涉诉、失信、拥有商标、知识产权、企业证书、主要人员信息、变更记录等信息。

3. 提升公共服务水平

公共信息资源开放促进了公共服务水平的提升。教育、就业、社保、医药卫生、住房、交通等领域数据的开放，有助于推进互联网+教育、互联网+医疗等领域的发展，从而有效提升公共服务的均等化、普惠化与便捷化水平，不断满足人民对于美好生活的追求。

食安测平台是"舌尖上的安全"，让消费者明白消费、健康饮食，其包含国家市场监督管理总局规定的 22 个食品大类、38 个食品亚类、56 个食品细类的食品简介、产品图片、产品特色、主要成分、适用成分、认证证书、产品自检报告、送检报告、抽检报告以及营养成分等内容，让消费者随时随地地了解食品安全，保证饮食的健康。

此外，福建省政府自新冠肺炎疫情发生以来持续大力开展数字抗疫。其依托闽政通 App 开发上线并迭代优化福建健康码，汇总整合了健康码、行程码、核酸检测和疫苗接种信息，实现了一码通行、一码通用。同时，按照融合理念，构建省市县乡村多级协同、全省涉疫系统融合联动的省疫情防控一体化服务平台，建设覆盖全省的疫情防控数字网，实时汇总防疫大数据生成"防疫一张图"。上线福建省疫情防控便民服务平台和惠企政策"掌上知"

服务平台，为企业群众的生产生活提供便利。

本 章 小 结

我国公共信息资源开放是一个持续不间断的动态过程，在经历了政府上网时期、政府信息公开时期、政府信息共享时期后，我国进入了公共信息资源开放时期，并处于快速发展与建设期。

当前，我国大力推进地方政府数据开放平台的建设，各地陆续推出省、市级政府数据开放平台(公共数据开放平台)。自各平台上线运行以来，开放领域不断扩大、数据集不断增加、数据量显著上升、可视化程度日益提升，地级市政府信息公开也总体向好。

在地方政府数据开放平台取得显著成效的基础上，国家公共信息资源开放战略逐步明确，陆续出台数据开放领域的政策法规，对我国公共信息资源开放工作提出指导性意见，进一步加快了公共信息资源开放的进程。北京市、上海市、浙江省、贵州省和福建省5个试点地区，已完成统一开放平台的建立，平台包含数据集开放、数据动态展示、平台可视化展示、便捷搜索、互动交流以及工具服务等功能，数据的开放范围也进一步明确，数据质量不断提高，数据利用不断深化，制度规范不断完善，安全保障不断强化。参考试点地区，其他地区也积极学习建设经验，以实现我国公共信息资源开放全面开花。

此外，我国公共信息资源开放应用工作亦得到一定进展，在政府治理能力、产业发展活力及公共服务水平等方面已初见成效，尤其是在疫情防控期间，政府数据的开放与应用满足了公众对信息的需求，打破了信息壁垒，增强了政府的透明度，辅助政府疫情防控工作的顺利进行。

第四篇

开放效果评估篇

第十章

国内外政府数据开放评估体系

与政府数据开放运动相对应，相关的评估活动也在逐步展开。其中，影响力较大的评估项目包括全球开放数据指数、开放数据晴雨表、联合国的电子政务发展调查，以及中国开放数林指数等，这些都对我国政府数据开放工作有着很好的参考借鉴作用。现有的评估活动不仅侧重对政府数据开放工作的效果进行评价，还涵盖了开放平台、公众满意度、开放政策等其他方面，且对不同主体的评估维度也各有不同。对政府数据开放效果进行评估，能及时把握数据开放的漏洞和开放质量问题，帮助我们从方法角度理解数据开放战略。本章通过搜集整理国内外公共信息资源开放的相关文献，总结国内外政府开放数据项目中的评估框架、评估指标并给出指标的含义，以探求并制定符合我国国情的公共信息资源开放指标体系，提高各地政府对公共信息资源开放的重视程度，为我国进一步制定稳步推进公共信息资源开放的政策提供决策支持。

10.1 国外政府数据开放评估体系

国外政府数据开放评估体系中，影响力较大的有开放数据晴雨表、开放数据准备度、开放数据政府调查以及 OURdata 指数。开放数据晴雨表由互联网基金会发布，从准备度、执行力和影响力三个维度对多个国家开放政府数据的所处阶段及其产生的经济、政治和社会影响进行了系统评估。开放数据准备度评估框架是由世界银行开放政府数据工作组研发的，该框架适合各个层级的政府(国家或地区)，甚至个别机构或部门来评估、设计及实施开放数据行动。开放数据政府调查由联合国经济和社会事务部发布，对其 193 个成员国的电子政务发展状况进行了评估。OURdata 指数是经济合作与发展组织(OECD)针对成员国开放政府数据情况的调查，调查目的是从数据可用性、可访问性和再利用性三个方面评估政府在国际上开放数据方面达成协议的一些原则实施上所做出的努力。这些评估体系从不同方面反映了世界各国在政府数据开放方面作出的努力，能从不同维度评估政府数据开放的效果。

10.1.1　开放数据晴雨表

万维网基金会(World Wide Web Foundation)分别于 2013 年、2015 年和 2016 年发布了 3 版《全球开放数据晴雨表报告》(Open Data Barometer Global Report)，其中第三版主要分析和解读了 2016 年 4 月 21 日最新发布的涉及 92 个国家的状况，其重要目标之一是切实推进联合国 2015 年发布的可持续发展目标(Sustainable Development Goals，SDG)。

开放数据晴雨表是一项第三方独立评估项目，旨在揭示世界各国的开放数据计划的普及性和影响力，分析全球开放数据发展趋势并对多个国家和地区进行排名，主要从准备度(Readiness)、执行力(Implementation)和影响力(Impact)三个维度对多个国家开放政府数据的所处阶段及其产生的经济、政治和社会影响进行系统评估。准备度维度主要考察政府为开放数据所采取的举措与付诸实施的政策；执行力维度主要考察政府是否将其承诺付诸实施；影响力维度主要考察以多种方式利用开放政府数据能否带来现实利益。采用的方法主要有专家调查、辅助数据、同行评估、定量数据与定性评估结合。

开放数据晴雨表采用由三个维度构成的三分结构，每个维度都包含若干二级指标，如表 10-1 所示。

表 10-1　开放数据晴雨表各维度的二级指标及其描述

维　度	二　级　指　标	指　标　描　述
准备度	政策与数据管理方法	政府是否制定了完备的政策与协议以确保开放数据长期可获得
	国家及地方层面的政府行为	是否为各级政府利用开放数据打好基础
	公民权利与公民角色	公民与民间团体是否能利用
	企业与企业家精神	开放数据参与政府决策制定
执行力	开放政府数据可获得性	计算不同类型数据集的开放度，主要包括预算、支出、国家统计、公共交通、医疗、环境、地图、国际贸易、犯罪、选举、教育、合同、土地所有权、立法和企业 15 个类型的数据集
	开放政府数据质量	以可机读、批量、免费、开放式许可、更新、可持续、易于查找和关联数据 8 个开放数据属性评估 15 个类型的数据集
影响力	政治影响	透明度、问责制，以及提高政府的效率与效益
	社会影响	环境影响，以及促进对社会边缘群体的更大社会包容
	经济影响	对国家经济的综合贡献，对新创办与现存的企业提供支持

10.1.2　开放数据准备度

2013 年，世界银行开放政府数据工作组研发了开放数据准备度评估框架。在这一工作组看来，开放数据"不只是简单地设计和推出一个开放数据门户网站，而更多的是一个动态的开放数据生态系统的演化。这个系统中有丰富的开放数据的提供和再利用并以此来激发不同利益相关者的创新"。这个评估框架适合各个层级的政府(国家或地区)甚至个别机构或部门来评估、设计及实施开放数据行动。具体而言，该评估框架主要考察了政策(或法律)框架，体制结构和政府责任(或能力)，政府数据管理、政策及数据可用性，高级领导力，开放数据需求，公众对于开放数据的参与和能力，开放数据项目融资，国家技术与技能基础八个维度(见表 10-2)。

表 10-2　开放数据准备度评估框架

一级指标	二级指标	一级指标	二级指标
政策(或法律)框架	个人隐私保护	高级领导力	可见的政治领导
	现有信息访问权限		已建立的政治领导和治理模式
	数据安全、归档及保存		现有的政治活动或计划
	政府数据的所有权及许可		政治环境
	政府部门出售数据政策		与开放政府合作伙伴组织之间的关系
	政策/法律	开放数据需求	来自社会、发展伙伴及媒体的实际和潜在需求
体制结构和政府责任(或能力)	计划和实施的领导部门		来自商业／私人部门的实际和潜在需求
	首席信息官或负责数据管理的官方职位		公共部门对数据需求的倾听和回应
	部门间关于 ICT 问题的协同机制		外部利益相关者如何看待政府倾听和回应数据需求的意愿
	绩效或服务质量评估	公众对于开放数据的参与和能力	信息媒介与生态
	数据/统计部门		推动数据再利用的政府活动
	部门对数据发布的顾虑及应对		参与的社交媒体和数字化渠道
	政府的整体 ICT 技术基础		移动客户端经济
	政府的网上表现		具有相关数据分析及技术培训能力的学术或研究组织
政府数据管理、政策及数据可用性	对政府信息管理的政策和实践	开放数据项目融资	开放数据项目起步阶段的资助
	数据持有态度		基于开放数据的客户端及电子服务的资助
	数据被如何持有		ICT 设施及人力资源发展资助
	政府内部和政府间的数据实际和潜在需求		创新资助机制
	已经开放的数据及开放条件	国家技术与技能基础	当地的 ICT 生态及技术普及程度
	匿名个人数据的实践经验		互联网接入成本/计算与存储设施
	拥有数据管理能力来领导项目的部门		IT 产业、开发社区以及整体数字素养

10.1.3　开放数据政府调查

2014 年 8 月，联合国经济和社会事务部发布《联合国 2014 年电子政务调查报告》。该报告每两年出版一次，旨在对 190 多个成员国的电子政务发展状况进行评估。2014 年，这一报告首次将开放政府数据纳入其中，指出"开放政府数据能从根本上提高资源的使用率，改善公共服务"。在"只要不牵涉存在争议的隐私问题以及国家安全问题，所有政府数据都可以公开"的假设下，评估员查找出现在各政府网站上的数据集并按照不同领域进行分类。同时，调查还对政府数据是否可以便捷使用与再使用等进行了评估，如专门的数据门户网站、数据使用说明、数据格式等。此外，报告还关注了开放政府数据的政策、法律和制度体制状况等，调查各个国家是否通过立法的方式保护个人隐私和国家安全机密，以及开放数据的目录、形式等(联合国开放政府数据研究的主要考察指标参见表 10-3)。在 2014 年的全球电子政务报告中，开放政府数据调查只列出了排名靠前的 50 个国家，并没有给出评估的绝对数值以及结果排名。

表 10-3　开放数据政府调查评估框架

主 要 维 度	基 本 指 标
政策与监管框架	宪法中对于信息获取的有关规定
	有关信息获取的立法
	宪法中对于数据隐私的规定说明
	有关数据隐私的立法
	有关开放数据的立法
	国际公约中涉及信息获取与数据隐私的内容表述没有限制
组织架构	信息(隐私)专员的存在
	信息专员或同等职位官员可以独立
	履行职责
数据目录的法律开放	数据利用是免费的吗
	除了"属性"和"相似分享"外
数据目录技术开放	网上可用(任何格式)
	使用开放许可的开放数据
	可作为机器可读的结构化数据
	以上所有都是非专有格式
	以上所有还要适用万维网的开放标准
	以上所有还要有链接的数据

10.1.4　OURdata 指数

2014 年，经济合作与发展组织(OECD)开展了针对成员国开放政府数据情况的调查，调查对象主要是各国中央(或联邦)政府的首席信息官(CIO)；调查目的是从数据可用性、可访问性和再利用性三个维度评估政府在国际上开放数据方面达成协议的一些原则的实施上所做的努力，如表 10-4 所示。可用性主要考察提供的公共部门数据的范围等；可访问性主要评估这些数据的提供是否具有较高的使用性，如元数据及可机读数据等；再利用性主要考察政府在促进数据创新性再利用以及利益相关者参与方面的支持。满分 1 分，每个维度占比 1/3。

表 10-4　OURdata 指数评估框架

一 级 指 标	基 本 指 标
可用性	全国选举结果
	国家公共支出
	地方公共支出
	最近一次全国人口普查
	公共数据再利用应用
可访问性	CSV 格式的使用(机器可读)
	元数据的系统性提供
	可用功能：地理空间工具
	最流行指数级排名
	访问者投票功能
	添加数据集提醒通知
再利用性	关于发布数据类型的日常磋商
	软件开放竞赛
	面对公民和企业的信息会议
	数据及开放政府数据政策实施的发布
	组织绩效指标
	共创型事件的组织
	针对记者的数据推广
	政府里的数据分析团队
	关于公务员能力建设的培训

10.2　国内政府数据开放评估体系

10.2.1　中国开放数林指数

　　复旦大学数字与移动治理实验室为评估主体，对目前我国已上线的政府数据开放平台进行筛选，确定了 46 个地方政府服务平台作为评估对象，对其数据平台开发状况进行评估。本研究邀请了近 40 位我国数据开放领域学、研、产各界的专家与学者，组成中国开放数林指数评估专家委员会。

　　基于数据开放的基本原则，借鉴国际数据开放评估报告指标体系的经验，立足我国政府数据开放的政策要求与实践现状，专家委员会成员通过互动讨论、阐述归类、现场投票等方法得出初步评估指标框架。评估指标框架在经过系统梳理后，专家委员会成员又通过线上工具对指标的相对重要性进行排序和权重分配。最终，构建的评估指标体系共包括数据层、平台层、准备度三个维度，每个维度下设有相应的一二三级指标。其中各维度下的一级指标如表 10-5 所示。

表 10-5　中国开放数林指数评估框架

维　度	一级指标名称
数据层	数据质量
	数据标准
	数据可持续性
	数据覆盖图
	数据数量
平台层	数据获取
	平台引导
	工具提供
	利用成果展示
	平台概览
	互动交流
	个性化整合
准备度	法律与政策
	领导力
	组织保障

10.2.2　政府互联网服务能力

2018 年，电子科技大学智慧治理研究中心《中国地方政府互联网服务能力发展报告》课题组为评估主体，以 334 个地级行政区的政府互联网服务能力为评估对象进行评估。基于政府互联网服务能力的内涵，其核心内容是政府通过信息化、智能化手段，实现服务的主动供给和基于公众服务需求的精准响应。所以，政府互联网服务能力可以分为服务供给能力、服务响应能力和服务智慧能力，并围绕三个能力采用数据抓取和人工观察的方法进行评估。

将政府互联网服务能力评价指标设计为三级，包括 3 个一级指标、9 个二级指标和 35 个三级指标，如表 10-6 所示。其中一级指标明确了评价的三大维度，也是政府互联网服务能力提升的三大动能，具有导向性；二级指标明确了评价的范围边界，也是政府互联网服务能力提升的基本要求，具有权威性；三级指标明确了评价的规则方法，也是政府互联网服务能力提升的主要点位，具有可得性。这三级评价指标由虚到实、由粗及细、由浅入深，全面、客观、准确地反映了政府互联网服务能力。

表 10-6　政府互联网服务能力评估框架

一　级　指　标	二　级　指　标	三　级　指　标
服务供给能力	目录覆盖能力	责任清单
		权力清单
		政府信息公开目录
		公共服务清单
	应用整合能力	平台整合能力
		平台应用能力
		数据开放
	服务贯通能力	社保领域
		教育领域
		医疗领域
		就业领域
		住房领域
		交通领域
		企业开办变更
		企业经营纳税
		创新创业领域
服务响应能力	诉求受理能力	互动诉求受理能力
		办事诉求受理能力
	办事诉求响应能力	网上政务服务办理一级指标
		网上政务服务办理二级指标
		网上政务服务办理三级指标
		网上政务服务办理四级指标
	互动诉求反馈能力	诉求回复响应能力
		诉求回复应用能力
		主动感知能力
服务智慧能力	应用适配能力	终端包容度
		浏览器兼容度
		搜索引擎适配度
	智能交互能力	无障碍应用度
		应用扩展度
		智能搜索能力
		智能问答能力
	个性化服务能力	在线注册
		个性化定制
		智能推送

本 章 小 结

在国外政府数据开放评估体系中，开放数据晴雨表是适用范围较广、受认可度较高的标准之一，从准备度、执行力和影响力 3 个维度对国家开放政府数据进行了评估，分别考察政府为开放数据所采取的举措与付诸实施的政策准备程度、政府是否将其承诺付诸实施以及采用多种方式利用开放政府数据能否带来现实利益。而开放数据准备度评估框架从政策(或法律)框架，体制结构和政府责任(或能力)，政策数据管理、政策及数据可用性，高级领导力，开放数据需求，公众对于开放数据的参与和能力、开放数据项目融资，国家技术与技能基础等维度来评估开放数据。在《联合国 2014 年电子政务调查报告》中，从政策与监管框架、组织架构、数据目录的法律开放、数据目录技术开放 4 个维度评估了全球政府数据开放。OURdata 指数从数据可用性、可访问性和再利用性 3 个维度评估政府开放数据，主要从公共部门提供数据的范围、数据的提供是否具有较高的使用性、政府在促进数据创新性再利用以及利益相关者参与方面的支持进行政府数据开放的评估。

目前，国内政府数据开放评估影响力较大的是复旦大学数字与移动治理实验室发布的"中国开放数林指数"，从数据层、平台层、准备度 3 个维度对我国数据平台的开发状况进行了评估。此外，还有电子科技大学智慧治理研究中心发布的《中国地方政府互联网服务能力发展报告》，从服务供给能力、服务响应能力和服务智慧能力 3 个方面对国内各级政府互联网服务能力进行了评估。

国内外的政府数据开放评估体系均以政府为评估对象，但具体的评估指标、评估体系、评估流程等侧重点有所不同。在评估内容方面，开放数据晴雨表、开放数据政府调查、开放数林指数围绕数据展开评估，侧重于对数据的准备程度、数据开放的平台和数据开放的影响力进行考察，而《中国地方政府互联网服务能力发展报告》围绕政府展开评估，考察政府对于数据开放的服务供给能力、服务响应能力和服务智慧能力。开放数据准备度评估框架既包括了数据方面，也包含了政府的服务能力评估。综合来看，政府数据开放评估框架的建设都考虑到了数据开放的政策准备、数据的质量和覆盖范围、数据平台的开放性、数据开放的影响力，这些因素是评估数据开放程度的重要指标，而政府的责任、政府的服务能力也是框架中较为重要的评估指标。

第十一章

我国公共信息资源开放效果评估

国内关于政府数据开放的评估研究的侧重点各有不同，因此评估方法也趋于多样化，但多数均是从开放平台和数据本身出发，评价数据内外部属性及其开放影响力。公共信息资源开放略区别于政府数据开放，尚未有明确的评估框架。基于此，本书依据政府近年来出台的涉及政府信息公开、政府信息共享、公共信息资源开放等相关政策文件，从政府对公共信息资源开放的定义和内涵出发，明确我国公共信息资源的核心内容是政府通过数据开放平台提供数据供公众对其进行开发利用。进而，本章采用"人工+智能"的采集形式，依托科学的计算方法从准备度、数据建设、平台建设、数据利用和影响力五方面构建公共信息资源开放的评估体系，并对我国省市(自治区)人民政府网站、政务服务网站和数据开放平台进行评估，分析公共信息资源开放存在的问题。

11.1 我国公共信息资源开放效果评估指标体系

11.1.1 评估架构

《公共信息资源开放试点工作方案》要求全面推进公共信息资源的开放共享，推动资源整合，释放公共信息资源的经济价值和社会效应。其核心内容是政府通过数据开放平台提供数据供公众对其进行开发利用。因此，公共信息资源开放按照其开展过程可分为准备度、数据建设、平台建设、数据利用和影响力五部分内容，如表 11-1 所示。

表 11-1 公共信息资源开放评估架构

准备度	数据建设	平台建设	数据利用	影 响 力
法规政策 组织领导	目录清单 数据资源	平台引导 平台贯通 个性化服务 数据服务 互动交流	App 应用开发数量 应用商店下载量 数据应用竞赛 数据下载量 数据访问量	重要新闻媒体提及数量 百度搜索新闻条数 网站访问排名 平台相互链接

1. 准备度

准备度即公共信息资源开放工作的事前准备程度，是公共信息资源开放的基础。准备度着重评估各地方政府为实现公共信息资源开放所做的基础性工作、现阶段准备情况以及领导层对政府数据开放的支持与推动。比如政府出台相关政策或者政府领导出席相关活动发表讲话来促进公共信息资源开放等。准备度主要包括法规政策和组织领导 2 个二级指标。

2. 数据建设

数据建设是公共信息资源开放的核心，共设置目录清单和数据资源 2 个二级指标。其中目录清单主要评估各地方人民政府网站的信息公开情况，而数据资源主要评估各地方政府数据开放平台开放数据的数量、质量、标准以及覆盖面等内容，这 2 个指标同时评估了政府对于信息公开和公共信息资源开放的数据建设方面的工作。

3. 平台建设

平台是政府开放公共信息资源和用户获取数据信息的载体，是应用成果展示的中心，也是连接公共信息资源开放供给侧和需求端的桥梁。平台建设包括平台引导、平台贯通、个性化服务、数据服务和互动交流 5 个二级指标。以上这些指标覆盖了公众从平台上搜索发现数据、获取数据、与政府部门进行互动交流、展示数据利用成果的全过程。

4. 数据利用

数据利用是公共信息资源开放取得的效果及成果。公共信息资源开放激励数据开发者更好地利用数据为社会服务，推动公共信息资源可持续发展。数据利用所得分值越高，说明公共信息资源开放取得的效果越好。数据利用包含 App 应用开发数量、应用商店下载量、数据应用竞赛、数据下载量和数据访问量 5 个二级指标。

5. 影响力

影响力是政府部门开展实际工作来营造社会各界广泛参与和利用公共信息资源的良好氛围环境，进而间接促进公共信息资源开放的开展。影响力包括重要新闻媒体提及数量、百度搜索新闻条数、网站访问排名和平台相互链接 4 个二级指标。

11.1.2　评估指标

公共信息资源开放作为当下新的热点命题，对其进行评价暂无科学的参考标准，需建立一套全新的评估体系。因此，本研究依据政府近年来出台的涉及政府信息公开、政府信息共享、公共信息资源开放等相关政策文件，从政府对公共信息资源开放的定义和内涵出发，通过设计合理的评估指标，采用"人工+智能"的采集形式，依托科学的计算方法构建了公共信息资源开放的评估体系。

本研究邀请近 20 位我国公共信息资源开放领域的专家与学者，组成"公共信息资源开放评估专家委员会"，以反映第三方、中立的专业视角和实际需求。借鉴国内外公共信息资源开放评估报告指标体系的经验，立足我国公共信息资源开放的政策要求与实践现状，专家委员会成员围绕评估方法，通过互动讨论、阐述归类、现场投票等方法得出初步评估指标框架。在对评估指标框架经过系统梳理后，专家委员会成员对指标的重要性进行排序和权重分配，最终，构建了一个系统、科学、可操作的公共信息资源开放评估指标体系。

公共信息资源开放评估指标体系包括准备度、数据建设、平台建设、数据利用、影响力 5 个一级指标，每个一级指标下设有相应的二、三、四级指标，共计包括 5 个一级指标，

18 个二级指标，39 个三级指标，23 个四级指标，如表 11-2 所示。一、二、三、四级指标由虚到实、由粗及细、由浅入深，全面、客观和准确地反映了公共信息资源开放的开展。

表 11-2　公共信息资源开放效果评估框架

一级指标	二级指标	三级指标	四级指标
准备度(10%)	法规政策(6%)	政策内容(4%)	数据治理(0.5%)
			数据开放(1.5%)
			安全保护(1%)
			数据利用(1%)
		法规政策效力(1.5%)	
		政策解读(0.5%)	
	组织领导(4%)	主管部门层级(1.5%)	
		公开工作计划(1%)	
		领导力(1.5%)	地方高层领导的公开支持(1%)
			部门负责人的公开支持(0.5%)
数据建设(30%)	目录清单(10%)	责任清单(2.5%)	
		权力清单(2.5%)	
		政府信息公开目录(2.5%)	
		公共服务清单(2.5%)	
	数据资源(20%)	数据数量(3%)	数据集总量(1%)
			数据容量(2%)
		数据质量(9%)	高价值数据(4%)
			无问题数据(1%)
			无低质数据(2%)
			数据更新(2%)
		数据标准(6%)	开放授权(1.5%)
			技术规范(3%)
			元数据完整性(1.5%)
		数据覆盖面(2%)	主题覆盖率(1%)
			部门覆盖率(1%)
平台建设(30%)	平台引导(7%)	用户指南(1%)	
		网站地图(1%)	
		便捷搜索(1%)	
		分类筛选(1%)	
		排序丰富度(1%)	
		资讯动态(1%)	
		标识准确性(1%)	
	平台贯通(6%)	数据贯通(2%)	
		链接贯通(2%)	
		新媒体(2%)	

续表

一级指标	二级指标	三级指标	四级指标
平台建设 (30%)	个性化服务(2%)	订阅收藏(1%)	
		智能问答(1%)	
	数据服务(8%)	数据分析服务(4%)	分析工具(1%)
			可视化展示(2%)
			应用成果展示(1%)
		提供数据服务(4%)	数据集预览(2%)
			数据集下载(2%)
	互动交流(7%)	咨询建议(1%)	
		问卷调查(1%)	
		提交应用(1%)	
		评价(1%)	
		数据纠错(1%)	
		数据申请(1%)	
		分享传播(1%)	
数据利用 (20%)	App 应用开发数量(3%)		
	应用商店下载量(4%)		
	数据应用竞赛(3%)		
	数据下载量(5%)	数据集下载(2.5%)	
		API 调用量(2.5%)	
	数据访问量(5%)	数据集访问量(2.5%)	
		API 浏览量(2.5%)	
影响力 (10%)	重要新闻媒体提及数量(2.5%)		
	百度搜索新闻条数(2.5%)		
	网站访问排名(2.5%)		
	平台相互链接(2.5%)		

11.1.3　数据采集

公共信息资源开放评估的数据采集工作包含技术采集和人工采集两部分,其中技术采集约占本次评估数据采集的 30%,其通过利用大数据技术采集手段,大幅度减轻了数据采集的工作量。比如 API、数据集的浏览量和下载量,数据质量评估过程中的数据集下载等均通过技术采集完成。人工采集约占本次评估数据采集的 70%,其主要采集通过技术采集无法抓取的数据、需要人机交互和人工分析的部分指标内容。人工采集和相关验证工作由 9 名图书情报专业硕士研究生集中完成。

11.1.4　评估指标量化方法

基于各地平台在各评估指标上的实际表现从低到高按照百分制进行评分,100 分为最高分，相应数据缺失、未提供该功能或完全不符合标准的分值则为 0。此外，对于部分通过人工采集数据的指标，根据实际满足评分依据的多少打分，包含多方面评估内容的指标则按照其重要性对其各个方面分别赋分，比如对三级指标"责任清单"进行打分，要通过"是否提供责任清单""是否有分类引导"和"包含信息是否全面"3 项内容来评估，满足 3 项评分依据的得 100 分，满足"是否提供责任清单"的得 20 分，满足"是否有分类引导"和"包含信息是否全面"的各得 40 分。

各地平台在准备度、数据建设、平台建设、数据利用、影响力 5 个维度上的得分等于每个单项指标的分值乘以相应的权重所得到的加权总和，各地区公共信息资源开放效果的总分等于以上 5 个维度的分值总和。

11.2 评 估 对 象

截至 2021 年 10 月，我国已开通 193 个符合政府数据开放基本特征的省、市级平台，其中包括 24 个省级平台和 169 个地市级平台。在我国已上线的政府数据开放平台中，我们选择《公共信息资源开放试点工作方案》中提及的 4 个地区，并增加符合以下条件的政府数据开放平台纳入评估范围：① 平台所代表的地方政府的行政级别为省级；② 同时开通了政府数据开放网、人民政府网和政务服务网；③ 政府数据开放平台形式为"专有式"或"嵌入式"。本次评估的地方政府数据开放平台有 11 个(其中包含 7 个省、2 个直辖市和 2 个自治区)，对相应的政府官网、政务服务网以及新媒体工具也进行了调查。其中，宁夏回族自治区和新疆维吾尔自治区政府数据开放平台在数据采集过程中出现故障，因此取消其在数据建设、平台建设、数据利用中的部分得分。具体省市名称、平台名称和平台网址如表 11-3 所示。

表 11-3 11 个省级政府数据开放平台

省 市 名 称	平 台 名 称	平 台 网 址
北京市	北京市公共数据开放平台	data.beijing.gov.cn/
上海市	上海市公共数据开放平台	data.sh.gov.cn/
贵州省	贵州省政府数据开放平台	data.guizhou.gov.cn/home
广东省	"开放广东"(全省政府数据统一开放平台)	gddata.gd.gov.cn/index
陕西省	陕西省公共数据开放平台	www.sndata.gov.cn/
宁夏回族自治区	开放宁夏	ningxiadata.gov.cn
山东省	山东公共数据开放网	data.sd.gov.cn
江西省	江西省政府数据开放网站	data.jiangxi.gov.cn
海南省	海南省政府数据统一开放平台	data.hainan.gov.cn
新疆维吾尔自治区	新疆维吾尔自治区政务数据开放网	data.xinjiang.gov.cn
浙江省	浙江数据开放	data.zjzwfw.gov.cn/jdop-front/index.do

11.3　评估结果分析

11.3.1　准备度

准备度的满分为 10 分，11 个省市中，最高分为 8.65 分，最低分为 5 分，上海和贵州的得分较高，江西和浙江紧随其后。11 个省市的准备度的平均得分为 6.77 分，上海、贵州、江西、浙江和山东的准备度得分均超过平均分。各省市准备度得分如图 11-1 所示。

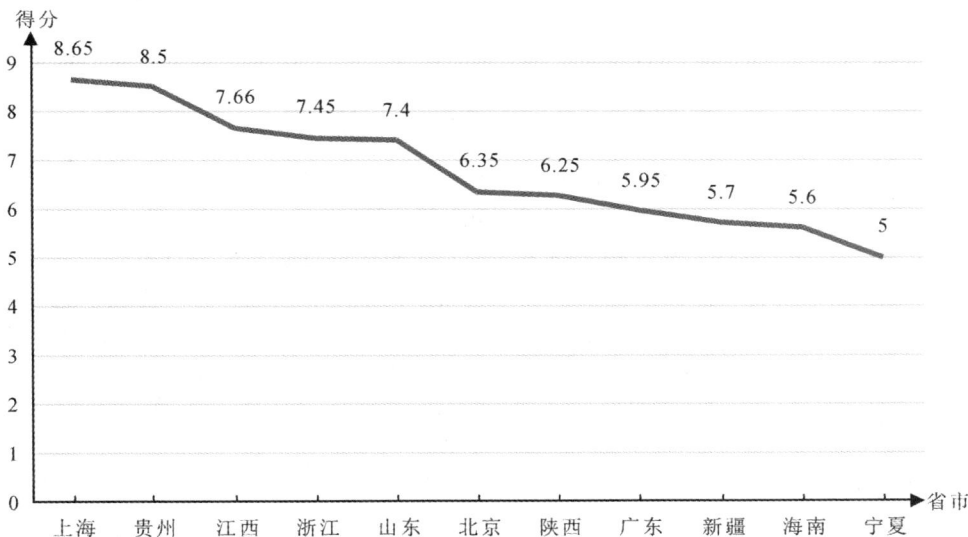

图 11-1　各省市准备度的得分趋势

(1) 准备度不完善，有待提升。由图 11-1 可知，准备度最高分为最低分的 1.73 倍。只有 5 个省市的准备度得分超过了平均分，占比 45.5%，其余 6 个省市的得分均低于平均分。数据表明，各省市在准备度方面的发展还不够完善，因此，各省级政府仍需进一步加强准备度方面的建设。

(2) 试点省市的准备度整体情况优于非试点省市。在所评估的 11 个省市中，上海和贵州在准备度方面位于前两名，4 个试点省市的平均得分为 7.74 分，7 个非试点省市的平均分为 6.22 分，试点省市平均分是非试点省市的 1.24 倍。整体而言，试点省市的准备度情况优于非试点省市。

(3) 法规政策不均衡、不充分。法规政策是指对政府数据开放相关环节(如数据治理、数据开放、安全保护和数据利用)作出规范性要求的法律法规和政策文件，它是推进政府数据开放的法治基础和重要依据。如图 11-2 所示，法规政策的满分为 6 分，在 11 个省市中，最高分为 5.4 分，占满分的 90%，最低分为 2.4 分，前者为后者的 2.25 倍。上海和浙江的得分较高，陕西和海南的得分较低。11 个省市的法规政策的平均分为 4.07 分，有 6 个省市超过了平均水平，分别为上海、浙江、贵州、江西、山东和北京，试点省市均在其中。数据表明，法规政策整体发展水平中等，但不均衡，各省市相差较大。

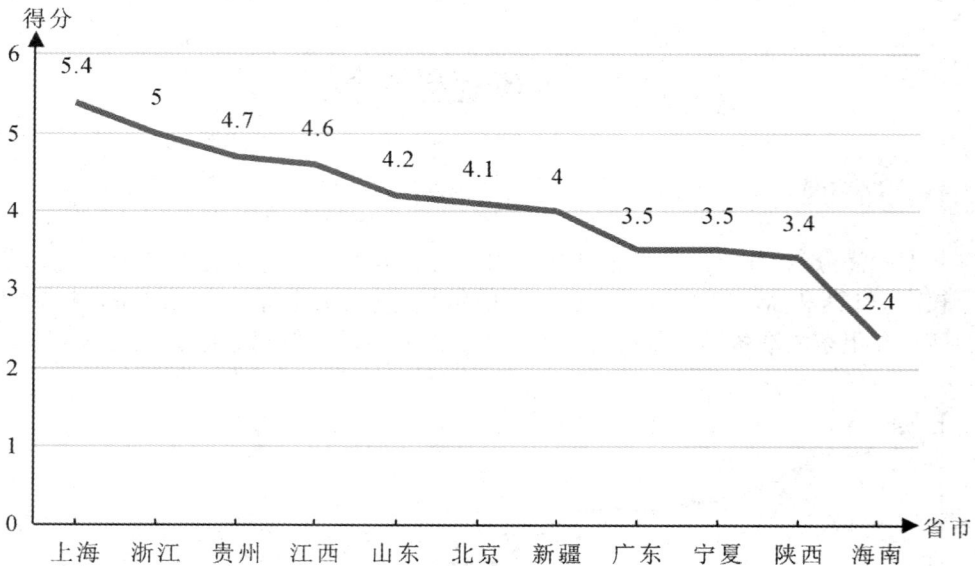

图 11-2　各省市法规政策的得分趋势

(4) 组织领导力度不够。健全的组织领导体系是数据开放长期可持续推进的保障。如图 11-3 所示，组织领导的满分为 4 分，在 11 个省市中，最高分为 3.8 分，占满分的 95%，最低分为 1.5 分，前者为后者的 2.53 倍。贵州和上海的得分较高，新疆和宁夏的得分较低。11 个省市的组织领导的平均分为 2.70 分，有 6 个省市超过了平均水平，分别为贵州、上海、海南、山东、江西和陕西。数据表明，组织领导整体水平不高，协调力度不够。

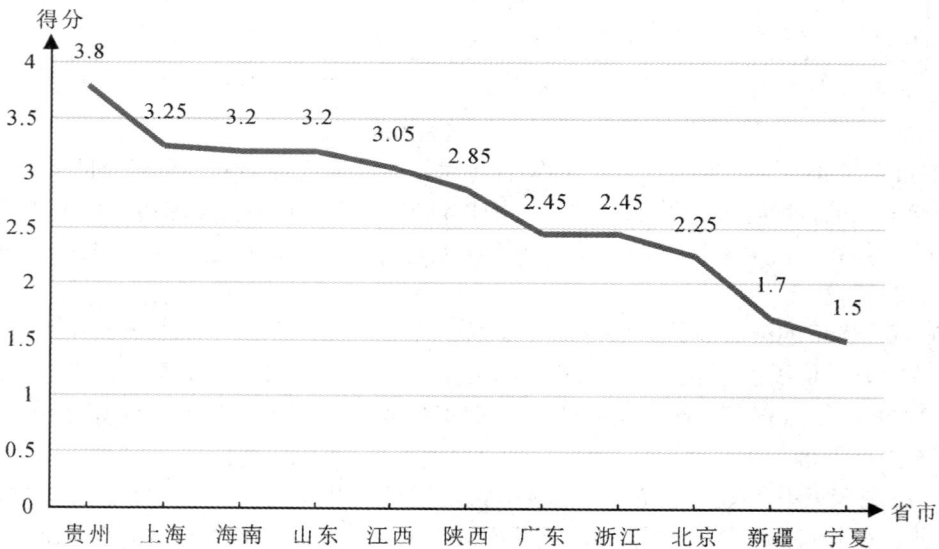

图 11-3　各省市组织领导的得分趋势

11.3.2　数据建设

数据建设的满分为 30 分，11 个省市中最高分为 18.8 分，最低分为 11.9 分。其中，浙江和上海得分较高，陕西和江西得分位于后两位，9 个省市(除去宁夏回族自治区和新疆维吾尔自治区这 2 个在政府开放平台数据采集过程中出现故障的省份)在数据建设的平均得分为 15.95 分，共有 5 个省市超过平均分。

(1) 目录清单基本覆盖，内容完善度有待提高。调查研究过程中，在目录清单的具体维度中(如图 11-4 所示)，权力清单最完善，均值得分率最高，为 90.40%；公共服务清单的完善度次之，均值得分率为 82.80%；责任清单的均值得分率为 78.00%；政府信息公开目录最差，均值得分率为 75.60%。可见权力清单和公共服务清单是各地政府建设的重点。

本次评估的 11 个省市中，所有平台都提供了四类目录清单以及分类引导，但是一些平台仍存在提供的目录清单完善度较低的问题。

(2) 数据数量稳步增长。在数据数量的具体维度中(如图 11-5 所示)，数据集总量均值得分率最高，为 68.00%；数据容量的完善度次之，均值得分率为 62.00%。数据表明，各地平台开放的数据集数量已成规模，多数地区的开放数据集数量相比去年稳步增长。

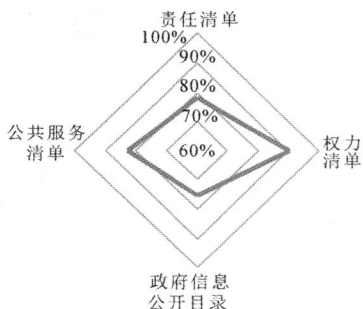

图 11-4　目录清单各维度均值得分

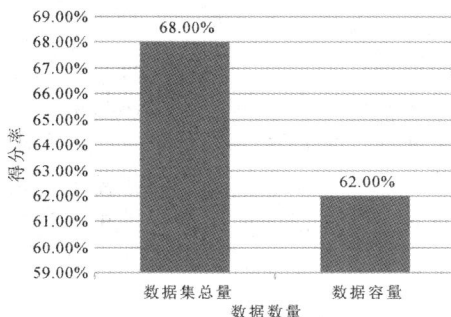

图 11-5　数据数量各维度均值得分

(3) 数据质量良莠不齐。在数据质量的具体维度中(如图 11-6 所示)，无问题数据均值得分率为 95.56%；无低质数据均值得分率为 75.56%；时效性均值得分率为 100.00%；高价值数据完善度最低，均值得分率为 64.00%。数据表明，各地虽及时更新上线了数据，但高容量、高需求的优质数据集仍然缺乏，且普遍存在容量低、有缺失值问题数据等现象。

(4) 数据标准逐步规范，技术规范及元数据完整性完成较好。在数据标准的具体维度中(如图 11-7 所示)，技术规范均值得分率最高，为 98.11%；元数据完整性次之，均值得分率为 91.11%；开放授权均值得分率最低，为 61.00%。数据表明，各地政府平台应完善元数据完整性以及开放授权相关声明。

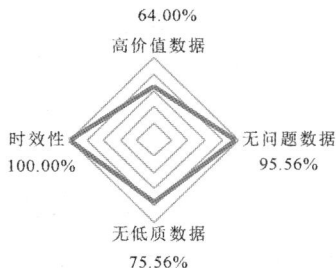

图 11-6　数据质量各维度均值得分

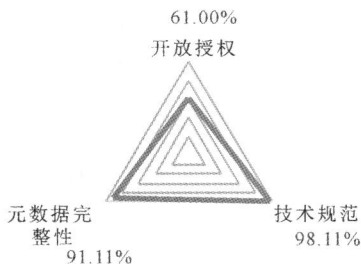

图 11-7　数据标准各维度均值得分

在数据的法律性开放上，北京、上海、贵州等 5 个地方平台的授权协议中明确授予了用户免费获取、不受歧视、自由利用、自由传播和分享数据的权利，但许多地方的政府数据开放平台仍未提供明确充分的数据开放授权。

在数据的技术性开放上,各地平台上可机读数据稳步增长,且都达到了《公共信息资源开放试点工作方案》可机读率不低于 90% 的要求。贵州、北京、江西等地方平台上提供的数据集也全部满足开放格式的标准。但是,各地仅存在少量不符合开放数据格式标准的数据集,如 PDF 或 DOC 格式的不可机读数据、XLS 格式的非开放格式数据等。

在元数据完整性上,目前大多数地方平台都能提供基本的元数据,这有助于用户理解和应用数据。然而,各地情况参差不齐,在提供数据量、发布日期、开放属性等条目上仍有待进一步完善。

(5) 数据覆盖面尚不全面。在数据覆盖面的具体维度中(如图 11-8 所示),主题覆盖率均值得分率最高,为 82.22%;部门覆盖率次之,均值得分率为 80.00%。数据表明,各地政府平台所提供的数据并不能很好地覆盖全部主题,应不断提供高关注、高需求的数据。

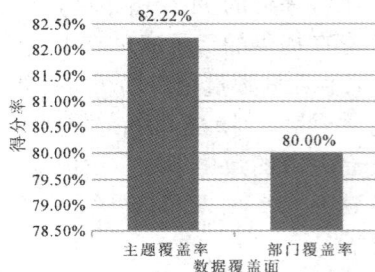

图 11-8　数据覆盖面各维度均值得分

在主题覆盖上,包括贵州、北京和上海等在内的 5 个地区,覆盖了全部 9 个主题;浙江、广东部门覆盖率超过了 90%。在部门覆盖上,贵州部门覆盖面最广,涉及 748 个省地级部门;其次为北京、浙江、山东和广东;江西覆盖部门数最少,仅覆盖到 8 个部门。各地部门覆盖之间存在较大的差异。

11.3.3　平台建设

平台建设的满分为 30 分,平均分为 22.55 分,9 个省市平台建设得分如图 11-9 所示。9 个省市的排名依次为山东(最高分 28)、上海、浙江、北京、贵州、广东、江西、海南、陕西。新疆和宁夏由于平台故障,位于后两位,不予展示。

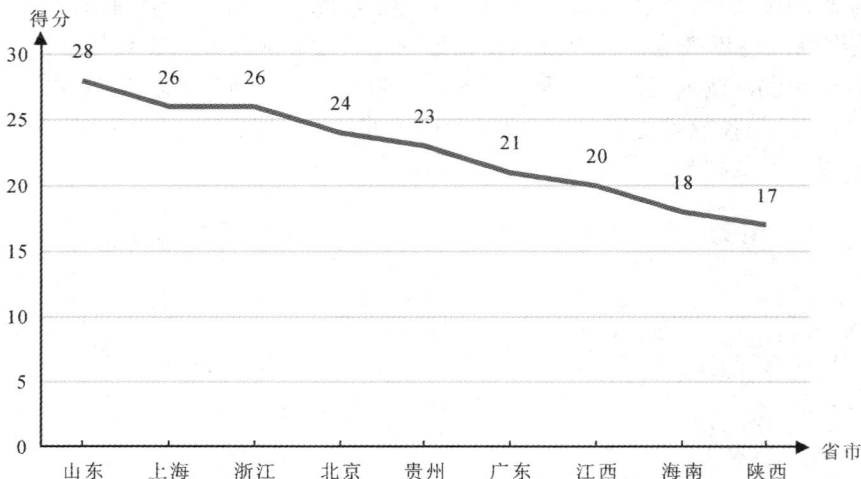

图 11-9　各省市平台建设的得分趋势

(1) 平台建设虽整体向好,但分布不均。由图 11-9 可知,平台建设中超过平均分的有

5 个数据开放平台，依次为山东、上海、浙江、北京和贵州。9 个省市平台建设已取得初步成效，且发展趋势良好。但是，山东为最高分(28 分)，陕西为最低分(17 分)，前者约为后者的 1.65 倍，这说明各省市的平台建设不均衡，且差距较大。

(2) 试点省市的平台建设整体情况好于非试点省市。在《公共信息资源开放试点工作方案》提出的 5 个试点省市中，上海和浙江在平台建设中位居第二和第三名。在 9 个省市中，4 个试点省市的平均得分为 24.75，5 个非试点省市的平均分为 20.80。整体而言，试点省市的平台建设情况好于非试点省市。

(3) 平台建设仍需提高。由图 11-10 可知，平台建设的整体均值得分率不均衡。其中，平台引导的得分率较高，为 94.26%；其次为互动交流(得分率为 85.71%)，数据服务(得分率为 80.56%)，个性化(得分率为 66.67%)。由平台建设的二级指标的均值得分率可知，仅有平台贯通指标的得分率未超过 60%，因此公共信息资源开放的平台建设需要注重多个平台间的数据和链接贯通。

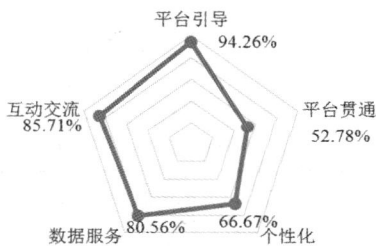

图 11-10　平台建设二级指标的均值得分率

(4) 平台引导有待提升。如图 11-11 所示，平台引导的满分为 7 分，最高分为 6.55 分，最低分为 4.35 分，平均分为 5.66 分。超过平均值的有 5 个省市，依次为山东、海南、广东、上海和北京。总体而言，各省级的平台引导已经有了较大提升。目前，仅山东数据开放平台提供了全部的引导功能，而其余的平台只提供了部分引导功能。此外，有的网站虽然提供了某种功能，但提供的功能不够完善，如平台的搜索功能不够精确，分类筛选提供的类别较少，排序方法简单初级，类别不够丰富。

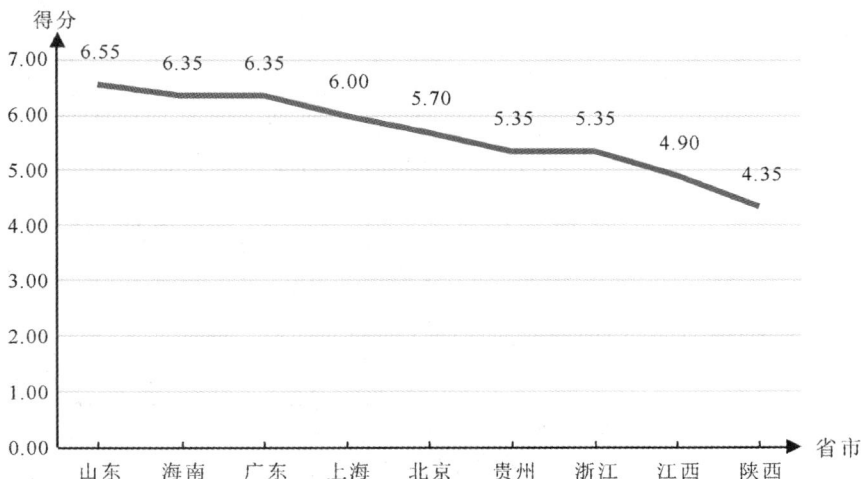

图 11-11　各省市平台引导的得分趋势

163

(5) 平台贯通亟须重视。如图 11-12 所示，平台贯通的满分为 6 分，浙江为最高分 (5.5 分)，宁夏为最低分(0.4 分)，平均分为 2.59 分。超过平均值的有 6 个省市，依次为浙江、山东、北京、广东、江西和上海。总体而言，平台贯通有很大差距，以人民政府网为中心、以政务网和数据开放平台为两翼的贯通模式基本形成，但三网之间数据的互联互通还不充分，多数平台的新媒体贯通没有实现，即使实现了，贯通的媒体种类较少。纵向、横向、跨媒体链接贯通是目前亟须提升的部分。

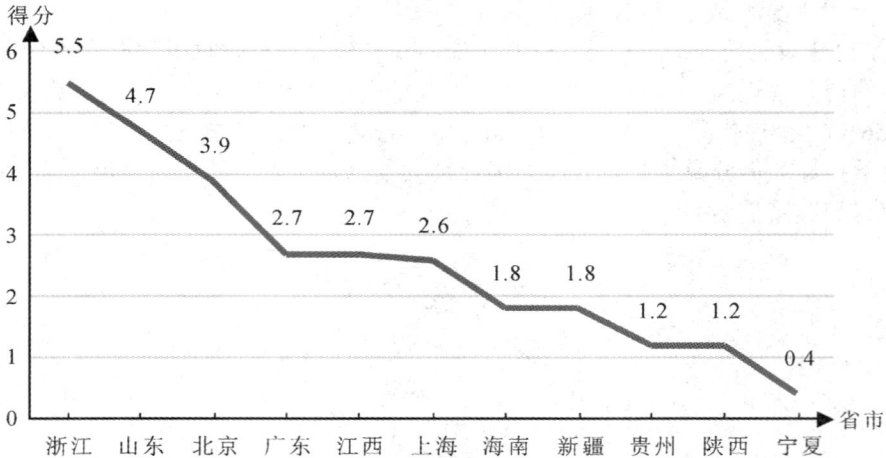

图 11-12 各省市平台贯通的得分趋势

(6) 数据服务需全面协调。如图 11-13 所示，数据服务满分为 8 分，最高分为 8 分，最低分为 3 分，平均分为 6.44 分。未达到平均分的有 4 个省市，包括北京、江西、广东和海南。宁夏和新疆未参与评估，其数据开放平台亟须维护建设。数据服务功能是直接面向用户的平台功能，总的来说，我国政府数据开放平台现阶段对于包括数据分析工具的提供、应用成果及数据的可视化展示、数据集的预览及下载等功能，已经开始逐步趋于成熟，但是各省市对其不同的功能设置仍存在较大的差异，应尽可能做到全面提升。

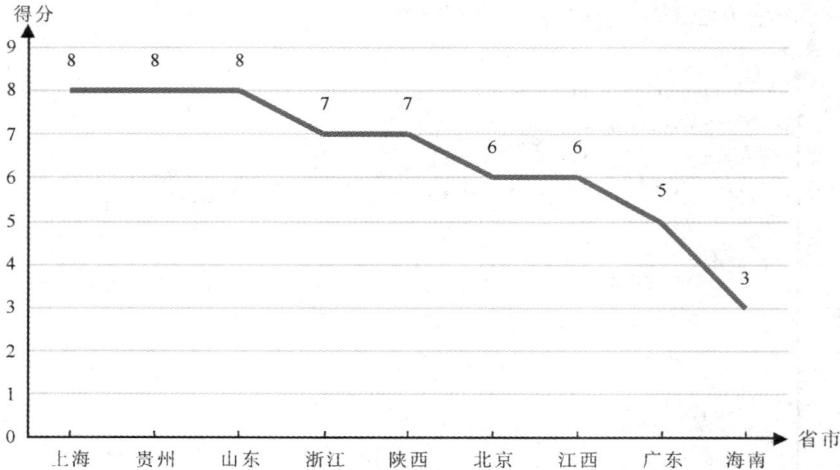

图 11-13 各省市数据服务的得分趋势

(7) 互动交流功能欠缺。如图 11-14 所示，互动交流满分为 7 分，最高分为 7 分，最低分为 3 分，平均分为 6 分。未达到平均分的有 2 个省市，包括江西、陕西。宁夏和新疆未参与评估。互动交流可以有效增强平台与用户、用户与用户之间的互动性，有利于平台及时响应用户数据需求，以及提高数据质量。就目前的研究结果来看，我国政府在数据开放平台上与公众的互动交流仍需作出努力，以建立起政府与公众意见交流的桥梁，从而使政府部门的服务效力得到有效的提升。

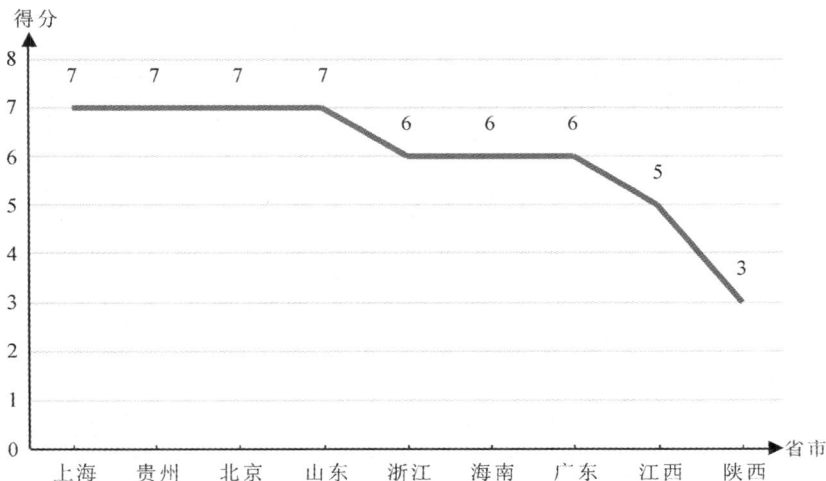

图 11-14　各省市互动交流得分趋势

(8) 个性化仍是创新短板。如图 11-15 所示，个性化服务的满分为 2 分，最高分为 2 分，最低分为 1 分，平均分为 1.22 分。得分结果证明了我国政府在数据开放平台的个性化设置上已经投入了较高的关注度，但仍需要地方政府进一步完善。政府数据开放平台个性化服务可以充分地体现出政府智能、精确及友好的服务能力。

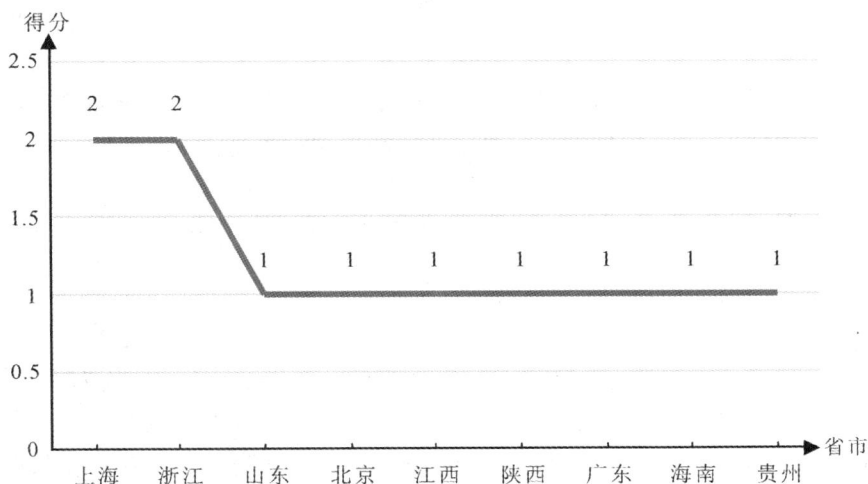

图 11-15　各省市个性化服务的得分趋势

11.3.4　数据利用

数据利用评估满分为 20 分，最高分为 19.2 分，最低分为 5.7 分，平均分为 11.54 分，

9 个省市数据利用评估得分如图 11-16 所示。北京、浙江、山东和贵州等省市数据利用情况相对较好,广东次之。数据利用的评估重点为 App 应用开发数量、应用商店下载量、数据应用竞赛、数据下载量、数据访问量这 5 个指标。

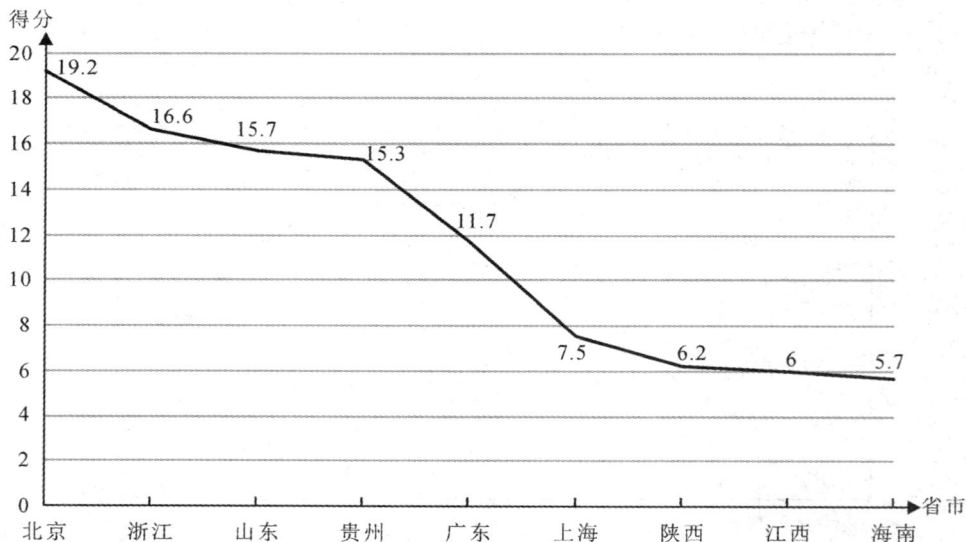

图 11-16　各省市数据利用评估得分

(1) 数据利用程度差异较大。由图 11-16 可知,9 个省市的数据开放平台对数据都有着一定程度的利用,有 5 个省市的数据利用评估得分居于平均分之上,分别是北京、浙江、山东、贵州和广东,这说明其数据利用程度显著,数据再开发应用的效果良好。但是,海南的数据利用得分仅为 5.7 分,与最高分北京差异较大,可见各省市的数据利用程度不均衡。

(2) 试点省市的数据利用程度高于非试点省市。《公共信息资源开放试点工作方案》提出的 5 个试点省市中,除了福建外,北京、浙江和贵州在数据利用评估得分中位列前五,上海位居第六。在 9 个省市中,4 个试点省市的平均得分为 14.65 分,5 个非试点省市的平均得分为 9.06 分,总体而言,试点省市的数据利用程度高于非试点省市。

11.3.5 影响力

影响力评估满分为 10 分,最高分为 8 分,最低分为 3 分,平均分约为 5.45 分,11 个省市的影响力得分如图 11-17 所示。其中,山东、海南和贵州的影响力程度相对较高,新疆、上海和北京位于后三名。这里重点评估了这四方面:重要的新闻媒体提及数量、百度搜索新闻条数、各政府网站在 Alexa.cn 的访问排名、平台之间的相互链接情况。总体来说,我国开放数据平台影响力水平较低,应当大力促进开放数据在全社会范围内的影响,将政府推动与公民参与相结合,做到真正有利于社会发展的数据开放。

(1) 具有一定影响力,但力度总体偏低。评估的 11 个省市都具有一定的影响力,由图 11-17 可知,最高的为山东和海南(得分为 8 分),后两位为上海和北京(得分为 3),影响力中未超过平均分的省市仅有 2 个。但是影响力评估满分为 10 分，平均分却低至约 5.45 分，仅为满分的一半，这在很大程度上说明，各省市的影响力范围不大，力度总体偏低。

(2) 非试点省市的影响力度大于试点省市。《公共信息资源开放试点工作方案》提出的 5 个试点省市中，贵州在影响力评估中位列第三。在 11 个省市中，4 个试点省市的平均得分为 4.75 分，7 个非试点省市的平均分为 5.86 分，明显前者的平均分要低于后者。此结果与各网站在 Alexa.cn 上的访问排名有很大关系，且上海和北京作为试点地区，并未在其平台中展示其他平台链接，致使平台间相互链接较差。

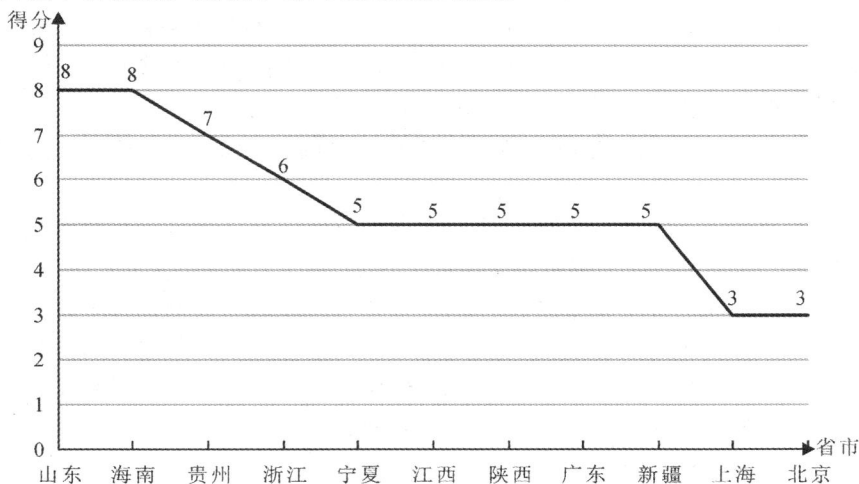

图 11-17 各省市影响力评估得分

本 章 小 结

公共信息资源开放评估指标体系包括准备度、数据建设、平台建设、数据利用、影响力 5 个一级指标，本次共评估了 11 个地方政府数据开放平台，其中包括 4 个试点地区。

在准备度方面，试点省市的准备度整体优于非试点省市，而各省市在准备度方面的发展呈现出不完善的特点，法规和政策的整体发展水平处于中等水平，但并不均衡，各省市相差较大。同时，通过对 11 个地方政府数据开放平台的分析，发现我国各省市的组织领导力度稍显薄弱，协调力度仍需改善。

在数据建设方面，各省市的目录清单基本覆盖，但存在部分平台的内容完善度较低的问题，在目录清单的 4 个具体维度中，权力清单和公共服务清单是各地政府建设的重点。通过调查发现，各地政府数据开放平台的数据容量、数据集数量在稳步增长，但同时也存在数据质量良莠不齐的现象，虽然各地平台能够及时更新上线数据，但高容量、高需求的优质数据集仍然是缺乏的。各政府平台也在逐步规范数据标准，在技术规范、元数据完整性方面完成较好，各地平台都能提供基本的元数据，平台上的可机读数据稳步增长；而开放授权方面稍显不足，许多政府数据开放平台还未提供明确充分的数据开放授权，故各地政府平台应逐步完善开放授权相关声明。在数据的覆盖面上，各地平台覆盖面之间存在较大的差异，各平台所提供的数据集还不能覆盖全部的主题，数据覆盖面还不全面，需要不断开放完善数据的覆盖面。

在平台建设方面，总体来看，各省市的平台建设不均衡，且差距较大，试点省市的平台建设整体情况要优于非试点省市。各地政府数据开放平台在平台建设上的发展并不均衡，平台引导、互动交流和数据服务完成度较高，而在平台贯通、个性化上较弱。各省级的平台引导有了较大的提升，而平台之间的数据和链接贯通有很大差距，数据的互联互通不够充分，平台上的个性化设置也需要政府投入更多的精力。

在数据利用上，各省市的数据利用程度差异较大，通过对 9 个省市数据平台的分析发现，试点省市的数据利用程度优于非试点省市，在 App 应用开发数量、应用商店下载量、数据应用竞赛、数据下载量和数据访问量上试点省市的数据利用更好。

在影响力方面，我国开放数据平台的影响力还有待提高，总体力度偏低，各省市的影响力范围不大。在对 11 个政府数据开放平台调查后发现，非试点省市的影响力度大于试点省市。

我国公共信息资源开放在准备度、数据建设、平台建设、数据利用和影响力上稳步发展，在准备度、平台建设、数据利用 3 个维度上试点省市的表现更优异；而在影响力方面，非试点省市的平台影响力高于试点省市。总体来看，各地政府数据开放平台都能够提供较完善的数据服务，平台上的目录清单和数据集能够覆盖绝大多数主题，为公众提供数据支持，但在交流互动和个性化方面稍逊一筹，平台和平台之间的链接、平台和用户之间的互动交流功能未能很好地发挥作用，仍然有较大的发展空间。

第十二章

突发公共卫生事件中地方政府
开放效果评估

近年来，突发公共卫生事件频发，对全球社会发展及公众身心健康造成了巨大危害。仅仅依靠信息公开已很难满足社会的信息需求，亟须数据从公开向开放深化。突发公共卫生事件政府数据开放可以看作政府数据开放的一种特殊类型，是其在特定事件下的独特表现。考虑到突发公共卫生事件政府数据开放区别于一般公共信息资源开放的及时性、准确性、全面性等特征，基于上一章节对公共信息资源开放效果的评估方法，故本章尝试从基础设施、准确性、及时性、全面性、易用性 5 个维度构建突发公共卫生事件政府数据开放评估体系，探究突发公共卫生事件下各地政府的数据开放情况及效果。

12.1　指标构建及数据采集

12.1.1　评估指标构建及权重设置

当前的研究尚未出现针对突发公共卫生事件政府数据开放的评估框架，大多的评估体系均是调查开放政府数据情况的，其中的开放数据晴雨表、开放数据成熟度模型等是比较经典且被众多学者认可的国际评估项目[121-122]。新型冠状病毒感染疫情(COVID-19，以下简称"新冠")给现实社会和网络社会均带来了长期的、严重的影响，因此，本章以其为研究对象，构建突发公共卫生事件政府数据开放评估体系，探究地方政府在此次疫情中的数据开放工作，回应公众关切的信息问题。突发公共卫生事件政府数据开放评估指标体系包括基础建设、准确性、及时性、全面性和易用性 5 个一级指标，每个一级指标下设有相应的二、三级指标，共包括 5 个一级指标，13 个二级指标和 39 个三级指标，如表12-1 所示。

表 12-1　突发公共卫生事件政府数据开放评估指标体系

一级指标	二级指标	三级指标	指 标 说 明	量化标准类型
基础建设 (10.80%)	组织基础 (3.51%)	法规政策 (1.52%)	疫情防控专题平台是否发布疫情防控、信息公开等相关政策	A
		组织领导 (1.99%)	疫情防控专题平台是否公开防控领导小组、相关部门联系方式等信息	B
	平台基础 (7.29%)	多平台贯通 (2.97%)	疫情防控专题平台是否提供地区政府官网、政务平台、微信公众号、微博等平台的贯通方式	B
		互动交流 (4.32%)	疫情防控专题平台是否设立健康登记、疫情上报、在线问诊、行程查询、专家科普、官方辟谣等功能	B
准确性 (20.40%)	数据一致 (7.65%)	确诊病例一致 (2.55%)	疫情防控专题平台、微信公众号、微博三方确诊病例数据是否一致	A
		治愈病例一致 (2.55%)	疫情防控专题平台、微信公众号、微博三方治愈病例数据是否一致	A
		死亡病例一致 (2.55%)	疫情防控专题平台、微信公众号、微博三方死亡病例数据是否一致	A
	数据真实 (12.75%)		是否出现疫情瞒报、漏报、谎报事件	A
及时性 (22.30%)	疫情数据 (9.00%)	基础数据更新 (2.59%)	疫情基础数据更新频率	B
		病例信息更新 (2.71%)	疫情病例信息更新频率	B
		流调数据更新 (3.70%)	疫情流调数据更新频率	B
	生活服务 (8.50%)	医疗机构信息发布 (3.42%)	疫情防控专题平台医疗机构信息发布距地区首例病例确诊时间间隔	B
		交通出行信息发布 (2.15%)	疫情防控专题平台交通出行信息发布距地区首例病例确诊时间间隔	B
		生活保障信息发布 (2.93%)	疫情防控专题平台生活保障信息发布距地区首例病例确诊时间间隔	B
	关切回复 (4.80%)	官方辟谣(2.40%)	疫情防控专题平台官方辟谣频率	B
		专家科普(2.40%)	疫情防控专题平台专家首次科普距地区首例病例确诊时间间隔	B

一级指标	二级指标	三级指标	指 标 说 明	量化标准类型
全面性 (19.00%)	领域覆盖 (19.00%)	交通运输(2.85%)	疫情防控专题平台是否发布交通运输领域相关信息	A
		经济建设(2.85%)	疫情防控专题平台是否发布经济建设领域相关信息	A
		医疗卫生(2.85%)	疫情防控专题平台是否发布医疗卫生领域相关信息	A
		科技教育(2.85%)	疫情防控专题平台是否发布科技教育领域相关信息	A
		民生服务(2.85%)	疫情防控专题平台是否发布民生服务领域相关信息	A
		文化休闲(2.85%)	疫情防控专题平台是否发布文化休闲领域相关信息	A
		其他(1.90%)	疫情防控专题平台是否发布其他领域相关信息	A
易用性 (27.50%)	数据服务 (4.50%)	数据分析(0.92%)	疫情防控专题平台或政府数据开放平台是否提供数据分析服务	A
		可视化展示 (1.10%)	疫情防控专题平台或政府数据开放平台是否提供可视化展示服务	A
		数据预览(1.65%)	疫情防控专题平台或政府数据开放平台是否提供数据预览服务	A
		数据下载(0.83%)	疫情防控专题平台或政府数据开放平台是否提供数据下载服务	A
	数据标准 (4.40%)	XLS (1.10%)	政府数据开放平台是否提供 XLS 格式文件下载	A
		CSV (1.10%)	政府数据开放平台是否提供 CSV 格式文件下载	A
		XML (1.10%)	政府数据开放平台是否提供 XML 格式文件下载	A
		JSON (1.10%)	政府数据开放平台是否提供 JSON 格式文件下载	A
	数据数量 (5.50%)	数据集数量 (1.75%)	政府数据开放平台发布疫情相关数据集数量	B
		API 数量 (1.32%)	政府数据开放平台发布疫情相关 API 数量	B
		数据集开放比 (2.43%)	政府数据开放平台开放疫情相关数据集占比(开放可获取疫情数据集量/已公开疫情数据集总量)	B

一级指标	二级指标	三级指标	指 标 说 明	量化标准类型
易用性 (27.50%)	数据下载 (4.30%)	数据集下载量 (2.87%)	政府数据开放平台疫情相关数据集下载总量	B
		API 调用量 (1.43%)	政府数据开放平台疫情相关 API 调用总量	B
	数据转化 (8.80%)	应用工具数量 (1.36%)	政府数据开放平台发布有关疫情防控的应用工具数量	B
		数据集利用比 (2.77%)	政府数据开放平台发布的疫情相关应用工具中已被利用的数据集占比(应用工具中被利用数据集量/已公开疫情数据集总量)	B
		流调数据开放比 (2.06%)	政府数据开放平台开放流调数据占比(开放可获取流调数据量/确诊病例数)	B
		流调数据利用比 (2.61%)	政府数据开放平台发布的疫情相关应用工具中已被利用的流调数据占比(应用工具中被利用流调数据量/开放可获取流调数据量)	B

注：A 类型为有无型；B 类型为区间型。

1. 基础建设指标

参照《中国互联网发展报告 2018》中公共信息资源开放评估指标体系，设立基础建设指标，用于评价各地区疫情防控专题平台的建设情况，从组织基础和平台基础两个方面进行测评，包括法规政策、组织领导、多平台贯通和互动交流 4 个三级指标。考虑到"新冠"疫情的强突发性，各地区疫情防控专题平台虽基本建成并投入使用，但部分高端功能尚未完善，因此在本指标体系中去除对疫情管理平台的平台引导、个性化服务等评价。

2. 准确性、及时性、全面性指标

以《突发公共卫生事件应急条例》《国家突发公共事件总体应急预案》等政策提出的突发事件信息公开应及时、准确、全面为基础，将准确性、及时性和全面性作为此次疫情政府数据开放效果评估的重要指标。准确性主要用于评估疫情防控期间地方政府数据是否真实一致，从数据一致和数据真实两个方面进行测评，共包含确诊病例一致、治愈病例一致、死亡病例一致 3 个三级指标。及时性指标侧重于评估各地方政府的数据开放工作是否及时有效，从疫情数据、生活服务和关切回复三个方面测评政府的数据开放和数据服务是否快速及时，包含基础数据更新、病例信息更新、流调数据更新、医疗机构信息发布、官方辟谣等 8 个三级指标。其中流调数据更新是本研究考虑流调数据对于医学追踪疑似病例、群众自查自检等的重要意义所设立的，可用于探究各地政府对于高价值数据的更新力度。全面性指标用于衡量地方政府数据开放工作是否涉及更多领域，是否满足各类人群的不同信息需求，包含交通运输、医疗卫生、科技教育等7个三级指标。

3. 易用性指标

考虑到全球政府数据开放的大趋势，结合"新冠"疫情的实际问题，设立了易用性指标，旨在衡量地方政府所开放数据的可利用性和利用成效，从数据服务、数据标准、数据数量、数据下载和数据转化5个方面进行测评，共包含17个三级指标。数据服务和数据标准的设立目的为衡量地区平台是否提供辅助数据利用的工具和标准，数据数量、数据下载和数据转化则能评估地区数据利用的具体效果。

12.1.2　评估数据采集与评估指标量化

1. 评估数据采集

突发公共卫生事件地方政府数据开放评估的数据采集工作主要为人工采集，本研究以国家政务服务平台下的"新冠感染疫情防控专题"为来源确定了待评估的各地疫情防控专题平台共30个。其中，新疆维吾尔自治区与新疆生产建设兵团作为同一地区平台进行评估；西藏自治区因未设立专门的疫情防控专题平台，因此不纳入此次评估范围。此外，国务院官方网站上公布的江西省疫情防控平台与当地政务网站所公开的专题平台存在细微差别，这里选择江西政务服务网所设立的疫情防控专题平台为评估对象。截至2020年3月20日，共采集到30个地方疫情防控专题平台的所有内容，以及地方政府数据开放平台有关此次疫情的相关数据。采集到的数据包括平台功能、信息发布内容和数据集信息等，基本涵盖了"新冠"病毒潜伏、发展及衰退的各个阶段。

2. 评估指标量化

在评估指标确定后，随机选取部分开放平台，并采集用于评估的全部数据，结合数据采集结果制定各指标的量化标准。总体上，各指标按照特征可以分为有无型(A)和区间型(B)两个量化标准类型，然后根据各指标的实际表现从低到高按照百分制进行评分。

1) 基础建设

基础建设包括2个二级指标：组织基础和平台基础。组织基础指政府机构为开放数据提供的帮助，如制定政策和建立领导小组。赋值应严格按照各省疫情防控专题平台上搜索有关疫情数据开放的相关政策进行，如果该地区政府发布了相关政策，则获得100分；反之则获得0分。此外，本研究还检查了平台上的所有板块，确定当地政府是否公开了疫情防控领导小组的各项信息。如果政府向公众公开成员的姓名和联系方式，将得到100分；反之则为0分。

平台基础反映了地方政府疫情防控专题平台建设的完整性，包括多平台贯通和互动交流2个三级指标。量化打分前应在各平台的首页上查找政府微信公众号、政府微博、开放数据平台和官方网站的链接，并根据找到的链接数为该指标赋值。多平台贯通的评分标准：4个链接(100分)、2个或3个链接(85分)、1个链接(70分)和无链接(0分)。互动交流指平台可以提供的在线咨询、行程查询和疫情报告等功能，以确保公众与政府之间的互动交流。该指标的评分标准：5个或6个功能(100分)、3个或4个功能(85分)、1个或2个功能(70分)、无功能(0分)。

2) 准确性

准确性共包括 2 个二级指标：数据一致和数据真实。借助检索式"省份名称*(瞒报 + 谎报 + 漏报)"，在中国政府网站和主要新闻网站，如新华网和人民日报上搜索有关各省疫情数据公开的新闻，如果未找到违反数据准确性的新闻结果，则表示该省没有虚假数据事件。反之，如果出现相关搜索结果，则对其进行逐一检查，仔细阅读新闻内容，以确定它们是否报道了地区疫情数据瞒报、谎报或漏报事件。只要存在其中任意一项，该指标不得分。

此外，需要收集地方政府在疫情防控专题平台、微信公众号和微博上发布的疫情数据，包括确诊病例、治愈病例和死亡病例的数据，并进行逐日比较。随后，按日期对三个平台上公布的病例数据进行排序，比较三个平台每日的确诊病例、治愈病例和死亡病例数据。从理论上讲，政府在各平台上发布的病例数据应该相同。因此，如果该省份任一天在三个平台上公开的疫情数据不相同，就表示该省发布的数据不一致，则该省份在该指标上不得分。

3) 及时性

及时性侧重于评估政府公开数据的速度，本研究选择 3 个二级指标来分析政府公开数据是否及时：疫情数据、生活服务和关切回复。众所周知，疫情数据是突发公共卫生事件信息公开的主要内容，也是学者和公众关注的焦点。并且，由于疫情可能会突然发生，大多数公众被要求居家隔离，公开生活服务信息可以为他们提供日常生活服务。此外，疫情暴发激发了大量舆论，及时辟谣及政府进行科普对于控制疫情至关重要。因此，本研究选择这三个指标来评估及时性。

各省疫情防控专题平台均包含多个板块，包括新闻、公告、科普、辟谣、在线咨询、疫情报告和行程查询等。其中的新闻、公告、科普和辟谣板块是本研究调查政府公开信息和开放数据的主要内容。首先，需要收集各省疫情防控平台上的这些主要板块的数据发布列表。然后，根据列表上显示的数据发布时间，计算疫情数据、生活服务和关切回复的更新频率。由于每种数据的更新频率不同，因此本研究对每个指标制定了独立的评分标准，满分均为 100 分。例如，病例信息的更新频率是一个区间型指标，最快的更新频率是半天，而最慢的更新频率是 28 天。因此，病例信息更新的评分标准为：不超过两天(100 分)、3～5 天(90 分)、6～10 天(80 分)和其他(70 分)。

4) 全面性

本研究确定了 7 个重要领域，将其作为全面性指标下的三级指标，分别为经济建设、民生服务、交通运输、医疗卫生、科技教育、文化休闲和其他。首先，需要收集各政府发布的所有信息，包括公告、科普、新闻、采访、会议、报告等。然后，对收集到的每条信息进行分析，并将其归入 7 个三级指标中。如果某条信息属于本研究划分的 7 个领域之一，则可以获得 100 分。例如，如果该省份发布的某些信息属于经济建设领域，则在经济建设三级指标上获得 100 分。

5) 易用性

本研究从数据服务、数据标准、数据数量、数据下载和数据转化 5 个方面测评易用性，共包含 17 个三级指标。

数据服务和数据标准是评估各省疫情防控平台是否对疫情数据进行加工、提供相应的数据服务，以及是否开放了多个标准的疫情数据。这 2 个二级指标下的三级指标均为是否型，即若平台上包含某个三级指标的内容，则得 100 分。例如，某省份疫情防控专题平台提供了数据可视化展示界面，则三级指标可视化展示得 100 分。数据数量、数据下载和数据转化为区间型指标，即根据各指标的具体表现情况制定独立的评估标准。例如，各省份的数据下载量均不同，最高的为 2 200 次，最低的为 0 次。因此，数据下载的评分标准：多于 1 000 次(100 分)、501～1 000 次(85 分)、0～500 次(70 分)和无下载(0 分)。

最终，各地政府数据开放在基础建设、准确性、及时性、全面性和易用性这 5 个维度上的得分等于每个下级指标分值的加权总和，各地区疫情防控期间政府数据开放总分等于以上 5 个维度的分值总和。

3. 指标权重的计算

在指标选定后，利用层次分析法(Analytic Hierarchy Process，AHP)来计算每个级别的指标权重。一般来说，基于层次分析法确定指标权重的流程如图 12-1 所示，严格按照标准的层次分析法过程，计算突发公共卫生事件政府数据开放评估指标体系中各指标的权重。将调查量表分发给 20 位该领域内的专家，请专家对每个层级指标的优先级进行评分。打分完成后共收回 20 份打分表，回收率为 100%。基于收到的反馈，本研究在计算各指标权重时从最顶层开始，逐渐向下得到最终的结果。

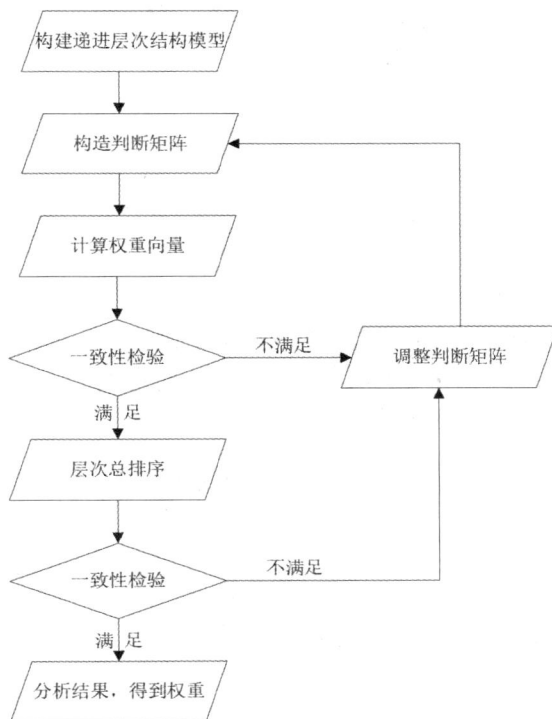

图 12-1 基于层次分析法确定指标权重的流程图

以一级指标的权重计算为例，对具体的计算步骤进行说明。

1) 构造判断矩阵

由于各组待评估指标较少，因此采用 1-5 标度方法对一级指标进行量化打分，以此获得 5 个一级指标对突发公共卫生事件政府数据开放的重要性程度的分值(ξ)，然后利用数学期望公式计算指标的综合评分：

$$E_\xi = \sum_{i=0}^{9} \frac{n_i}{N} \times i \tag{12-1}$$

其中，i 代表某个指标的分值，n_i 代表打 i 分的人数，N 代表被调查者的人数($N = 20$)。将计算得到的各一级指标的综合评分进行两两比较，构建各一级指标的判断矩阵 A：

$$A = \begin{bmatrix} a_{11} & a_{12} & \cdots & a_{15} \\ a_{21} & a_{22} & \cdots & a_{25} \\ \vdots & \vdots & & \vdots \\ a_{51} & a_{52} & \cdots & a_{55} \end{bmatrix} \tag{12-2}$$

其中，矩阵中的各元素 a_{pq} 为 $E_{\xi p}/E_{\xi q}$，p、q 代表各一级指标。

2) 计算权重向量

先求得矩阵 A 中每行元素的集合平均值：

$$m_p = \sqrt[5]{\prod_{p=1}^{5} a_{pq}} \quad (p = 1, 2, \cdots, 5) \tag{12-3}$$

随后，对向量 $M = (m_1, m_2, \cdots, m_5)^{\mathrm{T}}$ 进行归一化处理：

$$W_p = \frac{m_p}{\sum_{p=1}^{5} m_p} \quad (p = 1, 2, \cdots, 5) \tag{12-4}$$

计算后得到 5 个一级指标的权重分别为 $W_1 = 0.1080$，$W_2 = 0.2040$，$W_3 = 0.2230$，$W_4 = 0.1900$，$W_5 = 0.2750$。所得的向量 M 即为判断矩阵 A 的最大特征根 $\lambda_{\max} = 5$ 对应的特征向量的近似值。由方根法求得的特征向量是判断矩阵 A 的最大特征根 $\lambda_{\max} = 5$ 的归一化特征向量。

计算出判断矩阵 A 的最大特征根 $\lambda_{\max}$：

$$\lambda_{\max} = \sum_{i=1}^{n} \frac{(AW)_i}{nW_i} \tag{12-5}$$

其中，$(AW)_i$ 为向量 AW 的第 i 个元素，计算结果 $\lambda_{\max} = 5.106$。选择准则数为 5，由以上计算结果得出 $CI = \frac{\lambda_{\max} - n}{n - 1} = \frac{5.106 - 5}{4} = 0.0265$。

3) 一致性检验

一般来说，CR 值越小，说明判断矩阵的一致性越好，当 CR < 0.1 时，就可认为判断矩阵 A 基本符合一致性条件。一致性检验的准则数以指标数量为参考，因此本指标体系的准则数为 5，查表得其 RI 值为 1.12，则 $CR = \frac{CI}{RI} = 0.023\,67$。

在计算出一级指标的权重后，再分别以一级指标为分组依据，对每组下的二级指标进行量化打分，得出各一级指标下二级指标的初始权重值。二级指标的最终权重则是其初始权重与它所属的上级指标的权重的乘积。例如，组织基础和平台基础属于同一个一级指标，计算后组织基础的初始权重为 32.5%。因此，组织基础的最终权重(3.51%)是其初始权重(32.5%)与基础建设权重(10.80%)的乘积。整体指标平均 CR 值为 0.075，通过一致性检验，可用于评估 COVID-19 政府数据开放情况。

12.2　突发公共卫生事件政府数据开放效果分析

通过构建突发公共卫生事件政府数据开放评估指标体系，对疫情防控期间 30 个地区政府数据开放情况及效果进行打分评估，并结合区域特征、疫情特征等特点深入探究政府应对突发公共卫生事件时的数据开放现状及现存问题，具体分析结果如下。

12.2.1　总体特征分析

对全国 30 个地区政府数据开放情况进行打分后，得到我国"新冠"疫情政府数据开放指数表，如表 12-2 所示。从整体上看，疫情防控期间我国 30 个地区政府开放指数均值为 60.97 分，位于及格线以上，处于中度开放水平，地区间开放水平差距较大，整体开放能力有待提升。其中北京的开放指数最高，为 83.26 分，而开放指数最低的地区为海南，仅 29.41 分，极差为 53.85 分。

表 12-2　"新冠"疫情政府数据开放指数表

序号	地区	得分	序号	地区	得分
1	北京	83.26	16	湖北	63.24
2	山东	82.83	17	宁夏	62.13
3	贵州	77.89	18	黑龙江	59.51
4	四川	76.87	19	陕西	58.48
5	广东	71.35	20	浙江	56.39
6	福建	69.47	21	青海	55.17
7	山西	68.99	22	上海	53.77
8	天津	68.94	23	安徽	52.61
9	重庆	68.76	24	江苏	52.56
10	湖南	67.47	25	辽宁	51.38
11	云南	65.66	26	内蒙古	47.06
12	吉林	65.48	27	河北	46.89
13	江西	65.28	28	广西	44.65
14	新疆	64.85	29	河南	34.54
15	甘肃	64.20	30	海南	29.41

12.2.2 维度特征分析

从 5 个维度对 30 个地区的地方政府数据开放情况进行对比分析，得到一、二级指标的完成情况，探究疫情防控期间制约地方政府数据开放工作的因素，如图 12-2 所示。

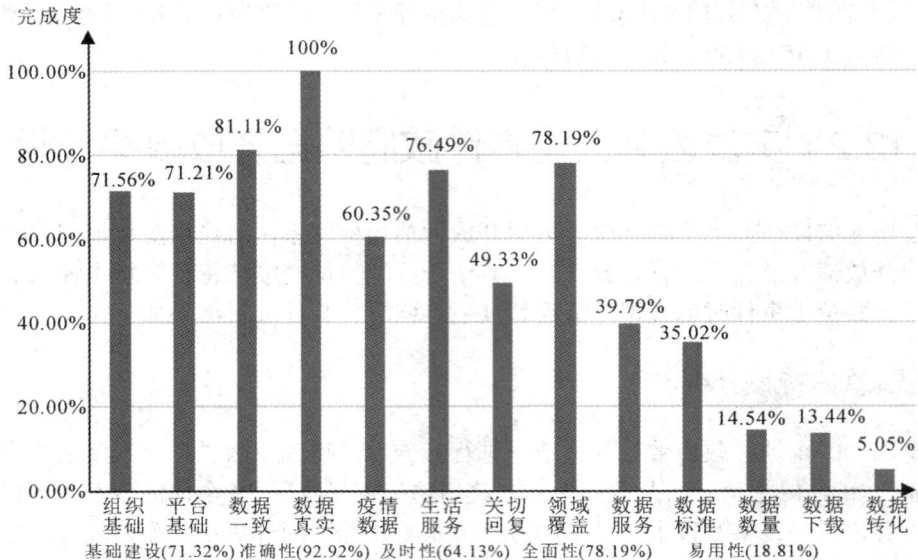

图 12-2   地方政府数据开放各指标完成情况

(1) 基础建设工作情况一般。

从整体来看，30 个地区的疫情防控专题平台的基础建设工作完成度在 70%左右，组织基础和平台基础的完成水平基本相当，对于疫情防控期间政府数据开放工作起到一定的奠基作用。但基础建设作为各地政府数据开放工作的基石，现阶段的建设力度远不足以支持未来更大范围的数据开放，各地区的基础建设工作应该不断完善。

(2) 数据开放准确性完成度位列第一。

从图 12-2 中可以看出，准确性指标为 5 个指标中完成度最好的一组，整体完成度高达92.92%。其中数据真实二级指标完成度为 100%，各地区未发生有违数据真实性的疫情数据瞒报、漏报情况。

(3) 数据开放及时性完成度较低。

数据开放及时性是衡量政府数据开放工作的重要指标，及时的数据开放是解决谣言问题的关键。而从图 12-2 中可以看出，作为主导的疫情数据开放及时性完成度仅 60.35%，可见地方政府未能全面实现一天一更新或半天一更新的疫情数据公布频率。天津是此次评估地区中疫情数据更新频率较高的地区之一，在疫情早期，天津政府基本做到一天三更新，随着疫情的减缓，天津政府及时调整更新频率，将基础数据更新频率调整为半天一更新，并很好地完成了病例信息和流调数据的公开，为其他地区起到了表率作用。

(4) 数据开放全面性整体完成较好。

由于此次疫情最初发生在中国春节前后，公众关心的数据除了关键的医疗救援外，还涉及复工复学、生活保障等领域，政府的信息公开理应兼顾到交通运输、经济建设、医疗卫生等各个方面。从图 12-2 中可以看出，30 个地区在政府数据开放全面性上的完成度较高，均值为 78.19%，地方政府的多方信息公布工作完成较好，基本涵盖了中国大众在防疫期间的重点关心领域。

(5) 数据易用性完成较差。

数据易用性是区别于传统的信息公开和数据开放的关键指标，用于衡量数据在公开基础上的可利用性和数据转化情况。而从数据上看，全国 30 个地区的数据易用性整体水平较差，均值仅 18.81%。其中数据转化的完成度仅 5.05%，排在所有二级指标完成度的最末。

结合具体调查数据可以看出，地方政府在"新冠"疫情数据开放工作上存在多个问题。首先，数据开放平台建设进度缓慢，多数地区仍未设立专门的政府数据开放平台。其次，针对此次疫情的开放可获取的数据集总量较少，基础的疫情数据仅公开未开放，原本能有效推进数据转化的流调数据的开放情况更是不尽如人意，难以满足政府数据开放大趋势下公众对数据的需求，进而制约了数据转化的进展。

12.2.3 区域特征分析

在对各地区开放指数进行汇总后，以 70 分、60 分、50 分为界限对 30 个地区进行划分，共形成 4 个开放区域——领先开放区、积极追赶区、稳步推进区和亟待发展区，如图 12-3 所示。其中领先开放区包含北京在内的 5 个地区；积极追赶区数量最多，共 12 个地区；稳步推进区共包含 8 个地区；亟待发展区包含 5 个地区。

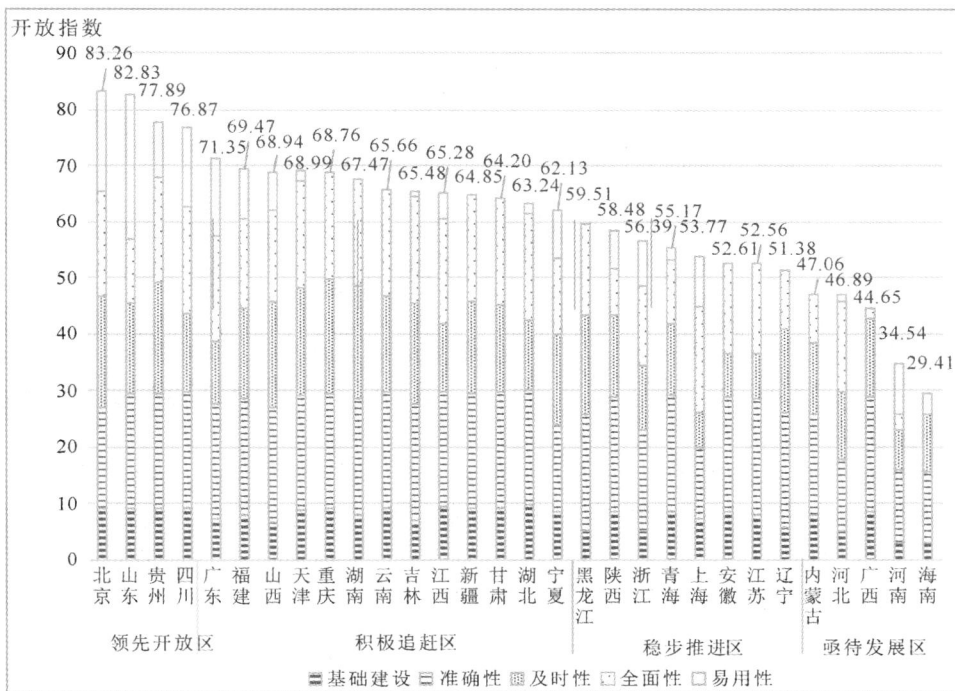

图 12-3 "新冠"疫情政府开放指数区域分布图

1. 领先开放区

领先开放区包括北京、山东、贵州、四川、广东 5 个地区，是疫情防控期间政府数据开放工作高度完成区域，平均开放指数为 76.40，处于较高水平。通过对各地区、各指标的数据与指标权重进行联合分析，生成领先开放区指标完成情况图，如图 12-4 所示。

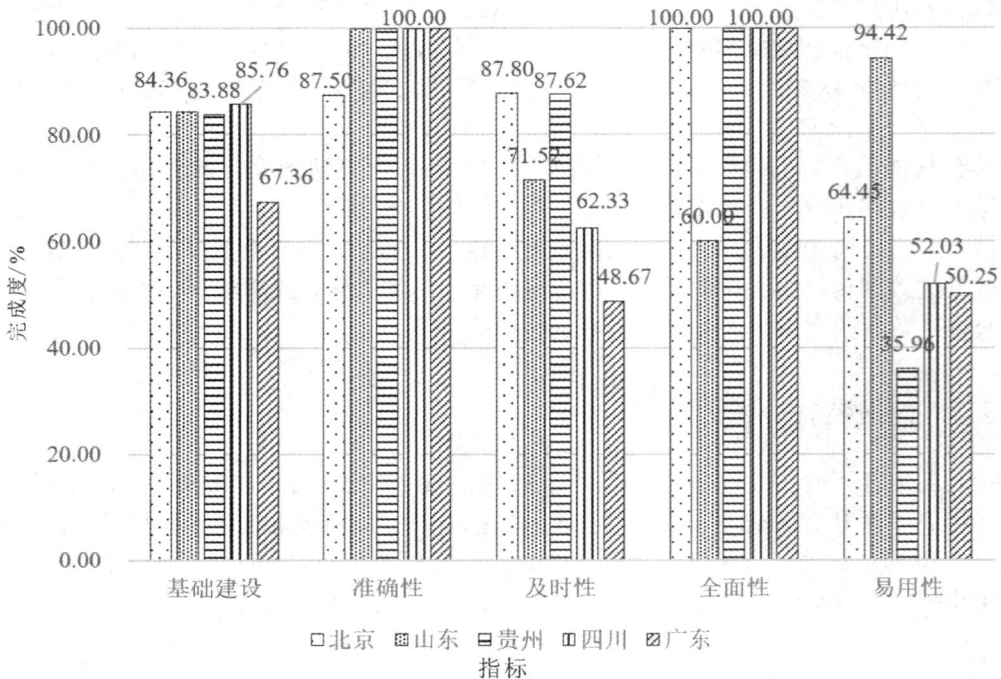

图 12-4 领先开放区指标完成情况图

(1) 各维度水平均处于整体领先地位。从图中可以看出，领先开放区各指标完成度均衡发展，实现全员领先，5 个指标的完成度在均值以上，其协调发展促进了政府数据开放工作的良好开展。

(2) 领先开放区基础建设工作普遍完成较好。基础建设工作是数据开放和应对突发公共卫生事件的基石，处于领先开放区的 5 个地区基础建设工作的完成度均超过 60%，为数据开放工作打下了良好的基础。

(3) 领先开放区数据开放全面性、准确性程度较高。广东省、四川省、贵州省数据开放全面性和准确性实现"双百"，北京市和山东省数据开放全面性和准确性均超过 60%，基本达到开放需求。

(4) 领先开放区数据开放易用性和及时性表现参差不齐。5 个地区的数据开放及时性完成度差距较大，病例信息和流调数据开放缓慢或未开放等方面为主要问题。

同时，领先开放区所包含的 5 个地区均具有独立的政府数据开放平台(公共数据开放平台)，为疫情防控期间的数据开放做好了准备，基本具备开放功能，但在具体的疫情数据开放及利用方面仍有待提高。

2. 积极追赶区

积极追赶区是一个包含福建、山西、天津、重庆、湖南、云南、吉林、江西、新疆、甘肃、湖北和宁夏在内的 12 个地区的庞大区域，全国超过 30%的区域均处于中度水平，开放指数均值为 66.21 分。通过对各地区、各指标的数据与指标权重进行联合分析，生成积极追赶区指标完成情况图，如图 12-5 所示。

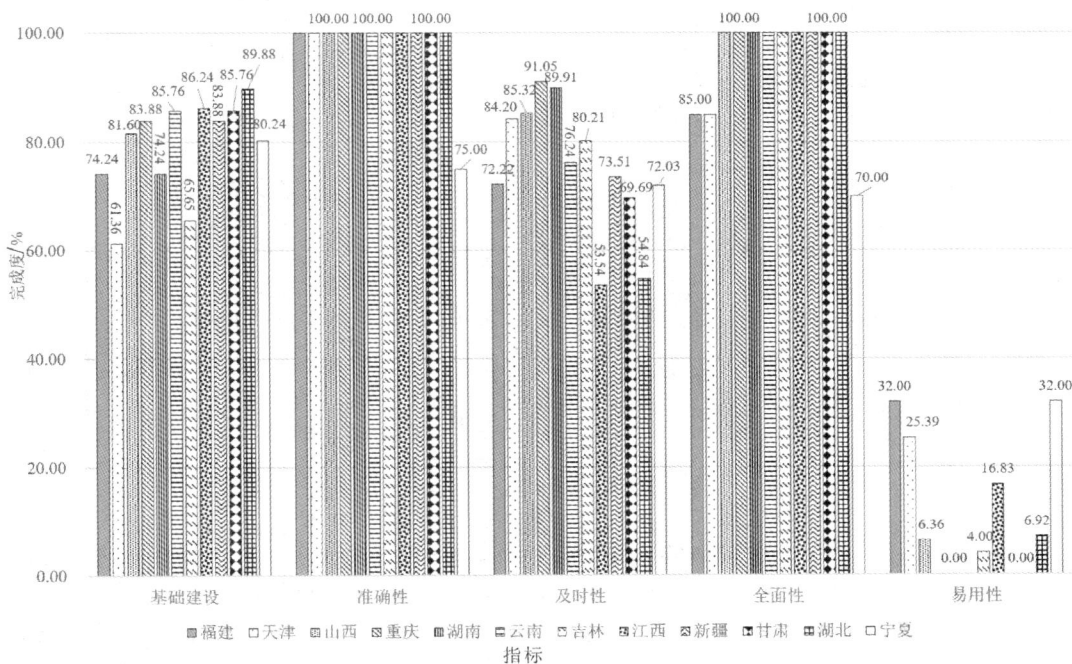

图 12-5 积极追赶区指标完成情况图

(1) 积极追赶区基础建设和数据开放及时性完成度有待提高。以福建为首的 12 个地区积极做好了政府数据开放的基础建设工作，完成度均超过 60%。除江西和湖北外，其余 10 个地区的及时性完成度较高，基本超过 70%，处于及格线以上。与领先开放区相比，积极追赶区的基础建设工作完成度基本与之持平，数据开放及时性完成度甚至略高于领先开放区。

(2) 积极追赶区数据开放准确性和全面性完成度处于较高水平。12 个地区的数据开放准确性和全面性的完成度均处于 70%以上，均值超过 90%，是 30 个地区中的高水平地区。

(3) 数据开放易用性完成度较低。从数据上看，积极追赶区的数据开放易用性完成度普遍较低，仅有福建、天津、江西、宁夏和湖北 5 个地区设有专门的政府数据开放平台，使得数据开放工作缺少平台支持，易用性完成水平逼近 0。

除此之外，福建、江西和宁夏 3 个地区的数据开放平台在此次疫情防控期间并未发挥其真正的价值，成为其整体开放指数较低的主要原因。

3. 稳步推进区

稳步推进区共包含 8 个地区，属于数据开放工作完成度较低的区域，开放指数均值为 54.98 分，处于及格线以下。通过对各地区、各指标的数据与指标权重进行联合分析，生成稳步推进区指标完成情况图，如图 12-6 所示。

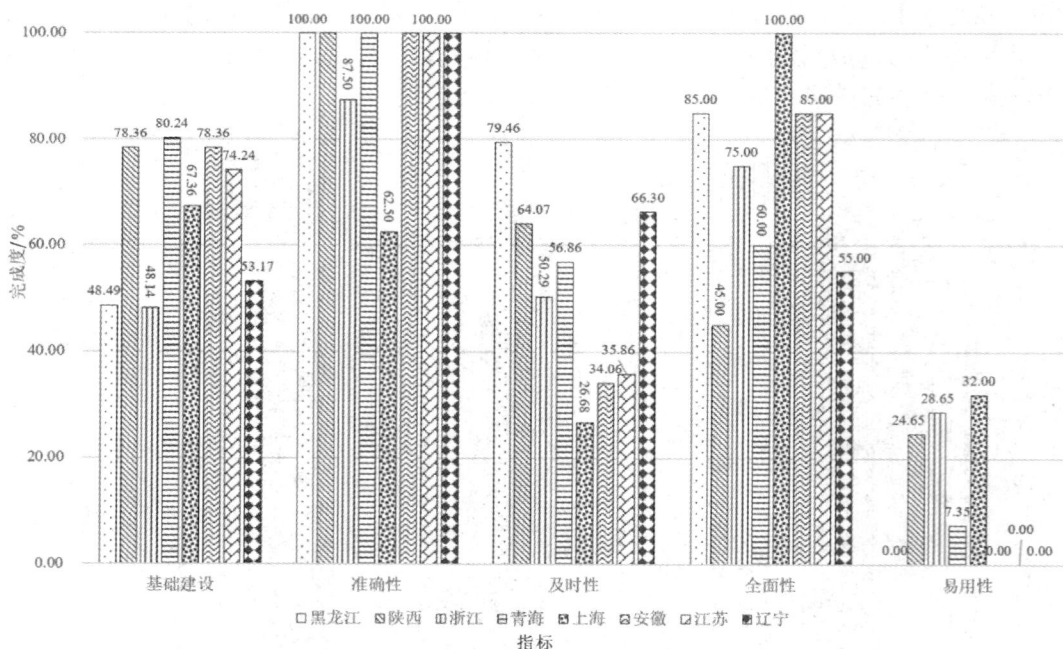

图 12-6　稳步推进区指标完成情况图

(1) 稳步推进区基础建设、数据开放及时性和全面性工作基本达标。稳步推进区的数据开放及时性和全面性完成度处于平均水平，完成度均值超过55%。但与高水平地区相比仍存在较大差距，未能实现全员达标。部分地区的基础建设、及时性和全面性等完成水平低于60%，数据开放工作存在明显短板。

(2) 稳步推进区数据开放准确性完成度较高。多数地区数据开放准确性完成度均达到100%，是疫情防控期间数据开放工作的加分项。

(3) 易用性制约数据开放整体水平。从整体上看，稳步推进区易用性处于较低水平，完成度均值仅 11.58%。其中，仅陕西、浙江和上海三地设立了政府数据开放平台(公共数据开放平台)，该区域下的 8 个地区缺少对此次疫情数据的开放和利用，数据数量、数据下载和数据转化指标完成度为 0，严重限制了地方政府的数据开放工作开展。

4. 亟待发展区

亟待发展区是疫情防控期间政府数据开放工作有待提升的潜力区域，开放指数均值仅40.51。通过对各地区、各指标的数据与指标权重进行联合分析，生成亟待发展区指标完成情况图，如图 12-7 所示。

(1) 亟待发展区数据开放基础建设能力需提高。从整体上看，亟待发展区的基础建设工作完成度参差不齐，存在平台建设不完备、基础功能缺失等问题，难以支撑政府数据开放。

(2) 亟待发展区政府数据开放准确性、及时性完成度较低。数据开放的准确、及时是衡量政府信息公开的基本指标，亟待发展区的 5 个地区在这两个指标上的表现力处于较低水平，各地区在 1 个或 2 个指标上出现了较为明显的缺失。截至 2020 年 3 月 20 日，河南省疫情防控平台的防控政策(信息发布)板块出现异常，影响了相关政策及疫情信息的发布，使得其政府数据开放工作完成困难。

(3) 亟待发展区数据开放全面性亟须实现。与其他三个区域相比，亟待发展区在疫情防控期间政府数据开放工作全面性完成度明显下降，成为制约数据开放的重要因素，关于医疗卫生、文化休闲和其他领域信息的发布力度不够。

(4) 数据易用性完成度较低。据调查，河南、海南均设立独立了的政府数据开放平台，但疫情防控期间未能发挥其真正的价值，疫情数据集开放总量为 0。除此之外，内蒙古和广西两地政府数据开放平台仍未建设完成，且疫情防控专题平台也缺少对疫情数据的可视化展示功能，致使其数据易用性完成度触底。

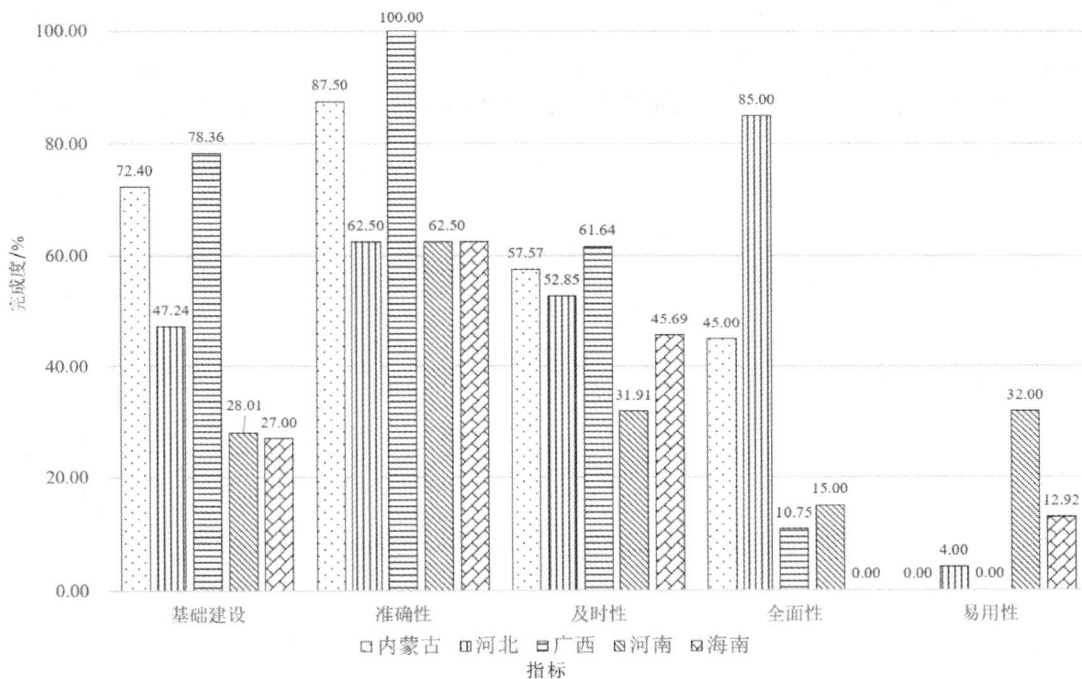

图 12-7 亟待发展区指标完成情况图

本 章 小 结

通过构建突发公共事件政府数据开放评估指标体系，对疫情防控期间各地方政府的数据开放工作进行评估和对比，从区域、维度等方面对开放指数进行系统的分析，探究我国地方政府应对突发公共卫生事件时的数据开放现状及现存问题，得出三个主要结论。

(1) 领先开放区是政府数据开放的模范地区，具有带动作用。我国各地方政府应对突发公共卫生事件时的数据开放指数未能实现区域协同发展，区域间各省市发展水平不均，相邻地区的开放工作差距明显。北京、山东、贵州、四川、广东是疫情防控期间政府数据开放的良好表率，基础建设、准确性、全面性、及时性和数据易用性水平均处于全国领先水平，其中数据易用性工作更是为其他地区提供了很好的模板。

(2) 基础建设、全面性、准确性和及时性完成度较好，数据开放与利用情况较弱。从整体来看，疫情防控期间地方政府数据开放的基础建设工作基本实现，政府信息公开也初步达到了准确、及时、全面的标准。相反，数据易用性成为各地政府数据开放的短板，数据开放及利用情况更是难以实现数据再增值。

(3) 疫情严重程度未成为地方政府数据开放工作的羁绊。考虑到各地疫情严重程度的不同，本研究将各地方政府开放数据指数与地区疫情严重性进行对比分析，探究各级疫情区域下的开放特征。2020 年初，湖北、广东、河南、浙江和湖南五地是疫情重灾区。然而通过对比发现，各地区疫情严重性与政府开放指数尚不存在明显的相关关系，各级疫情地区的开放指数在开放区域均有分布。湖北作为中国疫情的源发地，属于积极追赶区，其政府数据开放工作并未处于全国领先水平；而同为疫情重灾区的广东，其政府开放指数为71.35，为其他特级疫区政府的数据开放工作起到了表率作用。相反，在疫情暴发初期，作为一般疫情区的贵州，其政府在疫情防控期间的数据开放工作处于全国领先水平，位列政府开放指数全国第三。

第五篇

总结与展望篇

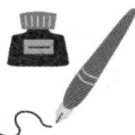

第十三章

我国公共信息资源开放存在的问题与政策建议

为了最大化地释放数据的价值，公共信息资源开放也被引入到新时代的发展浪潮中，公共信息资源开放为数字经济的发展注入了强劲的发展动力。尽管全球共同努力创建开放态势，但现实是当前的开放质量、开放深度和开放范围仍存在问题，不能满足公众对信息和数据的需求。因此，本章细致地梳理国内外公共信息资源开放的历程，总结开放特点，并在对我国公共信息资源开放政策和开放效果进行系统的分析的基础上，从平台和政策两个方面总结了当前我国公共信息资源开放存在的问题与挑战，并相应地提出政策建议，以期为我国公共信息资源开放提供参考。

13.1 公共信息资源开放平台存在的问题和挑战

通过对我国公共信息资源开放的效果进行评估，可以看到我国公共信息资源开放平台的建设已取得了初步成效，但同时也反映出当前公共信息资源开放平台存在的一些问题。尽管各平台数据开放态势已初步形成，但从整体上看仍展现出开放有余、利用不足的现状。各地方政府数据开放平台(公共数据开放平台)与该地区政府官网、政务服务网站等重要平台链接不通畅且数据可用性较低，导致数据利用及影响较差，这些均为制约我国公共信息资源开放整体水平提升的关键节点。具体的问题与挑战如下：

(1) 三网贯通不畅，平台服务稍显薄弱。

我国公共信息资源开放平台建设功能不断完善，但依然存在一些问题。

① 平台部分功能有待提升。首先，目前上海、北京和贵阳等数据开放平台提供了用户指南、网站地图、便捷搜索、分类筛选、排序、动态资讯等服务，但仍然有部分数据开放平台没有提供全面的平台引导功能。其次，数据分析展示能力相对薄弱。政府主动提供的数据分析成果展示的功能包括可视化展示和应用成果展示，但关于数据二次开发后的应用成果展示，仍有部分平台未提供该功能。再次，互动交流功能欠缺。几乎所有的平台都涉及政府与用户的互动功能，但仍有差异。对于平台的评价功能的设置，也并未做到全面覆盖，仍有部分平台未提供该功能。最后，目前平台个性化功能还远未达到精准化、个性化、智能化、移动化和口袋化的目标。

② 省级"三网"贯通亟须重视。多数平台以人民政府网为中心、政务网和数据开放平台为两翼的贯通模式基本形成。但是各省级行政区在以数据开放平台为中心、向人民政府网和政务网贯通方面仍有较大差距，"三网"之间的互联互通还不充分。

(2) 开放数据的数据质量与可用性建设亟待加强。

我国目前公共信息资源开放数据建设逐渐完备，目录清单的完备度逐渐提高，开放的范围逐步明确，数据集总量稳步增长，整体数据质量逐步提高，数据标准逐渐建立并呈现规范化。但在开放数据的数据质量和可用性方面，各省市之间差距明显，多数地区所提供的数据集总量庞大，优质数据少，导致数据可用性差。

① 数据规范与标准不够，元数据完整度不高。各省市政府数据开放平台提供的数据下载格式有多种类型，数据格式缺乏统一规定，且属于标准的开放数据格式的类型不多，可机读格式比例有待提高，在提供发布时间、更新时间、数据指标和数据量等条目上仍有待进一步完善。元数据完整方面，目前只有部分省市的数据开放平台上开放数据集的元数据覆盖了元数据的完整性标准，其余省市的元数据只覆盖了部分条目，仍有欠缺。

② 数据质量良莠不齐。目前，以贵阳、哈尔滨、上海等地为代表开放了一批高质量的数据集。然而，大多数地方的数据集质量偏低，各地普遍还存在重复创建、生硬格式转化和无效的问题数据等现象，这些低质量数据和问题数据很难被再次利用并产生相应价值。

③ 主题划分含义不清、标识不明。目前各地平台的主题分类不尽相同，如教育相关的主题包括教育科技、教育文化、教育科研等表述，各省市对同一主题出现不同理解，没有统一的划分标准及解释，进而导致各类主题涵盖的数据内容分类模糊，不能完整地囊括《公共信息资源开放试点工作方案》中要求的开放领域。

④ 数据更新维护仍是短板。很多的地方能基本保持新增数据集持续增长与存量数据集动态更新，但仍有少数地方平台上线后的运维与持续更新程度不够，存在数据集增长间歇或停滞的现象，存量数据动态更新的比例仍然偏低。

(3) 数据利用意识不足，标志性成果偏少。

① API 接口提供较少，用户分析利用数据困难。方便用户二次开发利用的 API 接口和 CSV 等格式的开放数据比例偏少，数据开放格式多为 PDF、DOC、XLS 等不利于开放数据二次开发利用的格式。目前提供 API 下载服务的平台仍较少，多数省级数据开放平台未在首页或各数据集下方提供 API 接口下载服务，给用户对数据进行分析造成困难。

② 举办数据应用竞赛较少，创新性开发力度偏低。目前北京、上海、贵州等在数据开放平台首页设置了数据应用竞赛滚动窗口，宣传各自数据应用竞赛的项目。其他省市数据开放平台未提供相关的数据应用竞赛的相关数据或情况介绍，缺少以政府部门牵头的数据应用竞赛。

③ 除了应用开发程度低之外，成果转化程度也偏低。大多数政府数据开放网站所提供的数据应用数量还较少。部分平台的应用成果展示板块设置虚化，虽然开设了数据应用频道，但是平台上展示的应用并不是可下载、可使用的数据应用，而仅仅是功能测试之后的结果。有些平台提供的数据应用名不副实，实际上是政府部门的政务业务处理系统，是开放数据的来源，而非数据开放后的实际应用。并且，超过半数的政府数据开放网站上展示的 App 应用基本是由政府部门自身开发的，而非数据开放后由市场所开发的，使得利用

成果展示普遍缺乏广度和深度。

(4) 开放影响力整体处于较低水平，有待进一步提升。

我国各省市公共信息资源开放的影响力整体处于较低水平。主要表现在以下几个方面：一是重要媒体及新闻的提及数量较少，通过对新华网、人民网等主要新闻媒体进行调查，发现各省市公共信息资源开放的信息均很少被提及；二是网站的访问排名较低；三是外部数据开放平台间的相互链接较缺乏。因此，我国目前公共信息资源开放的影响力有待进一步提升。

13.2 公共信息资源开放政策存在的问题和挑战

我国各级政府已陆续出台多部公共信息资源开放政策，搭建起保障公共信息资源顺利开放的政策标准体系，制定了统一规范和参考，为各级政府提供了可操作的章程与引导。然而，各级政府在政策制定方面仍有很大的改进空间。尤其是包括各地人大在内的重要部门对政策制定的关注度较小，导致政策力度低，约束性较差。此外，在政策制定过程中，未能充分意识到我国仍处于公共信息资源开放的初期阶段的现状，对政策作用对象和政策工具选择的科学性有待提升，不均衡、不协调现象依然存在。具体的问题与挑战如下：

(1) 政策法规力度不够，组织协调能力偏弱。

① 大部分省市都已出台与公共信息资源开放相关的法规和政策，但是多数政策过于分散，普遍缺乏专门性的政策对公共信息资源开放的各个方面进行统一规范和引导，而且政策缺乏约束力度，当前多数地方的公共信息资源开放政策多以原则性内容为主，缺乏可操作性。

② 主管部门协调力度不够，专项工作计划缺乏。各省市人民政府网、政务服务网和数据开放平台由同一部门主办或承办，有助于增强主管部门的协调力度，推动公共信息资源开放工作的顺利进行。抽样调查的地区中，上海、浙江、北京、广东、新疆和山东等地的人民政府网、政务服务网和数据开放平台均是由省级行政区人民政府办公厅或经济和信息化委员会主办或承办的，协调效果较好。但其余绝大多数地方只是将数据开放职能交由当地政府办公厅、经(工)信委或网信办内主管信息化、电子政务的二级处室，其行政级别与其他数据提供部门相同，会面临协调困难、工作难以推进等问题。

(2) 公共信息资源开放政策的政策工具关注度存在偏差。

总体上看，我国政府在公共信息资源开放政策的制定上，虽然兼顾了环境面、供给面和需求面的综合运用，但是对每种政策工具的侧重比差异明显。国家更注重供给型和环境型政策工具的运用，而对于需求型政策工具的关注度较少。对于每一个政策客体，政府在制定政策时，也呈现出使用供给型政策工具较多、环境型次之、需求型最少的特点，即我国公共信息资源开放政策针对不同的政策客体，政策工具的使用是不均衡的。这正是因为我国公共信息资源开放目前仍处于发展的初期，开放过程仍不够成熟。国家通过加大供给，包括基础设施建设、技术支持、专业人才培养及法律法规的制定等，为开放过程提供助推力，但是单单依靠政府的力量是远远不够的，缺少公私合作、社会参与、创新性的技术与服务等，这就使得公共信息资源开放的过程发展缓慢，不利于信息的增值利用。

(3) 国家对于不同政策客体的公共信息资源开放力度差异较大。

我国公共信息资源开放政策作用于政府客体较多，政府是当前政策制定的主要作用对象，占比近八成。政府是公共信息资源开放的主要发布者和管理者，制定相关政策规范和约束其开放行为是公共信息资源开放共享的基础。尽管如此，企业、公众和非营利组织亦是公共信息资源开放的重要利用群体，也是社会的重要组成部分。他们扮演着政府数据的利用者、共享者、传播者等重要角色，对公共信息资源开放起到不可或缺的作用。而当前针对企业、公众和其他非营利组织利用和共享公共信息资源的政策内容占比仅两成，难以很好地服务大众群体。

(4) 不同政策客体的具体政策工具使用不均衡。

我国关于公共信息资源开放具体政策工具的使用仍然存在不均衡的问题。

① 在供给型政策工具中，使用较多的是基础设施和数据平台建设，其他如人才培养、资金投入、公共服务配套等方面很匮乏。仅仅依赖大力投入基础设施而缺少足够的资金、人才、服务支持，这样不利于公共信息资源开放战略的长远实施。

② 在环境型政策工具中，偏向于使用管理措施和法规管制，而目标规划、金融支持和税收优惠涉及较少。这无法为公共信息资源开放提供一个良好的发展环境。管理措施和法规管制有助于营造一个良好的创业环境和规范公平的市场秩序，而金融支持、税收优惠有助于增强企业及公众参与的积极性，但目前对扶持和鼓励政策客体信息开放的力度不够。目标规划工具也应当有所加强，这对公共资源信息开放起到关键性的指引作用。

③ 在需求型政策工具内部，示范工程和鼓励引导所占的比例较大，而有实用性利益的政府采购和公私合作占比还是不足。事实上，对于具体的政策工具的使用，政府采购与私人购买相比，在规模和影响力上都远胜后者，对相关市场的带动性更强，并且通过政府与企业间的公私合作能够有效地扶持企业和市场。如何提出更多措施、更好地拉动全社会对公共信息资源的开放，需要更深入地探索。

④ 在资金的供给投入方面有待完善。资金扶持是发展的基础力量，在今后关于公共信息资源开放的政策制定和改进过程中，国家应着重实施资金支持的有关政策。通过政府提供一定的支持，包括人力、物力、财力等多方面的供给，以财政优惠、政府采购、公私合作等方式积极引导社会公众广泛参与，从而拉动创新，实现公共信息资源的增值。

⑤ 相关政策与法律法规不够完善。政府应及时制定关于公共信息资源开放的发展目标、工作计划的相关政策，并出台相关的法律法规，最终实现在一个良好的发展环境下，引导整个公共信息资源开放工作的高效进行。

(5) 我国仍处于公共信息资源开放的初期阶段。

现阶段我国公共信息资源开放处于初期发展阶段，而当前发布的公共信息资源开放政策的重心处于筹备与建设、共享与利用阶段，涉及后期运行与维护、增值与创新、监督与评价阶段的政策数量明显偏少。从生命周期各维度增长速度与政策文本数量的对比可以看出，政策内容近年来无太大的变化，仍将筹备与建设阶段各项措施作为制定重点，有关共享与利用阶段的相关政策制定增速不明显，增值与创新阶段的政策制定更是发展缓慢，这从侧面表明我国公共信息资源开放的进程受到严重限制。因此，在制定政策时应尽可能地覆盖各个阶段，提高公共信息资源开放政策辅助开放的能力。

13.3 推进公共信息资源开放的全局建议

为了加快推进我国公共信息资源的开放，通过对国内外公共信息资源开放历程和特点的研究、对国家公共信息资源政策的量化分析以及对政府开放平台的评估，我们针对现阶段国内政府数据开放过程中存在的缺陷提出建议及改进措施。首先，政府层面应该提高重视度，增强各部门之间的协调合作，促进数据开放的有序进行。其次，各级政府部门应制定标准化的规章制度以明确数据的可用性，营造安全的网络空间，加速公共信息资源开放的进程。再次，后期监督也是保障公共信息资源开放的有力措施，可以帮助政府各部门及时对发现问题，更好地改善公共信息资源开放过程中存在的问题，进一步推动公共信息资源开放工作的进行。具体建议及改进措施如下：

(1) 切实提高领导的重视度，落实部门之间的协作性。

各级政府和领导需加大对公共信息资源开放工作的重视程度，各政府部门之间应统一开放步伐、增强协调合作，领导的高度重视、部门之间的有效合作能够确保公共信息资源开放稳定有序进行。同时，各省市地区应在人民政府网、政务服务网和数据开放平台设立统一的管理部门，该部门专门负责与公共信息资源开放相关的工作，助推相关政府部门的工作统筹与协调。

(2) 加强标准化顶层设计，提高公共信息资源开放的可用性。

加强标准化顶层设计，逐步完善标准体系，发挥标准化对公共信息资源开放的重要支撑作用。明确数据可用性要求，制定政府开放数据的范围、级别、格式、更新维护等标准。制定元数据标准，规范数据集摘要信息以提高数据关联性。明确保密与公开的界限，积极回应用户提出的数据公开请求。建立长期有效的评价机制，通过定期检查提高政府开放数据的质量，把真正高价值的数据挖掘出来。

(3) 树立公共信息资源安全观，营造清朗的网络空间。

树立公共信息资源安全观。没有网络安全就没有国家安全，政府、企业、个人都需要在开放进程中牢牢树立国家安全与个人隐私保护的观念。规范开放数据审查标准和流程，制定统一的数据脱敏标准，严格规范个人信息开放的范围和使用，建立公共信息资源安全监督问责制度，设立专门的公共信息资源开放安全机构或岗位。对涉及公共信息资源的网站要加强安全要求，提高安全技术标准，确保数据的安全性，提高信息系统安全应急处理能力。同时，还应加强对违法和不良信息的监管和处理力度，建立政府官网与新闻媒体等的联动工作模式，弘扬主旋律，以打造清朗的网络空间。

(4) 注重后期监督评价，保障信息维护增值。

现阶段我国公共信息资源开放处于筹备与建设、信息的共享与利用阶段，后期的信息的维护和增值明显不够。应侧重对公共信息资源开放过程及效果的监督审查，积极回应社会关切的问题，提高社会公众在公共信息资源开放过程中的参与度。从整个公共信息资源开放的生命周期来看，监督与评价期是社会各界对公共信息资源开放工作开展过程中存在的问题进行反馈和提出意见、建议的时期，在这个时期建设和营造好监督反馈渠道和环境对于监督评价工作的顺利展开具有非常重要的作用，从而可以更好地改善公共信息资源开放过程中存在的问题，进一步推动公共信息资源开放工作的进行。

(5) 加大扶持力度，激发应用开发活力。

可以通过组织开放数据大赛、众包众筹等活动，促进基于公共信息资源开发利用的创新创业。制定面向公共信息资源开发利用的金融、政府采购等政策措施，落实相关税收政策，激发企业创新活力，形成多层次、梯队化的创新主体和合理的产业布局。充分发挥各层级科技计划(专项、基金等)、资金扶持政策的作用，鼓励有条件的地方设立公共信息资源开发利用专项基金。鼓励产业投资机构、金融机构、担保机构加大对公共信息资源开发利用企业的融资支持力度，支持符合条件的公共信息资源开发利用企业享受相应的优惠政策。

13.4　推进公共信息资源开放的政策建议

在推进公共信息资源开放的政策方面，我国政府部门还存在着法规制度力度不够、协调能力偏弱等不足。针对这些问题，我们认为政府部门首先应当健全相关法规政策，建立专门性政策增强法规政策的指导力度。其次，政策工具的使用不均衡、不同政策客体的公共信息资源开放力度差异较大同样会制约公共信息资源开放的持续发展，因此，优化政策工具的内部结构、加大对企业和公众的政策开放力度对数据开放的发展、稳定有着重要的意义。具体建议及改进措施如下：

(1) 健全相关法规政策，增强法律效力和操作性。

健全公共信息资源开放相关的法规政策内容，建立专门性政策对公共信息资源开放进行统一规范和引导，增强法规政策的专指性。各地应出台具有较高法律效力的地方性法规或地方政府规章规范来推动和引导公共信息资源开放，增强相关法规政策的法律效力与约束力。制定较为详细的公共信息资源开放的工作细则，切实提高相关法规政策的指导性和可操作性，在提供原则性指引的同时，为公共信息资源开放的实践者提供可操作的章程。

(2) 优化政策工具的内部结构，均衡各类各级工具使用。

总体上看，我国政府在公共信息资源开放政策的制定上，虽然兼顾了环境面、供给面和需求面的综合运用，但是对每种政策工具的侧重比差异还是很大，国家更加注重供给型和环境型政策工具的运用，而对于需求型政策工具的关注度较少。为了支撑公共信息资源开放的持续发展，国家应协调需求与供应，政府应重视通过公私合作、服务外包、扩大示范工程建设等措施来引入创新力量。加大对技术创新企业的扶持力度，积极鼓励社会公众参与到公共信息资源开放的进程中来，同时也可通过政府采购、外包等措施进行市场优化，改善市场不稳定的现状，将创新创业的发展机制渗透于市场化、产业化，甚至国际化的发展浪潮中，这对市场的开拓、发展、稳定有着重要的意义，从而支撑开放过程的顺利进行，实现预期的效果。

另外，各级政策工具的使用也存在不均衡的现状，例如生命周期下的具体政策工具使用的侧重不同，有关基础设施建设的政策较多，基于资金扶持的政策不足。国家应充分发挥各层级科技计划(专项、基金等)资金扶持政策的作用，鼓励有条件的地方设立公共信息资源开发利用专项基金。鼓励产业投资机构、金融机构、担保机构加大对公共信息资源开发利用企业的融资支持力度，支持符合条件的公共信息资源开发利用企业享受相应的优惠政策。因此，政府应提供一定的支持，包括人力、物力、财力等多方面的供给，以财政优惠、政府采购、公私合作等方式积极引导社会公众广泛参与，从而拉动创新，实现公共信息资源的增值。

(3) 全面关注各政策客体，调动企业、公众和非营利组织的积极性。

对于不同的政策客体，包括政府、企业、公众及非营利组织，国家应做到尽量全面关注。在做到公共信息资源公开的同时，积极做好政府的政策解读工作，将政策的内容及时地传达给社会公众；做到与企业的合作创新，推进创新型产业发展，加大对企业的政策扶持力度以鼓励引导企业的参与程度，注重通过公私合作、服务外包、政府采购等措施来加大与企业的合作；广泛调动起社会公众的参与度，鼓励群众参与到公共信息资源开放平台的使用及评价反馈的进程中来，充分发挥公众的监督评价作用；对于高校、科研机构及其他非营利组织，需加大资金扶持力度，支持人才培养及技术创新。

(4) 持续完善并不断创新优化我国公共信息资源开放体系。

我国未来在制定公共信息资源开放相关政策时，需注重全局考虑，把握发展重点。进一步加强公共信息资源在产业方面的创新增值、政府治理手段的升级以及公共服务等领域的运用，根据公共信息资源开放生命周期特征，发布覆盖各生命周期阶段的相关政策。并且，要重视发布相关政策规范保障运行与维护、增值与创新、监督与评价阶段的相关工作，从而改善公共信息资源开放过程中存在的问题，进一步推动公共信息资源开放工作的进行。

13.5　推进公共信息资源开放的平台建设建议

在平台建设方面，我国公共信息资源开放目前仍处于发展的初期，平台间的互联互通以及平台数据的质量仍有很大的优化空间，我国政府在现阶段的基础之上，要不断地完善平台的功能建设，注重个性化的服务，同时也要逐步提高数据的覆盖范围和数据的有效性，鼓励公众利用数据，促进信息资源的增值。具体建议及改进措施如下：

(1) 不断完善开放平台建设，注重个性化服务。

我国公共信息资源开放平台建设功能不断完善，但在细节建设上仍存在问题。今后我国各地在建设政府数据开放平台时，应注重平台的功能设置，完善分类引导、可视化展示、互动交流等功能，向用户提供多样的数据分析和可视化工具，以图表、音频、视频等多样化的方式来生动地展示政府数据，方便公众对数据进行预览和使用，促进公众与政府的互动交流。尤其是评论和申请开放功能，一方面，将每一个用户作为信息扩散的节点；另一方面，数据集的广泛推广有助于用户对数据集的利用，增加数据集的潜在价值。并且，通过反馈机制，能够帮助政府了解公众对数据开放的意见与建议，从而完善配套建设。还应继续优化平台检索方式，提供高级检索功能，采用地图检索、布尔逻辑检索、短语检索、可视化信息检索等方法，提高便利性和准确性，从而满足不同用户的检索需求，提升检索效率。

同时，目前平台个性化功能还远未达到精准化、个性化、智能化、移动化和口袋化的目标，后期建设应着重追求公众的个性化、智能化服务，充分结合地方特色，围绕平台用户的个人诉求，对服务项目进行优化调整，例如可考虑增设平台免费版、专业版和特定版等针对不同群体的用户接口。此外，还可为用户提供多语言版本的页面服务，满足不同民族或不同语言习惯用户的需求，让政府数据真正为大众服务。

(2) 逐步提高数据质量，服务公众生产生活。

数据是政府数据开放平台建设的核心内容，我国目前公共信息资源开放数据建设逐渐完备，但各省市间的开放数据质量差距明显，多数地区所提供的数据集总量庞大，优质数据少。各地区高质量数据的供给有待加强，应在扩大开放范围、提高开放数量的同时，提升数据开放质量。首先，应减少并杜绝低级错误的出现，例如某些平台中存在拼写错误、语法错误、表格或图片模糊或不完整等问题，这些都会妨碍用户对数据的利用。为确保平台提供的数据资源具有高质量的特点，政府相关部门应建立科学的数据管理机制，以此来统筹数据的采集、处理、发布和维护工作。做好数据清洗工作，在海量的数据中有效剔除无用低质的数据，筛选出高质量数据向社会开放，供用户使用。同时建立数据质量考核标准，帮助平台对数据质量进行考评，重点对数据更新情况进行评估，明确数据更新频率，做好数据更新工作的监督工作，确保用户能获取到最新的数据资源，不断提高数据质量，满足用户需求。

提高数据质量，除了要确保数据本身的质量外，还应提供符合公众需求的高质量数据。政府应及时关注公众需求，定期开展政府数据需求调查，重点开放民生数据，提供多种开放模式，将开放数据与居民健康、金融、环境治理等行业紧密联系，加强用户对数据的满意度，由内而外提升数据质量。

(3) 鼓励公众利用数据，实现信息资源增值。

政府部门虽掌握着大多数的信息资源，但要切实认识到人人都是数据的消费者。因此，政府部门应积极鼓励平台用户参与到数据开放中来，并为优秀的应用产品提供资金支持或免费的宣传活动，推动政府数据与社会数据相融合，实现数据向生产力转化。根据数据所属类别、行业和领域的不同，推动建立场景化、多样化、规范化的数据开发利用机制和按价值贡献参与收益分配的渠道及机制。充分调动多方主体参与公共数据的增值开发，鼓励利用公共数据开展科学研究、技术创新、产品开发、数字创业等活动。在确保安全的前提下，依托公共信息资源开发的数据产品及服务允许进入数据要素市场流通交易。支持市场化数据流通交易平台、专业化数据服务企业及机构、第三方数据评估机构等发展，引导平台企业、行业龙头企业联合高校、科研院所等组建公共数据创新实验室、场景实验室等，推动公共数据价值产品化、服务化。加强数据人才培养，提升全民数字素养和数字技能，鼓励将公共数据用于消除数字鸿沟。

另外，应积极宣传并组织开放数据大赛，推动开展众创、众包、众扶、众筹等活动，为优秀的数据开发者提供物质奖励，鼓励用户成为政府数据的利用者，激发用户参与平台建设的积极性，促进基于公共信息资源开发利用的创新创业，发挥政府数据的真正价值，实现公共信息资源价值的再升级。

(4) 完善平台的规范统一，优化平台间的贯通。

强化平台建设的统一化指导，规范开放平台的基本功能与建设方案，建立我国公共信息资源开放平台的规范标准，如功能设置与架构布局等方面，明确基本要求。提供优秀的建设范本，保证各地方开放平台能够齐头并进，做好平台评估，降低低质量平台建设比例，确保政府数据开放平台建设整体向好，努力实现平台间的互通与互操作。完善公共信息资源开放平台的元数据规范，在明确开放数据范围和开放方式后，分析与比较数据结果、属性、数值等特征，建立可供参考的数据字典和注意事项表，在现有的元数据标准上进行修改和完善，规范政府数据开放门户的元数据表述，实现规范存储和共享。

此外，还应注重省级行政区的"三网"贯通，提高链接打开速度，优化人民政府网、政务服务网和数据开放平台之间的贯通能力，保证三网之间数据的一致性，扩大新媒体的贯通。此外，尝试建立数据开放平台协调联动机制，形成数据开放标准化信息大通道，构筑全国联通的数据开放平台体系。

参 考 文 献

[1] 图书馆·情报与文献学名词审定委员会. 图书馆·情报与文献学名词[M]. 北京：科学出版社，2019.

[2] 张娜，马续补，张玉振，等. 基于文本内容分析法的我国公共信息资源开放政策协同分析[J]. 情报理论与实践，2020，43(04)：115-122.

[3] 丁晓东. 从公开到服务：政府数据开放的法理反思与制度完善[J]. 法商研究，2022，39(02)：131-145.

[4] 李卫东. 政府信息资源共享的原理和方法[J]. 中国行政管理，2008(01)：65-67.

[5] 郑磊. 开放政府数据研究：概念辨析、关键因素及其互动关系[J]. 中国行政管理，2015(11)：13-18.

[6] MACHADO A L，OLIVEIRA J. DIGO：an open data architecture for e-government[C]// Enterprise Distributed Object Computing Conference Workshops. IEEE，2011.

[7] 姜涵. 如何推动公共信息资源开放共享？[N]. 人民邮电，2014-3-31.

[8] 石友康. 稳步推进我国公共信息资源开放共享[J]. 中共云南省委党校学报，2016，17(06)：158-160.

[9] 陈传夫，冉从敬. 法律信息增值利用的制度需求与对策建议[J]. 图书与情报，2010(06)：23-28.

[10] 杨玉麟，赵冰. 公共信息资源与政府信息资源的概念及特征研究[J]. 图书馆建设，2007(06)：36-39.

[11] NCLIS. Text of the Texas Public Information Act. Government Code Chapter 552. Public Information [EB/OL]. (2001-11-1)[2022-8-9]. http://www.oag.state.tx.us/AG_Publications/txts/publici nformation99.shtml.

[12] 工业和信息化部. 关于印发《国家电子政务"十二五"规划》的通知(工信部规[2011]567 号)[S]. 北京：工业和信息化部，2011.

[13] 马续补，相雅凡，刘玮，等. 基于共词分析的中国公共信息资源开放政策变迁研究[J]. 信息资源管理学报，2020，10(04)：5-14.

[14] 国家行政学院电子政务研究中心. 《2020 联合国电子政务调查报告》解读[EB/OL]. [2020-04-25]. http://www.sinobasalt.cn/article/hydt/202007/20200700024626.shtml.

[15] 复旦大学数字与移动治理实验室. 中国地方政府数据开放报告(2021 下半年)[EB/OL]. http://www. ifopendata.cn/static/report/.

[16] 丁红发，孟秋晴，王祥，等. 面向数据生命周期的政府数据开放的数据安全与隐私保护对策分析[J]. 情报杂志，2019，38(07)：151-159.

[17] 杨学成，许紫媛. 从数据治理到数据共治：以英国开放数据研究所为案例的质性研究[J]. 管理评论，2020，32(12)：307-319.

[18] 张晓娟，莫富传，王意. 政府数据开放生态系统的理论、要素与模型探究[J/OL]. 情报理论与实践：1-10[2022-07-26].

[19] 王学军，王子琦. 政民互动、公共价值与政府绩效改进：基于北上广政务微博的实证分析[J]. 公共

管理学报，2017，14(03)：31-43+155.

[20] 范欣. 加快推进数据要素市场体系建设[N]. 中国社会科学报，2022-04-19(008).

[21] World wide web foundation. Open data barometer[EB/OL]. [2017].

[22] Canada's International Development Research Center. Global Data Barometer [EB/OL]. https://global-databarometer.org/.

[23] 肖卫兵. 论我国政府数据开放的立法模式[J]. 当代法学，2017，31(03)：42-49.

[24] 完颜邓邓，宋婷. 我国地方政府数据开放平台的安全风险测评[J]. 图书馆论坛，2022，42(02)：119-128.

[25] 夏义堃. 企业开放数据再利用的困境与对策分析[J]. 电子政务，2018(08)：69-80.

[26] 钱晓红，胡芒谷. 政府开放数据平台的构建及技术特征[J]. 图书情报知识，2014，(03)：124-129.

[27] 陆伟，李鹏程，张国标，等. 学术文本词汇功能识别：基于 BERT 向量化表示的关键词自动分类研究[J]. 情报学报，2020，39(12)：1320-1329.

[28] 温亮明，李洋. 我国科学数据开放共享模式、标准与影响因素研究[J]. 图书情报研究，2021，14(01)：33-41.

[29] 国家科技基础条件平台中心. 国家科学数据资源发展报告(2017)[M]. 北京：科学技术文献出版社，2018.

[30] 郑磊，高丰. 中国开放政府数据平台研究：框架、现状与建议[J]. 电子政务，2015(07)：8-16.

[31] 黄如花，刘龙. 我国政府数据开放中的个人隐私保护问题与对策[J]. 图书馆，2017(10)：1-5.

[32] 黄如花，温芳芳. 我国政府数据开放共享的政策框架与内容：国家层面政策文本的内容分析[J]. 图书情报工作，2017，61(20)：12-25.

[33] 黄如花，王春迎. 我国政府数据开放平台现状调查与分析[J]. 情报理论与实践，2016，39(07)：50-55.

[34] 张涵，王忠. 国外政府开放数据的比较研究[J]. 情报杂志，2015，34(08)：142-146，151.

[35] 任树怀，孙桂春. 信息共享空间在美国大学图书馆的发展与启示[J]. 大学图书馆学报，2006(03)：24-27+32.

[36] 孙晓燕. 科学数据共享行为的理论模型构建及测度实证研究[J]. 情报学报，2016，35(10)：1062-1071.

[37] 陆健英，郑磊，DAWES S S. 美国的政府数据开放：历史、进展与启示[J]. 电子政务，2013(06)：26-32.

[38] 司莉，邢文明. 国外科学数据管理与共享政策调查及对我国的启示[J]. 情报资料工作，2013(01)：61-66.

[39] 马亮. 政府信息公开的影响因素：中国地级市的实证研究[J]. 情报杂志，2012，31(09)：142-146，151.

[40] 任树怀. 信息共享空间的规划与建设[J]. 图书情报工作，2006(05)：122-124，143.

[41] 吴建中. 开放存取环境下的信息共享空间[J]. 国家图书馆学刊，2005，(03)：7-10.

[42] 陈传夫，黄璇. 政府信息资源增值利用研究[J]. 情报科学，2008(07)：961-966.

[43] 章剑生. 知情权及其保障：以《政府信息公开条例》为例[J]. 中国法学，2008(04)：145-156.

[44] 周汉华. 《政府信息公开条例》实施的问题与对策探讨[J]. 中国行政管理，2009(07)：11-14.

[45] 郭高晶，孟溦. 中国(上海)自由贸易试验区政府职能转变的注意力配置研究：基于 83 篇政策文本的

加权共词分析[J]. 情报杂志，2018，37(02)：63-68.

[46] 黄萃，任弢，张剑. 政策文献量化研究：公共政策研究的新方向[J]. 公共管理学报，2015，12(02)：129-137，158-159.

[47] 苏竣. 公共科技政策导论[M]. 北京：科学出版社，2014.

[48] 裴雷，孙建军，周兆韬. 政策文本计算：一种新的政策文本解读方式[J]. 图书与情报，2016(06)：47-55.

[49] 罗伯特·K. 默顿. 社会理论和社会结构[M]. 南京：译林出版社，2006.

[50] 李江，刘源浩，黄萃，等. 用文献计量研究重塑政策文本数据分析：政策文献计量的起源、迁移与方法创新[J]. 公共管理学报，2015，12(02)：138-144，159.

[51] 陈潭. 公共政策变迁的理论命题及其阐释[J]. 中国软科学，2004(12)：10-17.

[52] 李慧云. 政策网络视阈下政策变迁分析：基于怒江水电项目的考察[D]. 上海交通大学，2012.

[53] 黄萃，赵培强，李江. 基于共词分析的中国科技创新政策变迁量化分析[J]. 中国行政管理，2015(09)：115-122.

[54] 孟凡坤. 我国智慧城市政策演进特征及规律研究：基于政策文献的量化考察[J]. 情报杂志，2020，39(05)：104-111.

[55] LUCAS A. Public policy diffusion research： integrating analytic paradigms[J]. Science communication，1983，4(3)：379-408.

[56] 王浦劬，赖先进. 中国公共政策扩散的模式与机制分析[J]. 北京大学学报(哲学社会科学版)，2013，50(06)：14-23.

[57] 张尔升. 地方政府创新的区域性扩散：基于皖琼农村改革政策的分析[J]. 探索与争鸣，2007(02)：39-41.

[58] 张玮. 政策创新的地理扩散：基于暂住证制度的地方实践分析[J]. 南方人口，2011，26(01)：57-64，56.

[59] 赵慧. 中国社会政策创新及扩散：以养老保险政策为例[J]. 国家行政学院学报，2013(06)：44-48.

[60] 李屹松. 政策协同视角下公共体育服务政策优化路径研究[J]. 北京体育大学学报，2019，42(07)：74-84.

[61] 宁骚. 公共政策学[M]. 北京：高等教育出版社，2018.

[62] 姜鑫，王德庄. 开放科学数据与个人数据保护的政策协同研究：基于政策文本内容分析视角[J]. 情报理论与实践，2019，42(12)：49-54，93.

[63] 谭思丽，韩俊莹. 信贷与财政政策协同效应对能耗与排放的影响研究：基于"两高一剩"行业[J]. 海南金融，2016(03)：16-20.

[64] 唐恒，何锦润，孙莹琳，等. 专利创造激励政策协同网络演化研究[J]. 科学学与科学技术管理，2019，40(09)：48-62.

[65] 张涛，马海群. 基于政策文本计算的开放数据与数据安全政策协同研究[J]. 情报理论与实践，2020，43(06)：149-155，141.

[66] 邱均平，邹菲. 关于内容分析法的研究[J]. 中国图书馆学报，2004(02)：14-19.

[67] United States General Accounting Office. Content analysis: a methodology for structuring and analysis

written material[M]. Boston: Houghton Mifflin Company，1989.

[68]　NEUENDORF K A, KUMAR A. Content analysis[J]. The international encyclopedia of political communication，2015: 1-10.

[69]　郑新曼，董瑜. 政策文本量化研究的综述与展望[J]. 现代情报，2021, 41(02)：168-177.

[70]　王光明，杨蕊. 基于NVivo10质性分析的少数民族数学学习心理因素研究[J]. 民族教育研究，2015, 26(01)：81-84.

[71]　CALLON M, LAW J, RIP A. Mapping the dynamics of science and technology：sociology of science in the real world[M]. London: Macmillan, 1986.

[72]　冯璐，冷伏海. 共词分析方法理论进展[J]. 中国图书馆学报，2006(02)：88-92.

[73]　钟伟金，李佳. 共词分析法研究(一)：共词分析的过程与方式[J]. 情报杂志，2008(05)：70-72.

[74]　张勤，马费成. 国外知识管理研究范式：以共词分析为方法[J]. 管理科学学报，2007(06)：65-75.

[75]　胡伟，石凯. 理解公共政策："政策网络"的途径[J]. 上海交通大学学报(哲学社会科学版)，2006(04)：17-24.

[76]　朱亚鹏. 政策网络分析：发展脉络与理论构建[J]. 中山大学学报(社会科学版)，2008(05)：192-199, 216.

[77]　WASSERMAN S, FAUST K. Social network analysis methods and applications[M]. Cambridge: Cambridge University Press, 1994.

[78]　FREEMAN L C. Centrality in social networks：I. conceptual clarification[J]. Social networks，1979(1)：215-239.

[79]　刘军. 社会网络分析导论[M]. 北京：社会科学文献出版社，2004.

[80]　丁善敏. 社会网络分析方法在合著网络中的应用：以天津师范大学化学学院为例[D]. 天津师范大学，2012.

[81]　邱均平，李佳靓. 基于社会网络分析的作者合作网络对比研究：以《情报学报》《JASIST》和《光子学报》为例[J]. 情报杂志，2010, 29(11)：1-5.

[82]　朱庆华，李亮. 社会网络分析法及其在情报学中的应用[J]. 情报理论与实践，2008(02)：179-183, 174.

[83]　邱均平. 信息计量学[M]. 武汉：武汉大学出版社，2007.

[84]　李彬. 基于专利共被引分析的光伏建筑技术前沿研究[D]. 华中科技大学，2017.

[85]　尹丽春. 科学学引文网络的结构研究[D]. 大连理工大学，2006.

[86]　GARFIELD E. Citation Indexing for Studying Science[J]. Nature，1970，227(5259)：669-671.

[87]　刘林青. 作品共被引分析与科学地图的绘制[J]. 科学学研究，2005(02)：155-159.

[88]　王浦劬，赖先进. 中国公共政策扩散的模式与机制分析[J]. 北京大学学报(哲学社会科学版)，2013，50(06)：14-23.

[89]　VIRGINIA G. Innovation in the States：a diffusion study[J]. American political science Review，1973(67)：1174-1185.

[90]　BERRY B W D. Tax innovation in the states：capitalizing on political opportunity[J]. American journal of

political science，1992，36(3)：715-742.

[91] WALKER J L (1969). The diffusion of innovation among the American states [J]. American political science review, 1969, 63(3)：880-899.

[92] SUSAN W, THOMPSON K. The impact of federal incentives on state policy innovation[J]. American journal of political science, 1980: 715-729.

[93] 保罗·A. 萨巴蒂尔. 政策过程理论[M]. 北京：生活·读书·新知三联书店，2004.

[94] BERRY F S, BERRY W D. State lottery adoptions as policy innovations: an event history analysis[J]. American political science association, 1990, 84(2): 395-415.

[95] 黄术峰. 我国政策创新扩散的现状与影响因素研究：以居住证制度为例[D]. 重庆大学，2016.

[96] 李强，邓建伟，晓筝. 社会变迁与个人发展：生命历程研究的范式与方法[J]. 社会学研究，1999(06)：1-18.

[97] 郭志刚. 历时研究与事件史分析[J]. 中国人口科学，2001(01)：67-72.

[98] 李向举. 国家信息政策扩散影响因素及其仿真研究[D]. 南京大学，2018.

[99] 邓雪，李家铭，曾浩健，等. 层次分析法权重计算方法分析及其应用研究[J]. 数学的实践与认识，2012，42(07)：93-100.

[100] 赵军圣，庄光明，王增桂. 极大似然估计方法介绍[J]. 长春理工大学学报，2010，5(06)：53-54.

[101] 赵松山. 对拟合优度 R~2 的影响因素分析与评价[J]. 东北财经大学学报，2003(03)：56-58.

[102] 龚勤林，刘慈音. 基于三维分析框架视角的区域创新政策体系评价：以成都市"1+10"创新政策体系为例[J]. 软科学，2015，29(09)：14-18.

[103] 白彬，张再生. 基于政策工具视角的以创业拉动就业政策分析：基于政策文本的内容分析和定量分析[J]. 科学学与科学技术管理，2016，37(12)：92-100.

[104] 黄如花，温芳芳. 开放政府数据生命周期视角的我国政府数据资源管理政策文本内容分析：国家各部门的政策实践[J]. 图书馆，2018(06)：1-7, 14.

[105] ROTHWELL R, ZEGVELD W. Reindusdalization and technology[M]. London: Logman Group Limited，1985.

[106] DONOHUE J C. Understanding scientific literature：a bibliographic approach[M]. Cambridge： MIT Press，1973.

[107] 马续补，张潇宇，秦春秀，等. 我国公共信息资源开放政策扩散特征的量化研究：以三大经济圈为例[J]. 信息资源管理学报，2020，10(04): 15-26.

[108] 中国网络空间研究院. 世界互联网发展报告 2018[M]. 北京：电子工业出版社，2018.

[109] 黄如花，陈闯. 美国政府数据开放共享的合作模式[J]. 图书情报工作，2016，60(19)：6-14.

[110] 蔡婧璇，黄如花. 美国政府数据开放的政策法规保障及对我国的启示[J]. 图书与情报，2017，(01)：10-17.

[111] 杨斯楠. 中美开放政府数据平台元数据方案比较分析[J]. 知识管理论坛，2018，3(01)：30-40.

[112] 陈美，江易华. 韩国开放政府数据分析及其借鉴[J]. 现代情报，2017，37(11)：28-33+39.

[113] World Wide Web Foundation. Open Data Barometer – Fourth Edition. 2017-05-23，https://webfoundation.org/research/open-data-barometer-fourth-edition/.

[114] 闫慧，孙立立. 1989 年以来国内外数字鸿沟研究回顾：内涵、表现维度及影响因素综述[J]. 中国图书馆学报，2012，38(05)：82-94.

[115] 陈珑绮. 新加坡公众信息素养教育实践研究[J]. 图书馆学研究，2021，(06)：65-74.

[116] 张敏，马民虎. 国家安全视域下网络服务提供者之网络安全义务的"保障"转型[J]. 情报杂志，2020，39(06)：45-53.

[117] 孙艳艳，吕志坚. 中国开放政府数据发展策略浅析[J]. 电子政务，2015(05)：18-24.

[118] 段尧清，汪银霞. 我国政府信息公开纵向透视[J]. 情报科学，2006(06)：955-960.

[119] 芮国强，宋典. 信息公开影响政府信任的实证研究[J]. 中国行政管理，2012(11)：96-101.

[120] 马续补，李欢，赵捧未，等. 生命周期视角下的我国公共信息资源开放政策模式研究[J]. 现代情报，2021，41(02)：141-151.

[121] Open data institute. Open data maturity model[EB/OL]. (2015-04-01)[2021-03-02]. https://the odi org/article/open-data-maturity-model-21.

[122] World wide web foundation. Open data barometer-leaders edition[EB/OL]. [2018-10- 20]. https://webfoundation.org/research/open-data-barometer-leaders-edition/.